Dual Studieren im Blick

AF166770

Sirikit Krone (Hrsg.)

Dual Studieren im Blick

Entstehungsbedingungen, Interessenlagen und Umsetzungser- fahrungen in dualen Studiengängen

 Springer VS

Herausgeber
Sirikit Krone
Duisburg, Deutschland

ISBN 978-3-658-03429-0   ISBN 978-3-658-03430-6 (eBook)
DOI 10.1007/978-3-658-03430-6

Die Deutsche Nationalbibliothek verzeichnet diese Publikation in der Deutschen Nationalbi-
bliografie; detaillierte bibliografische Daten sind im Internet über http://dnb.d-nb.de abrufbar.

Springer VS

Gedruckt auf säurefreiem und chlorfrei gebleichtem Papier

Springer Fachmedien Wiesbaden ist Teil der Fachverlagsgruppe Springer Science+Business Media
(www.springer.com)

Inhalt

Vorwort der Herausgeberin

Duale Studiengänge stellen eine hybride Ausbildungsform dar, in der eine Verknüpfung von zwei zentralen Säulen im deutschen Bildungssystem, der akademischen und der beruflichen Ausbildung, realisiert wird. Welche Modelle haben sich hierzu etabliert und wie funktioniert die inhaltliche sowie organisatorische Verbindung von Lernorten und -inhalten? An der Entwicklung und Umsetzung dieser Studienangebote ist eine Vielzahl von Akteuren mit unterschiedlichen Interessen beteiligt. Welchen Einfluss haben die einzelnen Vertreter? Wer übernimmt die Initiative bei der Gründung neuer Studiengänge, wer trägt die Verantwortung bei ihrer Umsetzung? Wie jedes soziale Gebilde lebt ein dualer Studiengang von der Bereitschaft und Fähigkeit der Beteiligten zu Austausch und Kooperation. Wie sind die Netzwerke in diesen Studiengängen entwickelt und welche Kooperationsstrukturen haben sich gebildet? Dual Studierende verkörpern eine spezifische Gruppe von Studierenden, die „zwischen den Welten" lernen. Was erwarten sie von ihrem Studium, von ihrer Ausbildung im Betrieb? Wie gestaltet sich ihr betrieblicher Alltag und welche Rolle spielen sie für Personalplanung und Laufbahnentscheidungen? Zu diesen und weiteren Fragestellungen werden in den Beiträgen dieses Buches Antworten gegeben.

Die empirischen Grundlagen der Ausführungen dieses Buches liefert ein Forschungsprojekt, welches unter dem Titel „Duale Studiengänge – Entstehungsbedingungen, Interessenlagen und Umsetzungserfahrungen" am Institut Arbeit und Qualifikation im Zeitraum zwischen November 2010 und März 2013 durchgeführt wurde. Die Studie erfolgte im Auftrag des Bundesministeriums für Bildung und Forschung.

Im Fokus stand in dieser Studie nahezu ausschließlich das duale Modell der ausbildungsintegrierenden Studiengänge, weil nur diese Studiengänge einen doppeltqualifizierenden Abschluss nach dem Berufsbildungsgesetz und einen Hochschulabschluss vermitteln und ferner hier die weitestgehende Verzahnung

bzw. Kooperation zwischen den Lernorten Betrieb, Berufskolleg und Hochschule
zu erwarten war.

Als zentrale Forschungsmethode wurden an insgesamt 20 zufällig ausgewählten
Standorten im gesamten Bundesgebiet Fallstudien zu dualen Studiengängen inge-
nieurwissenschaftlicher und wirtschaftswissenschaftlicher Fachrichtungen durch-
geführt. Es ergab sich folgende Verteilung der Fallstudien: 15 der 20 untersuchten
Studiengänge werden an staatlichen Fachhochschulen angeboten, jeweils zwei an
Universitäten und privaten Fachhochschulen und einer an einer Berufsakademie.
Nach Fächergruppen sortiert ergibt sich eine Verteilung von 11:9 wobei ingenieur-
wissenschaftliche gegenüber den wirtschaftswissenschaftlichen Studiengängen in den
Fallstudien dominieren, regional finden sich 15 in West- und 5 in Ostdeutschland.

Neben den benannten Fallstudien wurden als Kontrastfallstudien drei praxisintegrierende Studiengänge der Dualen Hochschule BWB unterschiedlicher
Fachrichtungen aufgenommen.

Insgesamt wurden 104 qualitative Experteninterviews anhand von zielgrup-
penspezifischen Leitfäden mit den zentralen Akteuren dualer Studiengänge geführt.
Hierzu gehören Vertreter der Hochschulen, der beteiligten Unternehmen, ggf. der
Kammern, Berufsschulen und Lehrwerkstätten, zudem im Einzelfall ministerielle
Vertreter.

Ergänzend zu den Fallstudien wurde an allen Untersuchungsstandorten eine
weitgehend standardisierte Online-Befragung (Hollaus 2007, Fielding / Lee / Blank
2008) der Studierenden durchgeführt. Mithilfe dieses methodischen Instrumen-
tariums wurden die Erfahrungen und Einschätzungen der Studierenden erhoben.
An der Befragung haben 485 Studierende teilgenommen. Die Ergebnisse der
Online-Befragung wurden mittels im Anschluss durchgeführter Gruppendiskussionen an den Hochschulstandorten validiert und ergänzt. Die Teilnehmer dieser
moderierten Diskussionsrunden waren Studierende, die bestenfalls bereits an
der Online-Befragung teilgenommen hatten. Gruppendiskussionen konnten im
Rahmen von 15 der 20 Fallstudien realisiert werden.

Das vorliegende Buch gliedert sich in acht Kapitel. Im Anschluss an dieses
Vorwort führt Sirikit Krone in Kapitel 1 anhand der begrifflichen Termini, einiger
Strukturdaten sowie der rechtlichen und bildungspolitischen Rahmung in die
Thematik ein. Katharina Hähn stellt in Kapitel 2 den Stand der Forschung zum
Themenfeld des dualen Studiums dar. Sirikit Krone beleuchtet in Kapitel 3 den
Stellenwert dualer Studienangebote für die beteiligten Betriebe sowie die Spezifika
der Laufbahnoptionen dual Studierender. Ulrich Mill und Monique Ratermann
diskutieren in Kapitel 4 die neuen Akteurskonstellationen, die den Rahmen dualer
Studiengänge stellen. In Kapitel 5 analysiert Ulrich Mill die Entstehungsbedingungen
dualer Studiengänge unter der Prämisse einer neuen Governance. Die Verzahnung

der Lerninhalte und -orte in dualen Studiengängen beschreibt Monique Ratermann in Kapitel 6. In Kapitel 7 folgen Ausführungen von Anika Schütz zu den Kooperationsstrukturen zwischen den Akteuren dualer Studienangebote. Im abschließenden Kapitel 8 zieht Sirikit Krone nach einer Zusammenfassung der zentralen Inhalte und Aussagen dieses Buches ein abschließendes Fazit.

An dieser Stelle ist ein herzlicher Dank an unsere Gesprächspartnerinnen und Gesprächspartner in den Experteninterviews auszusprechen sowie an die dual Studierenden, die an der Befragung sowie an den Gruppendiskussionen teilgenommen haben. Sie alle haben uns wertvolle Einblicke in die Realität des dualen Studiums gegeben, ohne ihre Mitwirkung wäre die Realisierung des Forschungsvorhabens nicht möglich gewesen.

Herzlich danken möchte ich Lisa Schlänger, die unermüdlich für die korrekte Darstellung unserer Texte Sorge getragen hat, Katharina Hähn für die redaktionelle Bearbeitung der Beiträge dieses Sammelbandes sowie Michael David, der nennenswert an den empirischen Arbeiten zu diesem Buch als studentische und wissenschaftliche Hilfskraft am Institut Arbeit und Qualifikation beteiligt war.

Sirikit Krone
Duisburg im August 2014

Das duale Studium

1

Sirikit Krone

Duale Studiengänge haben sich in Deutschland etabliert und sind weiterhin auf Expansionskurs. In der Erstausbildung geben sie jungen Menschen mit Hoch- oder Fachhochschulreife die Möglichkeit, parallel zwei Abschlüsse zu erlangen: einen beruflichen im dualen Ausbildungssystem sowie einen akademischen an der Hochschule. Diese Doppelqualifikation im dualen Studium ist für viele studienberechtigte Jugendliche sehr attraktiv. Der hohe Praxisbezug und die guten Karrierechancen sind, neben der finanziellen Sicherheit, die vorrangigen Motive für Schulabgänger, sich für diese Studienform, die ein hohes Maß an Disziplin und Selbstorganisation von ihnen verlangt, zu entscheiden (vgl. Krone / Mill 2012; Kupfer et al. 2012). Der steigenden Nachfrage steht zwischenzeitlich ein relativ breit gefächertes Angebot an den Hochschulen gegenüber.

Das Konzept des dualen Studiums basiert auf der Verknüpfung zweier bisher starr voneinander getrennter Bildungssegmente, und die Entwicklung ist eingebettet in die bildungspolitischen Debatten um Öffnung der Hochschulen für neue Zielgruppen, Gleichwertigkeit beruflicher und akademischer Ausbildung sowie Outcome-Orientierung der Lernprozesse.

1.1 Begriffsdefinitionen

Der Begriff dualer Studiengang umfasst eine Reihe unterschiedlich konzipierter Studienformen, welche unter verschiedenen Bezeichnungen, wie z. B.: Kooperative Studiengänge, Kooperative Ingenieurausbildung (KIA), Studium im Praxisverbund oder Verbundstudium angeboten werden. Die ersten Bemühungen einer ausdifferenzierten Systematisierung dualer Studiengänge wurden vom Hochschul-Informations-System (HIS) (vgl. Holtkamp 1996) betrieben und später vom Bundesinstitut für Berufsbildung (BIBB) weiter ausdifferenziert (vgl. Kupfer / Mucke 2009 und Kupfer et al. 2012). Generell wird unter dem Begriff „Dualer Studiengang" die zeitliche und inhaltliche Verknüpfung von Berufsausbildung oder Praxisphasen mit einem regulären Hochschulstudium verstanden. Hauptmerkmal dualer Studiengänge ist, dass in der Regel mehrere Lernorte existieren, zum einen der Ausbildungsbetrieb und zum anderen die Hochschule. In vielen Fällen sind auch noch berufsbildende Schulen oder Lehrwerkstätten beteiligt. Problematisch für eine klare Definition ist die Vielfalt an Formen und Strukturen dualer Studiengänge, weshalb wir bisher in der Literatur keine einheitliche Begriffsbestimmung finden. Als Referenzmodell erweist sich für die Mehrzahl der Studien und Veröffentlichungen zum dualen Studium die Systematik des Bundesinstituts für Berufsbildung (Vgl. Mucke / Schwiedrzik 2000; Kupfer / Mucke 2009; Kupfer et al. 2012). In einem aktuellen, viel beachteten und diskutierten Positionspapier hat der Wissenschaftsrat dieses Modell ebenfalls aufgegriffen und erweitert (vgl. Wissenschaftsrat 2013). Wesentliche Merkmale zur Strukturierung dualer Studienangebote sind nach diesen breit akzeptierten Modellen erstens der Zeitpunkt im Bildungsprozess der Lernenden und zweitens die Beziehung der Lernorte zueinander. Differenziert wird nach Studienangeboten zur Erstausbildung, wobei die ausbildungsintegrierenden und praxisintegrierenden Studienkonzepte unterschieden werden, sowie solchen zur Weiterbildung, die berufsbegleitend oder berufsintegrierend angelegt sein können. Die Abstimmung zwischen den zwei bzw. drei Lernorten führt zur Differenzierung zwischen parallelen und verzahnten Bildungsangeboten sowohl für Konzepte zur Erst- als auch zur Weiterbildung. Die weitere Debatte wird zeigen, ob eine solche weite Fassung des Begriffs „duales Studium" zielführend ist.

Wir beschränken uns auf die Studiengänge der Erstausbildung. Hier werden unter ausbildungsintegrierenden Studiengängen solche gezählt, die während des Studiums eine Berufsausbildung integrieren. Eine Berufsausbildung, die parallel zu diesem Studiengang absolviert wird, wird mit einer staatlich anerkannten Prüfung in dem entsprechenden Berufsfeld abgeschlossen. Diese wird vor der IHK (Industrie und Handelskammer) oder ähnlichen Institutionen abgelegt. Der Absolvent erwirbt im Rahmen eines ausbildungsintegrierten Studiengangs also zwei Abschlüsse, den akademischen und den berufsbezogenen Abschluss. Der Wissenschaftsrat fügt neben der systematischen Verknüpfung der Ausbildungsinhalte noch die Anerkennung von Teilen der Ausbildungsinhalte auf die Studienleistung als Kennzeichen ausbildungsintegrierender dualer Studiengänge an. Ist dies nicht der Fall, wird von einem ausbildungsbegleitenden Studiengang gesprochen, der nicht als dualer Studiengang klassifiziert werden sollte (Wissenschaftsrat 2013: 19).

Praxisintegrierende duale Studiengänge weisen einen erhöhten Praxisanteil auf, der weit über die Praxisanforderungen und Praxisnähe der normalen Studiengänge hinausgeht. Die Studenten sind dort zwar auch in Betrieben beschäftigt, erwerben allerdings keinen zweiten Abschluss. Der Abschluss in dieser Form bleibt auf dem Bachelorabschluss (seltener auch Master) beschränkt. Auch hier muss eine institutionelle und strukturelle Verzahnung der Ausbildungsinhalte vorhanden sein, damit diese Programme als duale Studiengänge bezeichnet werden können. Wie oben angedeutet werden in dem Positionspapier (Wissenschaftsrat 2013: 20) mehrere Qualitätsmerkmale dualer Studiengänge angeführt, die sicherlich zu einer feingliedrigeren und transparenteren Begriffsgestaltung führen können und zu einer Ordnung der bisher unübersichtlichen Studienlandschaft beitragen.

Tabelle 1.1   Angebotsstruktur dualer Studiengänge

	ausbildungs-integrierend	praxis-integrierend	berufs-integrierend	berufs-begleitend
Bildungsstufe	Erstausbildung	Erstausbildung	Weiterbildung	Weiterbildung
Zugangs-qualifikation	(Fach) Hochschulreife	(Fach) Hochschulreife	Berufsausbildung und Berufserfahrung	(Fach)Hochschulreife und ggf. Berufsausbildung / Berufserfahrung
betriebliche Integration	Ausbildungs- oder Praktikantenver-trag	Praktikanten-, Volontariats- oder (Teilzeit-) Arbeitsvertrag	Teilzeit-) Arbeitsvertrag *(Betrieb gewährt Freistellungen)*	Arbeitsvertrag *(Betrieb gewährt Freistellungen)*
Curriculares Konzept	inhaltliche und zeitliche Verzah-nung von Ausbil-dung und Studium	inhaltliche Bezü-ge zwischen betrieblicher Praxis und Studium	inhaltliche Bezüge zwischen betrieblicher Pra-xis und Studium	Hochschulstudium
Bildungs-abschluss	Berufsabschluss (IHK/HWK), Ba-chelor bzw. Master	Bachelor	Bachelor und ggf. Weiterbil-dungsabschluss	Bachelor bzw. Master
Ausbil-dungs- bzw. Studienzeit	3 bis 5 Jahre	3 Jahre	i.d.R. 3 Jahre	3 bis 5 Jahre

Die überwiegende Anzahl dualer Studienangebote existieren für solche in der Erstausbildung etwa gleichverteilt für die ausbildungsintegrierende und praxisin-tegrierende Variante. Im Sektor der weiterbildenden Studienangebote dominieren eindeutig die berufsbegleitenden Studiengänge.

Tabelle 1.2 Verteilung der Angebotsstruktur 2013

	Anzahl der Angebote	
ausbildungsintegrierend	445	Angebote der beruflichen Erstausbildung
praxisintegrierend	508	
berufsintegrierend	2	Angebote der beruflichen Weiterbildung
berufsbegleitend	435	

Quelle: AusbildungPlus 2013

1.2   Strukturdaten

1.2.1   Modelle dualer Studienangebote

In der Praxis haben sich mehrere Modellformen der Organisation dualer Studiengänge etabliert, die sich in der Verzahnung von Theorie und Praxis unterscheiden.
Folgen wir den Ausführungen des Bundesinstituts für Berufsbildung, so dominiert
die Blockvariante sowohl in der realen Umsetzung als auch als präferierte Variante
der Unternehmen, die in 2011 durch das BIBB dazu befragt wurden. Ähnliche
Übereinstimmungen ergeben sich bei den drei weiteren Modellen, welche in der
Systematik des BIBB erscheinen.

Tabelle 1.3 Studienorganisation nach den Daten des BIBB

Anteile in 2013	Modelle	Anteile – BIBB-Betriebsumfrage 2011 Präferenzen
76,00 %	Blockmodell	57,10 %
10,00 %	Rotationsmodell	10,40 %
9,00 %	vorgeschaltete Ausbildung	11,30 %
5,00 %	Fernlernen	4,60 %
	k. A.	16,60 %

In den Beiträgen dieses Buches wird eine andere Systematik der Studienmodelle
verwendet. Unterschieden werden drei Varianten: das *Block*modell, das integrierte
und das teilseparierte Modell. Dies liegt darin begründet, dass sich sowohl die
theoretischen Analysen als auch die Empirie des diesem Buch zugrundeliegenden
Forschungsprojektes weitestgehend auf die ausbildungsintegrierende Variante des
dualen Studiums beschränken. Im Blockmodell werden die Lernorte in größeren

Zeitabständen gewechselt, die vorlesungsfreie Zeit verbringen die Studierenden im Betrieb. Im *integrierten* Modell findet ein permanenter Wechsel zwischen den Lernorten innerhalb einer Woche statt, auch hier wird die vorlesungsfreie Zeit für längere Betriebseinsatzzeiten genutzt. Das *teilseparierte* Modell ist dadurch gekennzeichnet, dass der Studien- und Ausbildungsverlauf in größeren zeitlichen Blöcken organisiert ist, das erste Studien- und Ausbildungsjahr findet hier zunächst komplett im Betrieb statt. Je nach Modell sind die Studierenden / Auszubildenden in die normalen Studienveranstaltungen eingebunden und nehmen am normalen Berufsschulunterricht teil oder sie erhalten eigene Unterrichtseinheiten (vgl. hierzu ausführlich Kapitel 6).

1.2.2   Quantitative Entwicklungen

Die aktuelle Datenlage muss nach wie vor als unzureichend bezeichnet werden, „da duale Studiengänge in ihren verschiedenen Ausprägungen an keiner zentralen Stelle erfasst werden und weil die statistischen Erhebungen auf keiner eindeutigen Definition des dualen Studiums basieren" (Wissenschaftsrat 2013: 10).

Das HIS kommt zu dem Schluss, dass Kennzahlen zu kooperativen Studiengängen im Rahmen der regelmäßigen Hochschulstatistik erfasst werden sollten (vgl. Minks et al. 2011: 109). So finden sich unterschiedliche Zahlen in verschiedenen Datenbanken, die jeweils ein eingeschränktes Bild der Realität abbilden.

Tabelle 1.4   Angebote dualer Studiengänge in verschiedenen Datenbanken

	Akkreditierungsrat	AusbildungPlus	Hochschulkompass
Anzahl dualer Studiengänge	• 739 • 668 im grundständigen Studium • 71 im weiterführenden Studium • 21 systemakkreditierte Hochschulen	• 1.793 • 1.300 in der Erstausbildung • 493 in der Weiterbildung	• 760 • 350 ausbildungsintegrierende • 290 praxisintegrierende • 120 berufsintegrierende

(Zugriff auf die Datenbanken am 24.07.2014)

Das BIBB veröffentlicht regelmäßig aktualisierte Daten zur quantitativen und qualitativen Entwicklung dualer Studiengänge aus ihrer am weitesten entwickelten

Datenbank „Ausbildung Plus"[1]. Dieses Internetportal wurde bis 2007 durch das Institut der deutschen Wirtschaft betreut und stellt die am häufigsten herangezogene Datenbasis dar. Hier finden sich Angaben zu der Anzahl der Studierenden, der beteiligten Betriebe sowie der Hochschulen inklusive einer Verteilung nach Hochschultypen und Studienmodellen sowie Daten zur regionalen und fachspezifischen Verteilung. Die Validität und Vollständigkeit dieser Daten sind allerdings insoweit eingeschränkt, als sie auf der freiwilligen Selbstauskunft der Hochschulen zu ihren dualen Studienangeboten basieren (vgl. Bundesinstitut für Berufsbildung (Hrsg.) 2012). Die Daten bilden den Ausgangspunkt einiger empirisch angelegter Projekte am BIBB zur Entwicklung dieses Ausbildungsweges (vgl. Kupfer / Mucke 2009; Kupfer / Sterz 2010; Kupfer et al. 2012; Kupfer 2013).

Unabhängig von der jeweiligen Datenquelle ist festzustellen, dass die Anzahl dualer Studiengänge kontinuierlich steigt und dabei das Angebot inhaltlich vielfältiger wird. Politisch in vielen Bundesländern stark forciert und teilweise gezielt mit Fördermitteln unterstützt, können wir bundesweit eine deutliche Expansion verzeichnen.

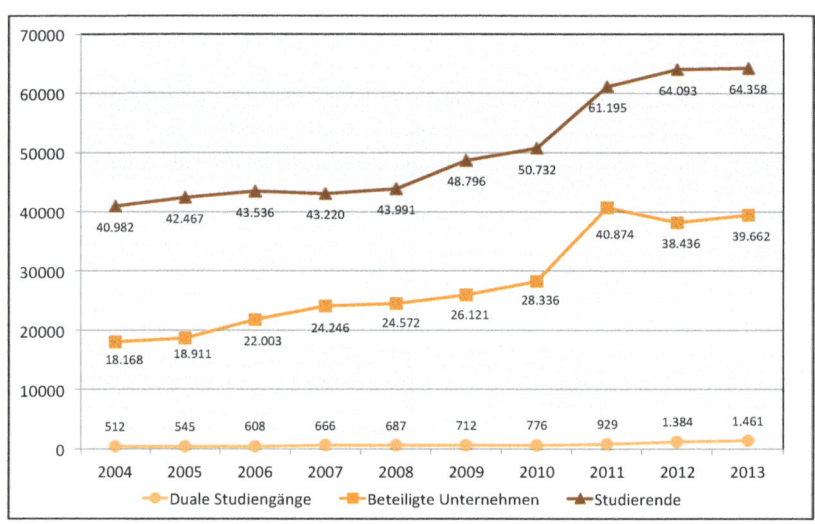

Abb. 1.1   Duale Studiengänge von 2004 bis 2013
Quelle: AusbildungPlus

---

1   Vgl. http://www.ausbildungplus.de/html/index.php.

Von 2004 bis 2013 ist ein Zuwachs von ca. 60 % zu verzeichnen. Parallel dazu ist die Zahl der Studierenden sowie der beteiligten Betriebe ebenfalls gewachsen, woran das zunehmende Interesse auf beiden Seiten deutlich wird.

Fachlich liegen die Schwerpunkte mit einem Anteil von gut 80 % beim Angebot dualer Studiengänge in den Ingenieur- und Wirtschaftswissenschaften, wobei das Fächerspektrum in den vergangenen Jahren deutlich vielfältiger geworden ist, wie z. B. in gesundheits- und pflegewissenschaftlichen oder frühpädagogischen Studiengängen.

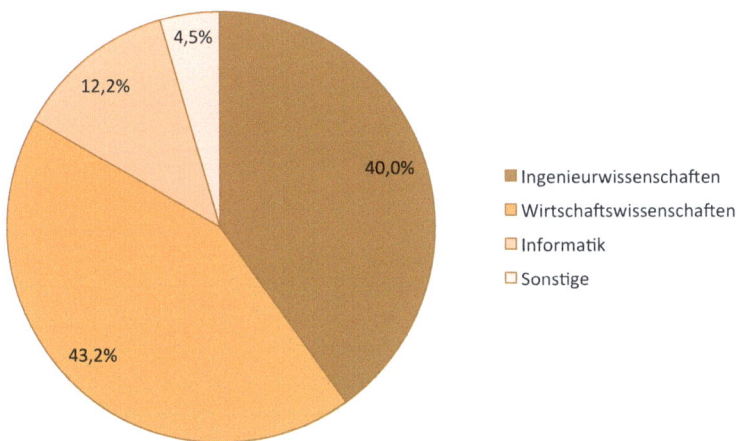

Abb. 1.2   Fächerverteilung duales Studium – 2013
Quelle: AusbildungPlus

Das duale Studium findet vorwiegend an Fachhochschulen statt; ca. 60 % der Studiengänge werden dort angeboten; Universitäten beteiligen sich nur in Einzelfällen an dieser Form der Ausbildung. Vermehrt haben auch private Hochschulen diesen Markt für sich entdeckt und platzieren sich bundesweit mit einem umfangreichen Angebot. Ihre höhere Flexibilität und Bereitschaft, sich auf die jeweiligen Bedarfe der kooperierenden Betriebe einzustellen, macht sie als Kooperationspartner attraktiv.

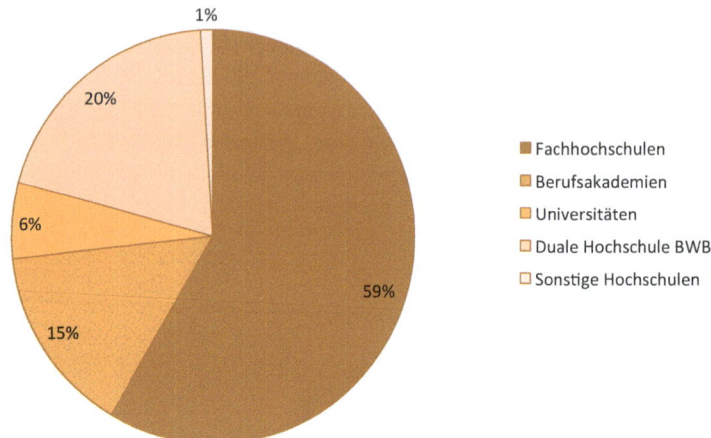

Abb. 1.3 Anbieter von dualen Studiengängen 2010
Quelle: AusbildungPlus

Auch dann, wenn damit keine Einbußen der Qualität des Studiums verbunden sind, was nicht immer der Fall ist, sollte der damit einhergehende Einfluss der Unternehmen auf die Lehre kritisch hinterfragt werden. Kontrollorgane und -gremien, wie sie an staatlichen Hochschulen existieren, sind an privaten nicht installiert.

Die regionale Verteilung zeigt seit mehreren Jahren Schwerpunkte in drei Bundesländern. Laut der Datenbank von AusbildungPlus hält die meisten Angebote Baden-Württemberg vor; jeder vierte duale Studiengang stammt aus diesem Bundesland, insbesondere in der dort angesiedelten Dualen Hochschule. NRW (183 Studiengänge) und Bayern (172 Studiengänge) liegen etwa gleichauf mit 18 % und 17 % des gesamten Angebots im Jahr 2013. In der Gruppe der Bundesländer mit einem Angebot unter 20 Studiengängen finden sich die beiden Stadtstaaten Hamburg und Bremen sowie das Saarland, Mecklenburg-Vorpommern und Brandenburg, in der Gruppe 20<50 Studienangebote finden sich Sachsen-Anhalt, Berlin, Thüringen, Schleswig-Holstein und Rheinland-Pfalz, in der nächsten Gruppe 50<100 Angebote dualer Studiengänge Hessen, Sachsen und Niedersachsen.

1.3   Rechtliche Rahmenbedingungen

Im dualen Studium besteht ein rechtliches Dreiecksverhältnis zwischen der Hochschule, dem beteiligten Betrieb oder einer Bildungseinrichtung wie z. b. einer Lehrwerkstatt und dem Studierenden. Zwischen den beiden, ggf. bei Beteiligung der Berufsschule auch drei Ausbildungspartnern wird ein Kooperationsvertrag zu allen studienrelevanten Themen, wie z. B. Zielen und Grundzügen der Zusammenarbeit, Verpflichtungen der Vertragspartner, Auswahlverfahren, Laufzeiten etc. geschlossen. Die Tatsache, dass im dualen Studium zwei auch rechtlich unterschiedlich strukturierte Ausbildungswege miteinander verknüpft werden, führt dazu, dass weiterhin einige offene Fragen im Hinblick auf den Status dual Studierender bestehen (vgl. Koch-Rust / Rosentreter 2009). Feststeht, dass für sie, sofern ein Ausbildungsvertrag besteht, bis zum Abschluss ihrer dualen Berufsausbildung die Bestimmungen des Bundesbildungsgesetzes (BBiG) bzw. der Handwerksordnung (HWO) gelten. Dies ist nicht der Fall, wenn lediglich ein Praktikantenvertrag besteht. Diese Studierenden sind weder als Auszubildende noch als Personen in einem sonstigen Ausbildungsverhältnis im Sinne des § 26 BBiG (wie z. B. Praktikanten und Volontäre) noch als Arbeitnehmer beschäftigt. Sozialversicherungsrechtlich sind alle dual Studierenden seit dem 1.1.2012 den zur Berufsausbildung Beschäftigten gleichgestellt, das heißt, sie unterliegen für die gesamte Dauer ihres Studiums der Sozialversicherungspflicht in der Kranken-, Pflege-, Renten- und Arbeitslosenversicherung. Nach der Rechtsprechung des Bundesverfassungsgerichtes gehören sie zu den zur Berufsausbildung Beschäftigten bzw. sind ihnen gleichgestellt im Sinne des § 5 Abs. 1 Satz 1 BetrVG. Insofern haben dual Studierende das aktive und passive Wahlrecht bei der Jugend- und Auszubildendenvertretung. Dual Studierende sind in den jeweiligen Betrieb eingegliedert, insofern bestehen unabhängig von der jeweiligen Vertragsgestaltung für sie alle Bestimmungen des Arbeitsschutzrechtes.

Problematisch gestaltet sich die Frage der Vereinbarung von Rückzahlungsverpflichtungen (z. B. von Studiengebühren bzw. Sozialbeiträgen) gekoppelt an Übernahmeklauseln nach Beendigung der Ausbildung (vgl. Görge 2012). Grundsätzlich sind solche vertraglichen Vereinbarungen zulässig, allerdings ist nach bundes- und landesgerichtlicher Rechtsprechung (vgl. Henne 2011) die Rückzahlungsklausel transparent zu formulieren und dabei ungerechtfertigte Beurteilungsspielräume für den Arbeitgeber zu vermeiden.

Als Zugangsvoraussetzung zu einem dualen Studium benötigen die Bewerber, neben einer Hochschulzugangsberechtigung, zunächst einen Ausbildungs- bzw. Praktikantenvertrag mit einem kooperierenden Unternehmen, der die betriebliche Ausbildung übernimmt. Damit kommt den Unternehmen eine besondere ‚Gatekeeper-Funktion‘ an der Schnittstelle zwischen Abitur und Studium zu, die einmalig im deutschen Hochschulsystem ist. Nicht mehr das Bildungssystem regelt den Zugang, sondern dieser ist abhängig von dezentralen Entscheidungen privater Unternehmen. Den betrieblichen Mitbestimmungsgremien kommt dabei eine wichtige Funktion bei der Entwicklung der Auswahlkriterien sowie den Einstellungsverfahren nach §§ 96-98 BetrVG zu.

1.4   Bildungspolitische Debatten als Rahmung

Die Entwicklung dualer Studiengänge ist eingebettet in eine bildungspolitische Debatte in Deutschland, die durch drei, in diesem Kontext relevante Themen bestimmt wird: Europäisierung, Akademisierung und Durchlässigkeit der Bildungssysteme.

1.4.1   Europäisierung

Im Zuge der Entstehung eines europäischen Bildungsraumes, inhaltlich gestaltet durch die Erklärungen von Bologna im Jahr 1999 und Kopenhagen im Jahr 2002, entstand in Deutschland eine Debatte um die Relevanz der Akademisierung des deutschen Berufsbildungssystems nach europäischem Vorbild (vgl. z. B. Baethge et al. 2007; Kruse et al. 2009; IGM (Hrsg.) Workshop-Reihe 2010/2011). Inhaltliche Ziele dieses Bildungsraumes sind insbesondere die Modularisierung der Bildungswege sowie ihre Output-Orientierung, um die Möglichkeiten der Vergleichbarkeit von Abschlüssen und damit die Einsatzmöglichkeiten der Arbeitskräfte innerhalb Europas zu erhöhen. Das Berufsprinzip der dualen Berufsausbildung in Deutschland steht diesem Modularisierungsprinzip allerdings entgegen. Das europäische Leistungspunktesystems im Berufsbildungssystem ECVET ermöglicht bzw. unterstützt die Mobilität der Arbeitskräfte über Ländergrenzen hinweg. Eine Bildungsweg unabhängige Kompetenzfeststellung streben auch der Europäische Qualifikationsrahmen (EQR) sowie dessen nationale Umsetzung im deutschen Qualifikationsrahmen (DQR) an. Problematisch erwies sich in der jahrelang geführten Debatte um den DQR die Frage der Einstufung der Ausbildungsabschlüsse und insbesondere der Abschlüsse aus Bildungsgängen der Aufstiegsfortbildung. Leitgedanke muss dabei immer die *Gleichwertigkeit* der Bildungsabschlüsse bei *Andersartigkeit* der Bildungswege sein.

1.4.2   Akademisierung

Im internationalen Vergleich ist die Studierendenquote in Deutschland nach wie vor relativ gering (vgl. OECD 2012). Daraus zieht die Bildungspolitik den Schluss, dass der Ausbau des Tertiärsystems notwendig sei, mit dem Ziel, im europäischen Bildungsraum konkurrenzfähig zu bleiben. Die Steigerung der Studierendenquote auf mindestens 50 % eines Altersjahrgangs ist erklärtes Ziel der Bundesregierung, wobei die Notwendigkeit einer Angleichung der Studierendenquote an europäisches Niveau durchaus unterschiedlich beurteilt wird (vgl. z. B. Bosch 2012; Hirsch-Kreinsen 2). Berücksichtigt werden muss die Tatsache, dass das System der beruflichen Bildung in Deutschland auf einem qualifikatorisch sehr hohen Niveau entwickelt ist. Die duale Berufsausbildung gilt zudem gerade aktuell in Zeiten hoher Jugendarbeitslosigkeit wieder als Vorbild für das europäische Ausland (vgl. Euler 2013). Diese Erfolgselemente bilden die Grundlage für den nach wie vor großen Stellenwert des dualen Berufsausbildungssektors innerhalb des Ausbildungssystems in Deutschland. Als problematisch erweist sich allerdings die Vergleichbarkeit der Abschlüsse der beruflichen Aus- und Weiterbildung mit denen im tertiären Sektor erworbenen (vgl. z. B. Klumpp et al. 2010; Weigel et al. 2011). Die lange Debatte um die Einstufung der Qualifikationen und die damit verbundene Wertigkeit der Bildungsabschlüsse in der Umsetzung des europäischen Qualifikationsrahmens in den nationalen deutschen Qualifikationsrahmen zeigen diesen Konflikt deutlich. Insbesondere die in diesem Kontext heftig geführte Diskussion um Gleichwertigkeit beruflicher und akademischer Bildung trägt dem deutschen Bildungssystem und seinen Spezifika Rechnung. Parallel zur bildungspolitischen Diskussion um die Erhöhung der Studierendenquote hat sich das Bildungsverhalten der Jugendlichen, welche die Schule mit dem Abitur bzw. Fachabitur verlassen, deutlich gewandelt. Auch hier ist ein Trend zur Abwanderung in den tertiären Bereich erkennbar mit dem Ziel einer Erhöhung der eigenen Chancen auf dem Arbeitsmarkt. Bereits im sekundären Bildungssektor ist eine Entwicklung hin zu höheren Abschlüssen erkennbar, die Zahl der Schulabgänger mit Hochschulzugangsberechtigung nimmt kontinuierlich zu (vgl. Autorengruppe Bildungsberichterstattung (Hrsg.) 2012: 95), wobei höhere Abschlüsse als Voraussetzung für einen erfolgreichen Einstieg in den Arbeitsmarkt gelten. Die Einführung des Systems der Bachelor- und Masterabschlüsse an den Hochschulen unterstützt diesen Trend, da es bereits nach drei Jahren möglich ist, einen berufsqualifizierenden Abschluss zu erlangen. Mit dieser Entwicklung geht ein Attraktivitätsverlust der beruflichen Bildung bei Schulabgängern und ihren Eltern einher, wenn es um die Planung ihrer beruflichen Zukunft geht. Ausbildungswege im dualen Ausbildungssystem werden als wenig zukunftsfähig angesehen und die

Überzeugung, dass es notwendig ist, einen akademischen Abschluss anzustreben, um beruflich Karriere zu machen, ist weit verbreitet.

1.4.3 Durchlässigkeit der Bildungssysteme

In Deutschland besteht traditionell eine Bildungssegmentation zwischen zwei zentralen Segmenten: auf der einen Seite die allgemeine schulische Bildung mit einem darauf aufbauenden System der hochschulischen Bildung, das zu berufsqualifizierenden Abschlüssen führt und auf der anderen Seite die berufliche Bildung (betrieblich oder schulisch). Diese beiden Segmente sind in ganz unterschiedliche rechtliche Rahmen und Steuerungssysteme eingebunden, was in der Praxis zu wenigen Berührungspunkten führt. Die Forderung nach einer Durchlässigkeit zwischen den Bildungssystemen und damit einem erweiterten Zugang zur Hochschule ist bereits seit mindestens 20 Jahren Thema in der bundesdeutschen Bildungsdebatte. Länderspezifisch ist die Öffnung des tertiären Sektors für neue Zielgruppen bisher sehr unterschiedlich geregelt. Ein zentraler Beschluss der Kultusministerkonferenz regelte im Jahr 2009 hierzu erstmals für alle Länder, dass derjenige eine fachgebundene Hochschulzugangsberechtigung erwirbt, wer eine abgeschlossene Berufsausbildung und eine dreijährige Berufspraxis nachweisen kann. Eine allgemeine Hochschulreife erhalten Meister und Inhaber ähnlicher Abschlüsse. Die Nutzung dieser Zugangsmöglichkeiten ist nach wie vor gering, aktuell liegt sie bei 0,9 % an den Universitäten und 1,8 % an Fachhochschulen (vgl. Freitag 2012).

Das duale Studium kann als gelungenes Beispiel für einen Ansatz zur Erhöhung der Durchlässigkeit zwischen den Bildungssegmenten der beruflichen und akademischen Ausbildung angesehen werden.

Literatur

Autorengruppe Bildungsberichterstattung (Hrsg.) (2012): Bildung in Deutschland 2012. Bielefeld.

Baethge, M. / Solga, H. / Wieck, M. (2007): Berufsbildung im Umbruch. Signale eines überfälligen Aufbruchs. Berlin.

Bosch, G. (2012): Gefährdung der Wettbewerbsfähigkeit durch zu wenige Akademiker: Echte oder gefühlte Akademikerlücke? In: Kuda, E. et al. (Hrsg.): Akademisierung der Arbeitswelt? 20-35.

Bundesinstitut für Berufsbildung (Hrsg.) (2012): AusbildungPlus in Zahlen 2011. Bonn

Bundesinstitut für Berufsbildung (Hrsg.) (2014): AusbildungPlus in Zahlen 2013. Bonn.

Euler, D. (2013): Das duale System in Deutschland – Vorbild für einen Transfer ins Ausland? Bielefeld.

Fielding, N. G. / Lee, R. M. / Blank, G. (Hrsg.) (2008): The Handbook of Online Research Methods. Sage.

Freitag, W. K. (2012): Zweiter und Dritter Bildungsweg in die Hochschule. HBS-Arbeitspapier 253. Düsseldorf.

Görge, D. (2012): Rechtsfragen des dualen Studiums. In: Wirtschaft & Beruf. Zeitschrift für berufliche Bildung. 1/2/2012. 66-69.

Henne, M. (2011): Unwirksame Klauseln in kombinierten Ausbildungs- und Studienverträgen. In: Wirtschaft und Berufserziehung, Heft 4/2011.18-20.

Hirsch-Kreinsen, H. (2013): Wie viel akademische Bildung brauchen wir zukünftig? Ein Beitrag zur Akademisierungsdebatte. Soziologisches Arbeitspapier Nr. 37/2013.

Hollaus, M. (2007): Der Einsatz von Online-Befragungen in der empirischen Sozialforschung. Diss. Universität Erlangen-Nürnberg. Aachen: Shaker

Holtkamp, R. (1996): *Duale Studienangebote der Fachhochschulen.* (Hochschulplanung 115). Hannover. HIS.

IGMetall (Hrsg.) (2010 und 2011): Workshop-Reihe: Akademisierung von Betrieben und Gesellschaft – beruflich-betriebliche Bildung vor dem Aus? Dokumentationen der Experten-Workshops I bis IV. Frankfurt.

Klumpp, M. / Kriebel, K. / Beschorner, H. / Buschfeld, D. / Dilger, B. / Diart, M. (2010): Berufswertigkeit konkret. Wissenschaftlicher Abschlussbericht. Köln.

Koch-Rust, V. / Rosentreter, G. (2009): Rechtliche Gestaltung der Praxisphase bei dualen Studiengängen. In: Neue Juristische Wochenschrift, Heft 41/2009. 3005-3010.

Krone, S. / Mill, U. (2012): Dual studieren im Blick: Das ausbildungsintegrierende Studium aus der Perspektive der Studierenden. IAQ-Report Nr. 2012-3. Duisburg.

Kruse, W. / Strauss, J. / Braun, F. / Müller, M. (2009): Rahmenbedingungen der Weiterentwicklung des Dualen Systems beruflicher Bildung. HBS-Arbeitspapier 168. Düsseldorf.

Kupfer, F. / Kolter, C. / Köhlmann-Eckel, C. (2012): Analyse und Systematisierung dualer Studiengänge an Hochschulen. Bonn.

Kupfer, F. / Mucke, K. (2009): Duale Studiengänge an Fachhochschulen nach der Umstellung auf Bachelorabschlüsse. Bonn.

Kupfer, F. / Sterz, A. (2010): Duale Studiengänge – Angebots- und Nachfragesituation. BWP, Heft 2/2010. 37-38.

Kupfer, F. (2013): Duale Studiengänge aus Sicht der Betriebe – Praxisnahes Erfolgsmodell durch Bestenauslese. In: Berufsbildung in Wissenschaft und Praxis – BWP, Heft 4/2013. 25-29.

Minks, K.-H. / Netz, N. / Völk, D. (2011): Berufsbegleitende und duale Studienangebote in Deutschland: Status quo und Perspektive. HIS: Forum Hochschule. Heft 11/ 2011.

Mucke, K. / Schwiedrzik, B. (2000): Duale berufliche Bildungsgänge im tertiären Bereich – Möglichkeiten und Grenzen einer fachlichen Kooperation von Betrieben mit Fachhochschulen und Berufsakademien, Bonn.

OECD (Hrsg.) (2012): Bildung auf einen Blick 2012. OECD-Indikatoren.

Weigel, T. / Hippach-Schneider, U. / Gonon, P. (2011): Qualität von Bildungsabschlüssen aus Unternehmenssicht – eine kompetenzorientierte Analyse. bwp@ Ausgabe Nr. 21 / 12-2011.

Wissenschaftsrat (2013): Empfehlungen zur Entwicklung des dualen Studiums. Positionspapier. Drucksache 3479-13. Köln.

Internetquelle
http://www.ausbildungplus.de

Das duale Studium – Stand der Forschung

Katharina Hähn

2

2.1 Datenbasis

Die Datenbank AusbildungPlus des BIBB ist die aktuell umfassendste Datenquelle[2], da das duale Studium bislang im Berichtswesen der statistischen Bundes- und Landesämter nicht hinreichend erfasst wird. Das wissenschaftliche Interesse am dualen Studium ist zwar in den letzten Jahren moderat angestiegen, jedoch unterscheiden sich die wissenschaftlichen Arbeiten hinsichtlich einbezogener Bundesländer, Fachrichtungen oder auch Hochschularten. Dies gilt es bei den im vorliegenden Kapitel dargestellten Forschungsergebnissen zu berücksichtigen. Fallgrößen, Zielstellungen und Erhebungsmethoden weichen ebenfalls voneinander ab. Der Anhang zu diesem Kapitel bildet daher die Merkmale für die einbezogenen Studien ab. Vergleichbarkeit und Übertragbarkeit der folgenden Ausführungen sind überdies eingeschränkt, da Fragestellungen sowie Antwortvorgaben in den zitierten Studien voneinander abweichen. Um etwa Motive dual Studierender zur Aufnahme eines dualen Studiums herauszufinden, wurden teils die Vorzüge eines solchen im Vergleich zu einem regulären Studium erfragt, teils wurden die Motive für die Aufnahme eines dualen Studiums erfragt und teils wurden Erwartungen daran eruiert.

2.2 Soziodemografische Merkmale dual Studierender

Im April 2013 lag die Anzahl dual Studierender laut der AusbildungPlus Datenbank bei 64.358. Schätzungen gehen jedoch von einer höheren Anzahl aus, da nicht alle Hochschulen ihre Daten angeben (BIBB 2014: 28).

---

2   Zur eingeschränkten Validität vgl. Kapitel 1.

In vielen empirischen Untersuchungen ist der Anteil männlicher dual Studierender – teils erheblich – größer als der Anteil weiblicher dual Studierender. Allerdings besteht hier ein Zusammenhang mit den Fachrichtungen der jeweiligen Stichproben. So scheinen in den Untersuchungen von Pohl (2010)[3], Purz (2011)[4] und Gensch (2014)[5] die einbezogenen Fachrichtungen für die niedrigeren bis marginalen Anteile weiblicher dual Studierender verantwortlich zu sein – und keine besondere Empfänglichkeit junger Männer für das duale Studium. An den von Berthold et al. (2009: 19) fokussierten Berufsakademien ist mit 59 % der Anteil weiblicher dual Studierender hingegen höher (Berthold et al. 2009: 19) und kann auf die größere Bedeutung sozialer Berufe, neben den betriebswirtschaftlichen und technischen Fächern, zurückgeführt werden (Berthold et al. 2009: 17).

Im Vergleich der Geschlechterverteilung dualer und regulärer Studiengänge zeigt sich ein gemischtes Bild. Die Anteile weiblicher dual Studierender an bayrischen Fachhochschulen waren im Wintersemester 2011/2012 im Studienfach Elektrotechnik mit 17 % um 9 Prozentpunkte und im Studienfach Mechatronik mit 19 % um 12 Prozentpunkte höher als in den regulären Studiengängen der Fachhochschulen. Demnach können duale Studienangebote eine positive Wirkung auf die Beteiligung von Frauen in technischen Studienfächern haben. In den Fächern Wirtschaftswissenschaften (58 %), Wirtschaftsingenieurwesen (21 %) und Gesundheitswissenschaften (84 %) wiederum unterschieden sich die Anteile um nur höchstens drei Prozentpunkte nach oben (Gensch 2014: 30). Diese Werte deuten auch darauf hin, dass offenbar kein Anreiz für junge Männer zur Aufnahme eines Studiums in „Frauendomänen" – wie eben den Gesundheitswissenschaften – durch das Vorhandensein dualer Studienangebote besteht.

Die Rekrutierung zukünftiger Fachkräfte mit tertiärem Bildungsabschluss über duale Studienangebote führt zu einer Verschiebung der Zielgruppe, die angesprochen wird, um eine Bildungsstufe abwärts. Werden Absolvent/inn/en regulärer Hochschulstudiengänge erst im Verlauf ihres Studiums zu einem interessanten Rekrutierungsfeld, setzen Bemühungen zur Besetzung dualer Studienplätze bereits bei Hochschulzugangsberechtigten an (vgl. IW 2010a: 16; Purz 2011; ähnlich: BIBB 2014: 22). Durch die direkte oder nur kurz verzögerte Einmündung in ein duales Studium nach dem Erwerb einer Hochschulreife sind die meisten dual Studierenden

---

3   Fachbereiche: Gartenbau, Versorgungstechnik, Bahnbau, Verkehrs- und Transportwesen. Gebäude- und Energietechnik, Elektrotechnik, Maschinenbau

4   Studienrichtungen: Ingenieurberufe; kaufmännische und technische Berufe

5   Studienbereiche: Wirtschaftswissenschaften, Gesundheitswissenschaften, Informatik, Ingenieurwissenschaft (allgemein), Wirtschaftsingenieurwesen, Maschinenbau/Verfahrenstechnik, Elektrotechnik, Bauingenieurwesen/Landschaftsbau

nicht älter als 21 Jahre alt (vgl. Berthold et al. 2009: 19; Pohl 2010: 166; Purz 2011: 152). Das Durchschnittsalter dual Studierender an Fachhochschulen in Bayern lag im Wintersemester 2011/2012 mit 23,2 Jahren etwas höher, aber auch hier waren fast 42 % unter 22 Jahre alt (Gensch 2014: 30 f.). „Durch die straffe Organisation und die gute Betreuung schaffen die meisten Studierenden ihr Studium in der Regelstudienzeit" (Waldhausen 2005: 66). Entsprechend sind auch duale Studienabsolvent/inn/en in der Regel jünger als Absolvent/inn/en hochschulischer Bildungsgänge.

Eine Allgemeine Hochschulreife haben 71 % der dual Studierenden an Fachhochschulen in Bayern (Gensch 2014: 31 f.) und 90,2 % der dual Studierenden an den einbezogenen Fachhochschulen in Thüringen (Pohl 2010: 168). Im Vergleich zu Studierenden regulärer Fachhochschul-Studiengänge sind das überdurchschnittlich hohe Werte.

Durch die im Vergleich zu Fachhochschulen und Universitäten geringeren Anteile Studierender an Berufsakademien, deren Eltern einen Hochschulabschluss haben, konstatieren Berthold et al. (2009: 20), dass „es den Berufsakademien offenbar überproportional stark [gelingt], Studieninteressenten aus *bildungsfernen* Familien anzusprechen." Gensch (2014) stellt hingegen fest, dass sich der Bildungshintergrund dual Studierender an Fachhochschulen in Bayern nicht entscheidend von dem der regulär Studierenden unterscheidet. Daher könne die Annahme, dual Studierende seien aus eher bildungsfernen Familien, „nicht unbedingt gestützt werden" (Gensch 2014: 42).

2.3   „Der duale Studienabsolvent" – neuer Bildungstyp oder Substitutionsfigur?

Infolge der Veränderungen des Bildungs- und Beschäftigungssystems wurde eine – insbesondere theoriegeleitete – Diskussion über ein modernisiertes Verständnis von Beruflichkeit angestoßen (vgl. Kuda / Strauß 2010; IG Metall (Hrsg.) 2010, 2011; Franz / Voss-Dahm 2011; Purz 2011; Spöttl 2012). Neben dem „beruflich-betrieblichen Bildungstyp" und dem „akademischen Bildungstyp" wird mittlerweile mit dem „beruflich-akademischen Bildungstyp" (vgl. Spöttl 2012) eine dritte Mischform ausgemacht. Diese vereint „beruflich-praktischen Anwendungsbezug und akademische Ausbildung" (ders.: 138 f.). Die Kombination aus berufsbildenden und akademischen Anteilen dualer Studiengänge schafft Rahmenbedingungen, die dem beruflich-akademischen Bildungstyp zu entsprechen scheinen (vgl. Ders.; Näheres hierzu vgl. Kapitel 3).

Eine häufige Vermutung ist, dass es zu einer Verdrängung oder Konkurrenz beruflich Aus- und Fortgebildeter durch – nicht nur duale – Bachelorabsolvent/inn/

en kommen könnte (vgl. z. B. Kloas 2007; Werner et al. 2008; Klumpp / Rybnikova 2010; Heidemann (Hrsg.) 2011; Purz 2011). Werden angestammte betriebliche Positionen und berufliche Tätigkeitsfelder der beruflich Qualifizierten mit Akademiker/inne/n neu besetzt, wird von „Substitution" gesprochen. Dies umfasst auch einen Verlust von Aufstiegsmöglichkeiten. Wissenschaftliche Ergebnisse zur Relation des dualen Studiums zur dualen Aus- und Fortbildung und zum Hochschulstudium sind sehr unterschiedlich, teils auch gegenläufig (vgl. z. B. Weiß / Werner 2005; Kloas 2007; Werner et al. 2008; Klumpp / Rybnikova 2010; Purz 2011; Becker 2012).

Es zeichnet sich ab, dass sich Substitutionstendenzen nach Wirtschaftszweigen und Berufsgruppen unterscheiden. So deuten sich Konkurrenzen im kaufmännischen Bereich (vgl. Becker 2012) und im Bankenwesen an. In den technischen Berufen kommt es auf der Basis der bisherigen Befunde eher zu einer Konkurrenzsituation im mittleren Qualifikationssegment, also zu einer Konkurrenz zwischen dualen Studienabsolvent/inn/en und beruflich Gebildeten, die eine duale Aufstiegsfortbildung absolviert haben (insb. Techniker/inn/en). Heidemann und Koch (2013: 56) entdecken auf Grundlage von fünf Fallstudien in der chemischen Industrie keinerlei Hinweise auf eine Verdrängung dual Ausgebildeter. Jedoch „werden durch Ausweitung dualer Studiengänge die Karrierechancen von Absolventen des dualen Systems verringert, weil die dualen Bachelors von den Unternehmen bevorzugt auf solche Positionen gesetzt werden, die bislang durch betriebsinterne Aufstiegsweiterbildung erreicht wurden."

Die Forschungsergebnisse von Mucke und Schwiedrzik (2000: 13) weisen wiederum nicht auf eine Reduktion dualer Ausbildungsplätze oder Meisterplätze allein durch eine bloße Beteiligung der Unternehmen am dualen Studium hin. Ein Abbau dieser Personalkategorien liegt vielmehr an den betriebsspezifischen Bedingungen – an erster Stelle am Innovationsdruck. Die Hälfte (50 %) der sich am dualen Studium beteiligenden Unternehmen derselben Untersuchung geben als Motiv an, dass ein duales Studium besser für mittlere Führungspositionen ist als eine duale Ausbildung mit Aufstiegsfortbildung. Gerade einmal 6,5 % der Unternehmen forcieren jedoch den „Aufbau einer über der Meisterebene laufenden innerbetrieblichen Aufstiegsmöglichkeit im Rahmen von dualen Studiengängen". Das Interesse besteht eher darin, „diese Hierarchieebene über das Hochschulsystem bzw. seine Abschlüsse zu legitimieren" (dies.: 9 f.).

Purz (2011) stellt Auswirkungen einer Beteiligung an dualen Studiengängen bereits für das betriebliche Rekrutierungsverhalten und nicht erst beim späteren betrieblichen Einsatz der Absolvent/inn/en fest. Unternehmen ihres Samples verringern die Anzahl klassischer Ausbildungsplätze und/oder Praktikantenplätze zugunsten dualer Studienplätze und präferieren die Rekrutierung dualer Studienabsolvent/inn/en anstelle regulärer Hochschulabsolvent/inn/en.

2.4   Merkmale beteiligter Unternehmen

Dualen Studiengängen wird eine hohe „Konjunkturabhängigkeit" (Holtkamp 1996: 11) zugeschrieben. „Von der Anzahl und Größenordnung der beteiligten Unternehmen hängt am Falle der dualen Studienangebote die Zahl der Studienanfänger bzw. Studenten ab" (ders.). Hinzu kommt auch die Beständigkeit der Bereitstellung dualer Studienplätze[6]. Dieses Zusammenspiel muss ausreichend dual Studierende hervorbringen, um die angebotenen Studiengänge und Schwerpunkte der Hochschulen zu erhalten (auch: Berthold et al. 2009). Mitte der 1990er Jahre berichteten die Hochschulen von Schwierigkeiten, diese Anzahl dual Studierender zu erreichen (vgl. Holtkamp 1996: 11). Heute, etwa zwei Jahrzehnte später, wird hingegen eine Umkehrung von Nachfrage und Angebot thematisiert. Die Expansion dualer Studienangebote wird nicht wegen fehlenden studieninteressierten Hochschulzugangsberechtigten als begrenzt wahrgenommen, sondern einer – dem großen Interesse gegenüber – zu geringen Beteiligung der Unternehmen (z. B. Purz 2011).

Dabei beteiligte sich – der Hochrechnung des IW-Qualifizierungsmonitors zufolge – im Jahr 2010 jedes fünfte ausbildungsaktive Unternehmen auch am dualen Studium (IW 2010a).

Im April 2013 waren insgesamt 39.622 an dualen Studiengängen im Bereich beruflicher Erstausbildung beteiligte Unternehmen in der Datenbank AusbildungPlus eingetragen.

Neben empirisch ermittelten Motiven (vgl. Kapitel 2.5) der Unternehmen stellt die betriebliche Situation einen wichtigen Einflussfaktor der Beteiligungsbereitschaft dar. Starker Innovationsdruck, der sich durch Rationalisierung und Modernisierung ausdrückt, sowie ein längerfristiges Personalmanagement und das Vorhaben, Fachhochschulabsolvent/inn/en zukünftig stärker zu berücksichtigen, wirken sich verstärkend aus (vgl. Mucke / Schwiedrzik 2000: 8; ähnlich: Berthold et al. 2009).

Mucke und Schwiedrzik (2000: 7) haben bei unbeteiligten Unternehmen keinen Unterschied nach Betriebsgröße hinsichtlich eines geäußerten Interesses oder Desinteresses an einer zukünftigen Beteiligung feststellen können. Die Autoren deuteten das als einen Veränderungstrend, denn zum Befragungszeitpunkt waren Unternehmen ab einer Anzahl von 500 Beschäftigten im Vergleich zu solchen mit geringerer Beschäftigtenanzahl stärker an dualen Studienangeboten beteiligt.

Möglichkeiten und Vorteile des Angebotes dualer Studienmöglichkeiten speziell für kleine und mittlere Unternehmen (KMU) werden mittlerweile zwar in der

---

6   Mucke und Schwiedrzik (2000: 12) vermuten, dass die Integration in ein Netzwerk verschiedener am dualen Studium beteiligter Akteure die Kontinuität einer Beteiligung fördert.

Literatur aufgegriffen (z. B. Anger / Werner 2006; Berthold et al. 2009; Bode / Alig 2012), die Empirie zeigt aber, dass sich große Unternehmen weiterhin viel stärker am dualen Studium beteiligen als mittlere und vor allem kleine Unternehmen (vgl. IW 2010a; Goeser / Isenmann 2012; Gensch 2014).

Im Branchenvergleich wird ein Zusammenhang zwischen beteiligungsstarken und -schwächeren Branchen und den jeweiligen typischen Betriebsgrößen deutlich. Gemäß der Hochrechnung im IW-Qualifizierungsmonitor beteiligen sich Unternehmen in der Industrie zu 16,9 %, in unternehmensnahen Dienstleistungen zu 21,5 % und in gesellschaftsnahen Dienstleistungen zu 20,6 % am dualen Studium (IW 2010b: 5).

Unter den Unternehmen, die sich in der Befragung von Mucke und Schwiedrzik (2000) bislang nicht an dualen Studiengängen beteiligt haben, sich aber grundsätzlich für eine Beteiligung aussprachen, waren viele Industriebetriebe vertreten. Auch die Betriebe der Branche Marketing/Unternehmensberatung waren fast alle bereit dazu, sich zukünftig zu beteiligen (dies.: 7).

Bei einer Betrachtung aller beteiligten Unternehmen an Studiengängen bayrischer Fachhochschulen beteiligen sich Unternehmen der Branchen Elektronik, Elektrotechnik, Technik (15,8 %), Maschinen- und Anlagenbau (11,3 %) sowie Banken, Finanzen, Versicherungen, Unternehmensberatungen (11,1 %) am stärksten. Weniger als 1 Prozent an der Gesamtbeteiligung in Bayern machen jeweils die Land- und Forstwirtschaft (0,9 %), Medien, Multimedia, Verlag, Druck, Werbung, Marketing, PR, Grafik, Design (0,8 %), Gastronomie, Hotel, Touristik, Sport, Fitness und Freizeit (0,4 %) sowie Personaldienstleistungen, Arbeitsvermittlung (0,2 %) aus. Erfahrungen mit dem dualen Studium hatten in der Studie von Gensch (2014) alle befragten bayrischen Unternehmen der Raum- und Luftfahrt (100 %) und in der Automobilindustrie (99,2 %) gesammelt. Bei den Automobilindustrie-Zulieferer-Unternehmen waren es immerhin noch 88,7 %. Im Handwerk (36,4 %) und im Baugewerbe (41,7 %) liegen die Erfahrungswerte hingegen weitaus niedriger.

2.5 Motiv- und Interessenkonvergenz der beteiligten Unternehmen und dual Studierenden

Ein Teil der Motive der Unternehmen, sich an dualen Studiengängen zu beteiligen, und der Motive der Studieninteressierten zur Aufnahme eines solchen Studiums sind deckungsgleich oder miteinander verzahnt (vgl. Purz 2011: 249). Die Erwartungen der dual Studierenden und die Interessen der Unternehmen sind insgesamt konvergent und bedingen oder beeinflussen sich häufig gegenseitig. Insgesamt zeigen sich dual Studierende daher zufrieden mit ihrem Unternehmen, unabhängig von dessen Größe (Gensch 2014: 80).

Der vergleichsweise zum regulären Hochschulstudium hohe Praxisbezug stellt zugleich ein Hauptmotiv sowohl der dual Studierenden für die Aufnahme eines solchen Studiums (vgl. Pohl 2010: 171; Gensch 2014: 62; Purz 2011; Waldhausen 2005: 64; Berthold et al. 2009; vgl. auch Kapitel 3.1.2) als auch der Unternehmen für eine Beteiligung (z. B. Mucke / Schwiedrzik 2000: 9; Voß 2005; Pohl 2010; Purz 2011; Kupfer 2013: 27; Graf 2013; ähnlich: IW 2010a: 16) dar.

Dual Studieninteressierte verbinden mit der Praxisnähe unter anderem eine „bessere Vorbereitung auf das Arbeitsleben" und das „Sammeln von Berufserfahrung" (Gensch 2014: 62 ff.). Diese Erwartungen werden erfüllt, wie z. B. aus der großen Zufriedenheit dualer Fachhochschulstudierender in Bayern mit den Aspekten „ich lerne beim dualen Studium die Arbeitswelt intensiver kennen" und „ich lerne viele Arbeitsbereiche im Unternehmen kennen" (ders. 83) hervorgeht.

Exemplarisch für die betrieblichen Interessen kann die Erhebung von Kupfer (2013: 27) angeführt werden. Ende 2012 wurden 280 Kooperationsbetriebe von Fachhochschulen u. a. nach den Gründen für eine Beteiligung an dualen Studiengängen befragt. Bei 97 % der Unternehmen entspricht die praxisnähere Ausbildung den betrieblichen Erfordernissen und ist insgesamt das am häufigsten genannte Motiv für eine Beteiligung.

Unternehmen schätzen die verkürzte oder ganz entfallende – und damit kostengünstigere – Einarbeitungszeit dualer Studienabsolvent/inn/en im Vergleich zu Absolvent/inn/en regulärer Hochschulstudiengänge (vgl. Mucke / Schwiedrzik 2000: 9 f.; Waldhausen 2005; Berthold et al. 2009: 20; Pohl 2010; Purz 2011) und auch den Wegfall von Trainee-Programmen (Berthold et al. 2009: 20; vgl. auch Kapitel 3.2.4). Von dem Aufbau eines guten Verhältnisses zu Vorgesetzten und Kolleg/inn/en (Purz 2011), auch i. S. einer betrieblichen Integration, während der Studienzeit profitieren alle Beteiligten. Durch die betrieblichen Kenntnisse sprechen Unternehmen dual Studierenden eine hohe Einsatzbefähigung (vgl. Berthold et al. 2009: 20; Pohl 2010: 229; vgl. auch Kapitel 3.2.2) zu und nutzen die „wertschöpfende Arbeitskraft" im Betrieb (vgl. Voß 2006: 21; Purz 2011: 249).

Der hohe Stellenwert, den die beteiligten Unternehmen speziell dem Erwerb betrieblicher Erfahrungen und Kenntnisse einräumen, kann als Beleg dafür geltend gemacht werden, dass die zentralen Merkmale von Facharbeit (berufliche Handlungsfähigkeit; Erfahrungswissen, …) im dualen Studium erhalten bleiben sollen (ähnlich: Bosch 2014: 12).

Übergreifendes Motiv von Unternehmen, sich am dualen Studium zu beteiligen, ist die Sicherung ihres gegenwärtigen oder zukünftig erwarteten Fachkräftebedarfes. Fast die Hälfte (43,9 %) der im IW-Qualifizierungsmonitor (2010: 49) befragten

Unternehmen (n=1782) gab an, im Jahr 2009 Probleme bei der Rekrutierung von Mitarbeiter/inne/n mit einem Hochschulabschluss gehabt zu haben. Duale Studiengänge fungieren zunehmend als „attraktive Rekrutierungsinstrumente" zur Sicherung des Fachkräftenachwuchses mit einem tertiären Bildungsabschluss (vgl. Voß 2006; Berthold et al. 2009; Goeser / Isenmann 2012 ; Kupfer / Kolter 2012; Purz 2011; Pohl 2010; Kupfer 2013: 25; vgl. auch Kapitel 3.2.3). Von den Kooperationsbetrieben der Fachhochschulen etwa gaben 93 % an, mit dualen Studienangeboten die besten Nachwuchskräfte gewinnen zu können (Kupfer 2013: 27; ähnlich: IW 2010: 16). Dreiviertel (76 %) der Betriebe stimmte der Aussage zu, dass das duale Studium attraktiver für Jugendliche ist als eine duale Ausbildung (Kupfer 2013: 27). Voß (2006: 21) macht gar eine „Signalwirkung" dualer Studienangebote für besonders motivierte und leistungsbereite Jugendliche aus.

Vorteile dualer Studiengänge gegenüber regulären Studiengängen sahen die Unternehmen im Sample von Pohl (2010) – über den hohen Praxisbezug hinaus – u. a. im verringerten Kostenaufwand einer Personalrekrutierung. Im Sample von Purz (2011: 249) nannten die Unternehmen hingegen gerade die Kostenintensität als Nachteil einer Beteiligung am dualen Studium. Es wurde aber eine bessere Einordnung der Qualität des Bachelor Abschlusses im Vergleich zu traditionellen Hochschulabschlüssen im Rahmen von Rekrutierungsprozessen hervorgehoben (Purz 2011: 249).

Weiterhin spielen bei einzelnen Betrieben des Samples von Kupfer und Kolter (2012: 15) Motive wie „die Sicherung der Betriebsnachfolge (vor allem im Handwerk und/oder bei kleinen Betrieben)" und „die Personalgewinnung und -bindung bei Wettbewerbsnachteilen auf dem allgemeinen Arbeitsmarkt" eine Rolle.

In der Betriebsbefragung durch AusbildungPlus im Jahr 2011 gaben 45,6 % der Unternehmen an, alle dual Studierenden nach erfolgreichem Abschluss zu übernehmen, 27,6 % der Unternehmen übernehmen immerhin noch mehr als 75 % der Absolvent/inn/en (Goeser / Isenmann 2012: 19). Dabei wird ein Direkteinstieg den Absolvent/inn/en dualer Studiengänge, die vom einstellenden Unternehmen selbst angeboten werden, mit 58,8 % deutlich häufiger angeboten als Absolvent/inn/en klassischer Studiengänge (31,9 %) oder dualer Studiengänge anderer Unternehmen (dies.: 20). Waldhausen (2005: 66) hebt „überdurchschnittlich gute Perspektiven auf dem Arbeitsmarkt" der dualen Absolvent/inn/en hervor.

Eine Übernahmegarantie hatten insgesamt 42,5 % der dual Studierenden an Fachhochschulen in Bayern. Die meisten Studierenden mit Übernahmegarantien gibt es im Ingenieurbereich (über 50 %) (Gensch 2014: 90). Besonders gering war der Anteil Studierender mit Übernahmegarantie in der Branche Handel/Vertrieb (22,8 %). Einer vertraglichen Bindung zwischen einem und drei Jahren unterliegen insgesamt 36 % der Studierenden aus demselben Sample.

Die Aussicht auf eine Übernahme nach erfolgreichem Studienabschluss im ausbildenden Unternehmen (vgl. Gensch 2014) oder eines erleichterten Berufseinstieges außerhalb im Vergleich zu einem regulären Studium (vgl. u. a. Berthold et al. 2009; Purz 2011: 171; Gensch 2014) ist bei der Aufnahme eines dualen Studiums für die meisten Studieninteressierten entscheidungsrelevant. Zudem werden „schnellere Aufstiegsmöglichkeiten" (Gensch 2014: 75 f.) hiermit verbunden und die Auswahl des Betriebes daran ausgerichtet (ders.). Die frühzeitige Bindung des Fachkräftenachwuchses stellt ein starkes Beteiligungsmotiv der Unternehmen dar (vgl. Berthold et al. 2009: 20; IW 2010: 16; Pohl 2010; Purz 2011; vgl. auch Kapitel 3.2.3) und kommt den Erwartungen der Studierenden entgegen. Insbesondere soll die Fluktuation von Abiturient/inn/en nach einer Ausbildung verringert werden (vgl. Voß 2006: 21; Purz 2011: 249).

Motive von Hochschulzugangsberechtigten für die Aufnahme eines dualen Studiums sind häufig monetärer Art, etwa die Vergütung des Studiums (vgl. Gensch 2014; Waldhausen 2005: 64; Berthold et al. 2009; Pohl 2010) oder die finanzielle Absicherung der Bildungszeit (Purz 2011: 171). Die Erwartungen an finanzielle Transfers werden in der Regel von den ausbildenden Unternehmen erfüllt. In der Betriebsumfrage von Goeser und Isenmann (2012: 15) im Jahr 2011 haben 77,3 % der teilnehmenden Unternehmen angegeben, ihre dual Studierenden durch Zahlung einer Ausbildungsvergütung finanziell zu unterstützen. Die Studiengebühren übernehmen 39 % vollständig und 27,1 % zumindest teilweise. Gerade einmal 5 % der Unternehmen unterstützen die dual Studierenden in finanzieller Hinsicht nicht.

In ausbildungsintegrierenden Studiengängen erwerben dual Studierende neben einem Hochschulabschluss auch einen dualen Berufsabschluss nach BBiG/HwO. Die Möglichkeit, einen solchen Berufsabschluss im Rahmen dualer Studiengänge der Fachhochschulen zu erreichen, wird von allen Unternehmen (n=36) der Befragung von Pohl (2010) als klarer Vorteile gegenüber einer Berufsakademieausbildung benannt. Auch der verkürzte Zeitraum, indem beide Abschlüsse erreicht werden, wird begrüßt.

In den Forschungsarbeiten von Pohl (2010) und Gensch (2014) kommt dem Erwerb von zwei berufsqualifizierenden Abschlüssen eine zumindest mittlere, meistens aber hohe Bedeutung bei der Studienwahl zu. Je besser die Schulabschlussnote der dualen Fachhochschulstudierenden in Bayern ausgefallen ist, desto weniger relevant ist das Erreichen von zwei Abschlüssen (Gensch 2014: 65 f.).

Bei der Entscheidung für die Aufnahme eines dualen Studiums und gegen ein Universitätsstudium spielt der Erwerb des zusätzlichen Berufsabschlusses hingegen nur für 3,4 % der befragten dualen Fachhochschulstudierenden in Bayern eine Rolle (ders.: 61). Das mag auch an der ausgeprägten „Studierneigung" dual

Studierender liegen. Als Alternative zur Aufnahme eines dualen Studiums wäre für die meisten nur ein Vollzeitstudium in Frage gekommen (ders.: 62). Für den Erwerb von Schlüsselkompetenzen gilt das duale Studium als besonders förderlicher Rahmen (vgl. Waldhausen 2005: 64; Purz 2011). Holtkamp (1996: 4) erkannte in der betrieblichen Beteiligung an dualen Studiengängen auch ein Bedürfnis zum Schließen von Qualifizierungslücken zwischen Berufsbildung und Hochschulbildung. In den Forschungsarbeiten der letzten Jahre sind betriebliche Motive einer Beteiligung, die sich auf spezielle veränderte Qualifikationsbedarfe beziehen, nicht besonders zentral[7].

So spielt eine Beteiligung, um „das allgemeine Qualifikationsniveau der Belegschaft anzuheben, um dem technologischen Fortschritt gerecht zu werden" (Kupfer / Kolter 2012: 15) oder die „Doppelqualifizierung von zukünftigen Mitarbeitern und Mitarbeiterinnen für die mittlere Führungsebene, die dadurch sowohl das operative Geschäft kennen als auch für konzeptionelle, planerische und betriebswirtschaftliche Aufgaben einsetzbar sind" (dies.), nur vereinzelt eine Rolle. Auch die Akademisierung von Berufsbildern ist nur selten ein Beteiligungsanlass (dies.). Die „Verfügbarkeit von Ingenieurqualifikationen" im Speziellen stellt ein Motiv von bereits am dualen Studium beteiligten Unternehmen in der Befragung von Mucke und Schwiedrzik (2000: 9 f.) dar.

In der Betriebsumfrage des BiBB 2011 (n=1056; Mehrfachnennung möglich) wurde nach Qualifizierungen gefragt, die Absolvent/inn/en dualer Studiengänge von anderen Bewerbern abheben. Mit 75,8 % am häufigsten genannt wurden „Gute Kenntnisse betrieblicher Abläufe" und „Selbstständiges Arbeiten" (63,7 %). Etwa die Hälfte der Betriebe machte eine „hohe Eigenmotivation" (55,5%), „großes Fachwissen" (46,5 %) und „Teamfähigkeit" (45,9 %) aus. Erstaunlich niedrig sind hingegen die anteilig geringen Zuschreibungen „Selbstdisziplin" (35,7 %) und „hohe soziale Kompetenz" (33,2 %) (Goeser / Isenmann 2012: 20; zu ähnlichem Ergebnis kommt auch Pohl 2010: 238 f.). Im direkten Vergleich zu Absolvent/inn/en regulärer Hochschulstudiengänge charakterisieren Betriebe duale Studienabsolvent/inn/ en, über die berufspraktischen Kenntnisse hinaus, als leistungsbereiter, stärker motiviert und belastbarer (vgl. Holtkamp 1996: 12; Kupfer 2013: 27).

Der Ausbau von Kooperationsbeziehungen mit Hochschulen ist für einen nicht unerheblichen Anteil der Unternehmen ein Anlass, sich an dualen Studiengängen zu beteiligen (vgl. auch: Mucke/Schwiedrzik 2000: 9 f.).

Mit einer Zusammenarbeit werden Synergieeffekte (vgl. Waldhausen 2005; Voß 2006; Berthold et al. 2009; Purz 2011) und Wissenstransfers (vgl. Berthold et

---

7   Das wirkt angesichts aktueller Debatten um neue Bildungstypen, Qualifikationserfordernisse und Wissensformen etwas erstaunlich.

al. 2009: 20; Purz 2011) zwischen den Lernorten verbunden. Beteiligungsbereite
Unternehmen des Samples von Mucke und Schwiedrzik (2000: 9 f.) erwarteten
häufig eine Verbesserung des aktuellen technischen Wissens im Betrieb durch
eine Kooperation. Voß (2006: 21) erkennt einen Vorteil für Unternehmen, „wenn
beispielsweise zur Lösung umfangreicher oder auch drängender betrieblicher
Probleme geeignete Vertreter der angewandten Forschung mit einbezogen werden
können." Ein Teil der Unternehmen verspricht sich durch eine Zusammenarbeit,
den Praxisbezug der Hochschulen sicherzustellen (vgl. Mucke / Schwiedrzik 2000:
9 f.; Purz 2011: 249).

Für fast die Hälfte (47,1 %) der an der BIBB-Betriebsbefragung teilnehmenden
Unternehmen ist bei der Auswahl der kooperierenden Hochschule das Kriterium
„Mitgestaltungsmöglichkeiten/enge Kooperation" wichtig (Goeser / Isenmann
2012: 15). Inwiefern hierbei ein Interesse der Betriebe an einer Einflussnahme auch
auf hochschulische Lehrinhalte besteht, kann mittels vorliegender Forschungsergebnisse nicht eindeutig geklärt werden. Es zeigt sich ein widersprüchliches Bild.

Vorteilhaft bewerten Unternehmen (n=25), die Pohl (2010: 229) interviewt
hat, die unternehmensbezogenen Abschlussarbeiten sowie die Ausbildungs-
und Studienbedingungen insgesamt – insbesondere jedoch die Ausrichtung der
Lehrpläne an wirtschaftlichen Bedarfen. Waldhausen (2005: 65) befürwortet eine
solche Ausrichtung der Angebote an Arbeitsmarkterfordernisse mittels enger
Kontakte der Betriebe zu Hochschulen und stellt fest: „Die Ausbildungsbetriebe
sind in der Regel an der inhaltlichen und organisatorischen Konzeption beteiligt"
(auch: Berthold et al. 2009.

Eine Beeinflussung hochschulischer Lerninhalte ist hingegen nur für 34 % der
Kooperationsbetriebe von Fachhochschulen ein wirkliches Motiv, um sich zu beteiligen (Kupfer 2013: 27). Mucke und Schwiedrzik (2000: 10) heben hervor, dass
die betriebliche Motivation nicht in der Teilhabe an der Konzeptionierung oder
Durchführung zu finden ist. Unternehmen streben vielmehr eine Beteiligung an
bereits bestehenden Angeboten an. Erst durch die konkrete Ausgestaltung der
betrieblichen Praxisphasen erfolgt eine Anpassung an die jeweiligen einzelbetrieblichen Bedarfe.

2.6 Der Ausbau des Angebots dualer Studiengänge: Ein regionales „Bottom-up-Projekt"

Berthold et al. (2009: 26 ff.) proklamieren, dass „praxiseinbeziehende Studiengänge" als Instrument zum Erreichen der folgenden politischen Ziele fungieren sollten:

- „die Erhöhung der Bildungsbeteiligung;
- die Förderung der Akademisierung von bestimmten Branchen oder Berufen;
- die Erhöhung der *Employability* (also der Beschäftigungsfähigkeit der Hochschulabsolvent/inn/en als einem der zentralen Ziele des Bologna/Lissabon-Prozesses);
- die Ausbildung von Fachkräften im Bereich Mathematik, Informatik, Naturwissenschaft und Technik (MINT) sowie
- die Förderung des lebenslangen Lernens im Kontext der Förderung der Studierbereitschaft von Berufstätigen."

An Hand des vorliegenden Forschungsstandes kann die Wirksamkeit allerdings nur teilweise belegt werden. Es lässt sich nur eine Erhöhung der Beschäftigungsfähigkeit – abgeleitet aus den Beteiligungsmotiven – eindeutig feststellen (vgl. Kapitel 2.2).

Die soziodemografischen Daten dual Studierender deuten lediglich auf mögliche Potenziale des dualen Studiums zur Fachkräftesicherung und zur Erhöhung der Bildungsbeteiligung hin (vgl. Kapitel 2.2). Als Instrument zur Akademisierung spielt das duale Studium hingegen keine oder fast keine Rolle (vgl. Kapitel 2.2).

Inwiefern duale Studiengänge Auswirkungen auf die Studierbereitschaft Berufstätiger haben, kann an dieser Stelle nicht beantwortet werden, da der Fokus auf dualen Studiengängen im Bereich beruflicher Erstausbildung liegt.

Die Einrichtung dualer Studiengänge auf Initiative von Ministerien oder anderer übergeordneter staatlicher Stellen erfolgt bislang ohnehin nur in begrenztem Maße (ähnlich: Graf 2013: 101). Etwa dann, wenn Bundesländer Programme auflegen oder anderweitig finanzielle Mittel bereitstellen.

Die Bedeutung von Kammern oder ähnlichen Instanzen oder Akteuren der Meso-Ebene als Initiatoren wird unterschiedlich wahrgenommen. Häufig wird ihre Mitwirkung bei einer Neueinrichtung als gering eingeschätzt (vgl. Mucke / Schwiedrzik 2000: 12; Berthold et al. 2009; Graf 2013). Im Falle ausbildungsintegrierender Studiengänge müssen Industrie- und Handelskammern bzw. Handwerkskammern jedoch involviert sein, da sie – als zuständige Stellen im dualen Ausbildungssystem – die beruflichen Abschlüsse vergeben (vgl. Kapitel 5).

Initiatoren sind in der Regel Unternehmen (oder ihre Verbände) und Hochschulen (vgl. Kapitel 5). „Darin spiegelt sich das lokale bzw. regionale Interesse an derartigen Qualifizierungsangeboten; der Befund lässt den Schluss zu, dass in der Regel die wechselseitigen Interessen klar auf der Hand liegen und im Vorfeld bereits geklärt wurden" (Mucke/Schwiedrzik 2000: 12). Graf (2013: 101) betont, dass bereits gegen Ende der 1960er Jahre die Entwicklung dualer Studiengänge eine Reaktion der Industrieunternehmen „auf den damals wahrgenommenen „academic drift" der Fachhochschulen" war.

Bei der Auswahl einer Hochschule sind für die Betriebe, die sich an der BIBB Betriebsbefragung 2011 beteiligten, die Passgenauigkeit der Studienfächer (65,7 %), die räumliche Nähe der Hochschule (60,6 %) und die Höhe des Praxisanteils des Studiums (50,7 %) die wichtigsten Kriterien (Goeser/Isenmann 2012: 15). Diese Kriterien spiegeln sich in der Verteilung der Studienangebote auf die Hochschularten – auch länderspezifisch – und in den bevorzugten Kooperationshochschulen der Betriebe wider[8].

2.7 Motive der Hochschulen zur Einrichtung dualer Studienangebote

Bei den Motiven der Hochschulen zur Einrichtung dualer Studienangebote unterscheiden Kupfer und Kolter (2012: 14) eine intrinsische und einer äußere Dimension[9]. Erfolgt die Einrichtung eines Studienganges als Reaktion einer Hochschule auf Nachfragen oder Wünsche von Betrieben oder anderen wirtschaftlichen Akteuren, liegen Motive der äußeren Dimension vor[10]. Hierbei werden Bedürfnisse neuer Angebote von außen an die Hochschulen herangetragen. „Manchmal trat auch ein spezielles (Groß)Unternehmen mit dem Wunsch an die Hochschule heran, den Studiengang quasi als ein Inhouse-Angebot für die eigene Belegschaft zu gründen, welches dann später aus verschiedenen Gründen unternehmensunabhängig etabliert wurde" (dies.; ähnlich: Berthold et al. 2009). Begründungen einer Neueinrichtung wie das Erlangen eines besonderen Images oder die Stärkung des eigenen Profils, um für bestimmte Gruppen Hochschulzugangsberechtigter attraktiver zu werden, gehören zu den intrinsischen Motiven. „In jüngster Zeit kommen auch strategische Überlegungen wie der Ausbau und die Vertiefung der Kooperationsbeziehungen zu Unternehmen oder die Absicherung der Studieren-

8   Anteile der jeweiligen Hochschularten im dualen Studium siehe Kapitel 1.
9   Sie verweisen aber auch darauf, dass die Vielfalt der Rahmenbedingungen eine „Verallgemeinerung über den jeweiligen Kontext, in dem duale Studiengänge etabliert werden, nicht möglich" ist.
10 Zur betrieblichen Motivation einer Kooperation vgl. Kapitel 2.5.

denzahlen hinzu" (Kupfer / Kolter 2012: 14). Auch der Wissenschaftsrat empfiehlt
in seinem Positionspapier (2013) einen weiteren Ausbau dualer Studiengänge. Alle
Hochschultypen sollen demnach die Vorteile zur Einrichtung neuer Fächer und zum
Erschließen neuer Zielgruppen stärker nutzen, um das duale Studium mittel- bis
langfristig zu einem Profilmerkmal werden zu lassen. Die zunehmende Akademisierung bestimmter Berufsgruppen kann hierbei als Impuls interpretiert werden,
auch um ein neues Bildungssegment zu erschließen. Hierbei wirken intrinsische
Motive und von außen herangetragene Nachfragen zusammen (ähnlich: Berthold
et al. 2009). Graf (2013: 50) macht auf die Verzahnung intrinsischer und äußerer
Motive aufmerksam, indem er für den „bottom-up" vorangetriebenen Ausbau
des dualen Studiums die „Kooperation großer und mittelgroßer Betriebe mit an
innovativen Studienprogrammen interessierten Hochschulen bzw. Akademien"
verantwortlich macht (ähnlich: Mucke / Schwiedrzik 2000: 12).

2.8   Die duale Lernortkooperation –
Wunsch und Wirklichkeit

Inhalte von Kooperationsbeziehungen zwischen den Lernorten im dualen Stu-
dium können die curriculare, also inhaltliche Verzahnung, die organisatorische,
insbesondere die zeitliche Abstimmung der Lernphasen sowie die Betreuung der
Studierenden sein.
     Entgegen der explizit von einem Teil der Betriebe geäußerten Relevanz solcher
Zusammenarbeiten (Goeser / Isenmann 2012: 16; vgl. auch Kapitel 2.5) kann die
These, dass „die Hürden" einer Lernortkooperation „vergleichsweise niedrig" sind
(Voß 2006: 21), widerlegt werden. Es deuten sich ähnliche Schwierigkeiten der
Lernortkooperationen an, wie sie sich bereits im dualen Ausbildungssystem zeigen.
     Sowohl ein großer Anteil der Betriebe (vgl. Kupfer 2013: 27; Mucke / Schwiedrzik
2000; Kupfer / Kolter 2013) als auch ein großer Anteil dual Studierender (vgl. Pohl
2010; Purz 2011; Gensch 2014; vgl. auch Kapitel 3) sind nicht oder nicht besonders
mit der Kooperation der Lernorte Betrieb und Hochschule zufrieden. Obwohl
Lernortkooperationen im Bereich der Erstausbildung stärker formalisiert sind als
im Bereich beruflicher Weiterbildung, beschränken häufig „die Akteure die zur
Durchführung des dualen Studiums erforderlichen Beziehungen im Sinne von
Kooperation, Koordination und Information auf das jeweils zwingend Erforderliche" (Kupfer/Kolter 2012: 14).
     Mit der zeitlichen Abstimmung zwischen den Lernorten sind dual Studierende
mäßig bis nicht ausreichend zufrieden (Gensch 2014; vgl. Kapitel 3.3.4). Folge

schlechter Abstimmung können z. B. Überschneidungen von Vorlesungszeiten und Berufsschulunterricht oder Prüfungsphasen sein. Auch zwischen IHK und Hochschule gibt es oft keine geregelte Abstimmung hinsichtlich der Prüfungstermine (Gensch 2014: 72 f). Ein Teil der dual Studierenden muss sich aktiv in die organisatorische Abstimmung einbringen, um eine Studierbarkeit zu ermöglichen (ähnlich: Ders.).

Mitte der 1990er konnte Holtkamp (1996) eine Kooperation der Lernorte bei nur jedem vierten der untersuchten ausbildungsintegrierenden Studiengänge und zudem beschränkt auf zeitliche und technische Abstimmungen feststellen.

> „Eine echte ‚Verzahnung' der dualen Studiengänge im curricularen Bereich würde bedeuten, dass ein in sich geschlossener Studien- und Lehrplan existiert, der bestimmte Lernvorgänge explizit den jeweiligen Lernorten Hochschule oder Betrieb (oder anderen Lernorten, etwa der Berufsschule) zuweist und hierfür Lerngegenstände und Lernziele definiert." (Kupfer / Kolter 2012: 17)

Für eine inhaltliche Abstimmung waren zum damaligen Zeitpunkt die Rahmenbedingungen ungünstig: Im Grundstudium der Diplom- und Magisterstudiengänge wurden Grundlagenfächer vermittelt, die meistens nicht mit den Ausbildungsinhalten in Einklang zu bringen sind (Holtkamp 1996: 7). Bezüge zwischen betrieblichen und hochschulischen Lehrinhalten herzustellen wurde erst mit Einführung der gestrafften und gestuften Bachelor- und Master-Studiengänge zwischen den Jahren 1999 und 2010 vereinfacht (vgl. Kapitel 6). Dennoch bestätigen auch die aktuelleren Forschungsarbeiten zur Zufriedenheit der Studierenden immer wieder eine (zu) geringe curriculare Verzahnung betrieblicher und hochschulischer Ausbildungsinhalte (vgl. u. a. Mucke / Schwiedrzik 2000; Purz 2011: 212 f.; Kupfer / Kolter 2013; vgl. auch Kapitel 6 und 3.3.1). Obwohl 78,3 % der Betriebe in der BIBB Betriebsbefragung 2011 angaben, dass eine „enge Verzahnung theoretischer Inhalte mit der praktischen Ausbildung" wichtig für die Qualität des dualen Studiums sei, gelingt dies scheinbar nicht.

Kupfer und Kolter (2012: 13) machen die unterschiedlichen Handlungslogiken des Betriebes (ökonomischer Zwang) einerseits und der Hochschule (unabhängige Ausbildung) andererseits dafür verantwortlich. Ausbildungsordnungen nach BBiG/HwO können rechtssystematisch auch nicht auf Studienordnungen hin ausgerichtet werden, da sie bundesgesetzlich verankerte Rechtsverordnungen sind. Eine Bezugnahme der hochschulischen Curricula auf Teile der Ausbildung wäre möglich (Kupfer/Kolter 2012: 17).

„Den Transfer zwischen hochschulischen und betrieblichen Inhalten leisten allein die dual Studierenden", gaben in einer Befragung 60 % der Kooperationsbetrieben (n=280) von Fachhochschulen Ende 2012 an (Kupfer 2013: 27; ähnlich:

Gensch 2014: 72 f.). Bislang scheint daher „ein Großteil der Verantwortung für den Erfolg dualer Studienmodelle auf den Schultern der Studierenden" zu lasten (Kupfer 2013: 28). Hier hat sich offenbar seit Mitte der 1990er Jahre nicht viel verändert, denn schon damals wurde festgestellt, dass alle Beteiligten von dualen Studiengängen profitieren, „weil es trotz aller Probleme eine *integrative Instanz in diesen Studiengängen* gibt, die die Verbindung zwischen den verschiedenen Sphären ermöglicht: *die Studierenden*" (Holtkamp 1996: 12, Hervorhebungen im Original).

Einen hohen Betreuungsaufwand bemängeln die Unternehmen im Sample von Purz (2011) als Nachteil dualer Studienangebote. Eine „lernortübergreifende Betreuung der Studierenden" betrachten nur knapp vier Fünftel (23,2 %) der Betriebe in der BIBB Betriebsbefragung 2011 als qualitätsbeeinflussenden Faktor (Goeser / Isenmann 2012: 16). Dies spiegelt sich in den Untersuchungsergebnissen zur Zufriedenheit dual Studierender mit ihrer Betreuungssituation wider. Kupfer und Kolter (2012: 18) fanden in keiner ihrer Fallstudien ein gemeinsames Konzept der Lernorte zur Betreuung der Studierenden. Koordinierte Betreuung zeigte sich höchstens im Rahmen von Abschlussarbeiten. Die in Thüringen und Bayern befragten dual Studierenden sind nicht besonders zufrieden mit ihrer Betreuungssituation. Von Fachhochschule, Berufsschule und Unternehmen fühlen sich die Befragten in der Studie von Pohl (2010: 179 ff.) jeweils separat gut bis sehr gut betreut, jedoch fehlt 43,8 % ein übergreifender Ansprechpartner für das gesamte Studium. Auch Gensch (2014: 72)macht auf die Ausbaufähigkeit der Betreuung durch die Hochschule aufmerksam.

2.9   „Weiße Flecken" der Forschung

Trotz der skizzierten Probleme expandiert das duale Studium stetig weiter. Es muss also auch eine gewisse Beständigkeit der Zusammenarbeit der beteiligten Akteure bei der Gestaltung vorhanden sein.

Die Unterschiedlichkeit einiger der aufgeführten Forschungsergebnisse, die zum Teil auf Besonderheiten einzelner Bundesländer zurückzuführen ist, ist sehr prägnant; die Forschungsergebnisse können aber auch auf Unterschiede der Effizienz oder Effektivität verschiedener Steuerungsformen hinweisen.

Zentrale Ergebnisse und Wirkungen der – mehr oder minder – gemeinsamen Studienganggestaltung konnten aufgeführt werden, über ihr Zustandekommen hingegen ist kaum etwas bekannt. Die Vereinbarung unterschiedlicher Handlungslogiken, typischer Differenzen und Interessen miteinander ist allerdings ein zentrales Moment im dualen Studium. Dies umfasst spezifische Koordinationsformen und -prozesse der Handlungsabstimmung zwischen den beteiligten Akteuren sowie darin implizierte Regeln und Mechanismen.

Über dual Studierende, Hochschulen und Unternehmen hinaus übernehmen weitere individuelle und organisierte Akteure im Bereich des dualen Studiums zentrale Funktionen. Von Interesse ist hierbei, welche Akteure oder Funktionsträger neu entstanden sind und wie sich Aufgabenzuschnitte oder Zuständigkeitsbereiche tradierter Akteure transformieren, das heißt, sich im Rahmen einer Beteiligung ausgeweitet haben oder beschränkt wurden.

Ein Forschungsdesiderat besteht auch in der konkreten Anwendung und Umsetzungspraxis von Maßnahmen der Qualitätssicherung und Kontrollverfahren sowie deren Wirkungen und Bewertungen durch die Beteiligten.

Aus der einzelbetrieblichen Anpassung der Praxisphasen an die dortigen Bedarfe lassen sich wenig allgemein gültige Rückschlüsse ziehen. Nicht zuletzt bleibt die Frage offen, ob sich typische betriebliche Positionen und berufliche Tätigkeitsfelder für duale Absolvent/inn/en identifizieren lassen und in welcher Relation sie damit zu anderen Qualifikationsgruppen in den Betrieben gesetzt werden.

Die Beiträge des Sammelbandes bieten tiefergehende Einblicke in einen Teil der aufgeführten Themenfelder.

Literatur

Anger, C. / Werner, D. (2006): Duale Studiengänge als Chance für kleine und mittlere Unternehmen: Ein Leitfaden zur Verknüpfung von betrieblicher Aus- und Weiterbildung und Studium in Hessen. Köln.

Becker, A. (2012): Konkurrenz oder Komplementarität? Duale Ausbildungsformen in Betrieben. HBS-Arbeitspapier 259. Düsseldorf.

Berthold, C. / Leichsenring, H. / Kirst, S. / Voegelin, L. (2009): Demographischer Wandel und Hochschulen. Der Ausbau des Dualen Studiums als Antwort auf den Fachkräftemangel. Berlin.

Bode, A. / Alig, S. (2012): Duales Studium. Praxistauglich und im Trend. In: Wirtschaft und Berufserziehung, Heft 1-2/2011: 20-25.

Bosch, G. (2014): Facharbeit, Berufe und berufliche Arbeitsmärkte. In: WSI Mitteilungen, 1/2014: 5-13.

Bundesinstitut für Berufsbildung (BIBB) (Hrsg.) (2014): AusbildungPlus in Zahlen. Berichte und Analysen 2013. Bonn.

Franz, C. / Voss-Dahm, D. (2011): Ohne Studium (k)eine Führungsposition? Nach wie vor starke Bedeutung von beruflichen Bildungsabschlüssen bei Führungskräften in der Privatwirtschaft. IAQ-Report 2011-02. Duisburg.

Gensch, K. (2014): Dual Studierende in Bayern – Sozioökonomische Merkmale, Zufriedenheit, Perspektiven. IHF-Studien zur Hochschulforschung 84. München.

Goeser, J. / Isenmann, M. (2012): AusbildungPlus. Betriebsumfrage 2011. Bonn.

Graf, L. (2013): The Hybridization of Vocational Training and Higher Education in Austria, Germany, and Switzerland. Opladen.

Heidemann, W. (Hrsg.) (2011): Duale Studiengänge in Unternehmen. HBS-Arbeitspapier 236. Düsseldorf.

Heidemann, W. / Koch, J. (2013): Duale Studiengänge: Konkurrenz für die klassische Ausbildung? In: WSI-Mitteilungen, Heft 1/2013: 52-56.

Holtkamp, R. (1996): Duale Studienangebote an Fachhochschulen. Hannover.

IG Metall (Hrsg.) (2010 und 2011): Workshop-Reihe: Akademisierung von Betrieben und Gesellschaft – beruflich-betriebliche Bildung vor dem Aus? Dokumentationen der Experten-Workshops I bis IV. Frankfurt.

Institut der deutschen Wirtschaft Köln (IW) (2010a) (Hrsg.): Qualifizierungsmonitor – Empiriegestütztes Monitoring zur Qualifizierungssituation in der deutschen Wirtschaft. Eine Studie im Auftrag des Bundesministeriums für Wirtschaft und Technologie. Köln.

Institut der deutschen Wirtschaft Köln (IW) (2010b) (Hrsg.): Qualifizierungsmonitor – Empiriegestütztes Monitoring zur Qualifizierungssituation in der deutschen Wirtschaft. Eine Studie im Auftrag des Bundesministeriums für Wirtschaft und Technologie. Anhang zum Schlussbericht: Tabellenband. Köln. Kloas, P. (2007): Zusatzqualifikationen und duale Studiengänge im Handwerk. In: Beitrag für Handwerk magazin, Beruf & Bildung, Heft 11-2007: 1-5.

Klumpp, M. / Rybnikova, I. (2010): Differenzierte Studienformen – Eine empirische Forschungserhebung in Deutschland. Bielefeld.

Kuda, E.; Strauß, J. (Hrsg.) (2010): Akademisierung von Betrieben – Facharbeiter/innen ein Auslaufmodell? IG Metall Vorstand.

Kupfer, F. (2013): Duale Studiengänge aus Sicht der Betriebe – Praxisnahes Erfolgsmodell durch Bestenauslese. In: Berufsbildung in Wissenschaft und Praxis – BWP, Heft 4/2013: 25-29.

Kupfer, F. / Kolter, C. (2012): Analyse und Systematisierung dualer Studiengänge an Hochschulen. Zwischenbericht. Bonn.

Mucke K. / Schwiedrzik, B. (2000): Duale berufliche Bildungsgänge im tertiären Bereich – Möglichkeiten und Grenzen einer fachlichen Kooperation von Betrieben mit Fachschulen und Berufsakademien. Abschlussbericht über das BIBB-Projekt 2/2003.

Pohl, U. (2010): Evaluation dualer Studiengänge an ausgewählten Hochschulen Thüringens – Eine Einstiegsvariante von Akademikern in die Erwerbstätigkeit. Dissertation. Erfurt.

Purz, S. (2011): Duale Studiengänge als Instrument der Nachwuchssicherung Hochqualifizierter. Frankfurt a. M.

Spöttl, G. (2012): Bildungstypen, Karrierewege und Beschäftigungsmuster. In: Kuda, E. / Strauß, J. / Spöttl, G. / Kaßebaum, B. (Hrsg.): Akademisierung der Arbeitswelt? Hamburg.

Voß, H. (2006): Bedarfsgerechte Nachwuchssicherung auf hohem Niveau. In: Wirtschaft und Berufserziehung, Heft 5: 21-24.

Waldhausen, V. (2005): Duale Studiengänge als Schlüssel zum Beruf: praxisnah und schnell. In: Berufsbildung, Heft 94/95: 64-66.

Weiß, R. / Werner, D. (2005): Verknüpfung von Berufsbildung und Studium – Ausbildungsmodelle und Personalentwicklungskonzepte hessischer Unternehmen. Institut der deutschen Wirtschaft. Köln.

Werner, D./Hollmann, C./Schmidt, J. (2008): Wie entwickeln sich angesichts des Strukturwandels zur Wissensgesellschaft und der Einführung der Bachelorstudiengänge die Chancen für duale Ausbildungsberufe und das duale System? Institut der deutschen Wirtschaft, Köln.

Wissenschaftsrat (2013): Empfehlungen zur Entwicklung des dualen Studiums. Positionspapier, Drs. 3479-13. Köln.

Internetquelle

http://www.ausbildungsplus.de

Anhang

	Purz 2011	Pohl 2010	Kupfer 2013
Datenbasis: Erhebungs- methode und Fallzahl	qualitative In- terviews mit 14 Unternehmens- vertreter/inne/n und 14 Absolvent/inn/en	schriftliche Befragung von 87 Studierenden, Absolvent/inn/en und Abbrecher/inne/n schriftliche Befragung von 11 Unternehmen qualitative Interviews mit 32 Unternehmen (nur Schmalkalden)	Standardisierte On- line-Befragung von 280 namentlich in der Datenbank Ausbil- dungPlus benannten Personen, die für das duale Studium in den Betrieben zuständig sind.
Erhebungs- zeitraum / Projektlaufzeit	2009	Schmalkalden: WS 2005/2006 Erfurt: WS 2007/2008 Interviews: 2009	2012
Bundesland	Sachsen-Anhalt Bayern	Thüringen	bundesweit
Hochschulen	keine Angabe	Fachhochschulen Erfurt und Schmal- kalden	Fachhochschulen
Studiengang- modell	ausbildungs- integrierend und praxisintegrierend	ausbildungs- integrierend	ausbildungs- integrierend und praxisintegrierend

	Berthold et al. 2009	Mucke / Schwiedrzik 2000	IW-Qualifizierungsmonitor
Datenbasis: Erhebungsmethode und Fallzahl	Auswertung von Fachliteratur; Recherche über institutionelle Organisationsformen; Hintergrundgespräche mit Personen aus Bildungseinrichtungen und Praxisbetrieben	Schwerpunkt: schriftliche Befragung von beteiligten und nicht-beteiligten Unternehmen; Interviews und schriftliche Nachbefragung von Betrieben, die eine Beteiligung wieder aufgaben (insgesamt wurden 772 Betriebe einbezogen)	schriftliche, repräsentative Befragung (zum Qualifikationsbedarf im Allgemeinen) von 1.782 Unternehmen
Erhebungszeitraum / Projektlaufzeit	keine Angabe	1998-2000	2010
Bundesland	Baden-Württemberg; Berlin; Hessen; Niedersachsen; Nordrhein-Westfalen; Thüringen	keine Angabe	bundesweit
Hochschulen	Fachhochschulen; Berufsakademien	Fachhochschulen; Berufsakademien	keine Angabe/keine Relevanz
Studiengangmodell	keine Einschränkung	ausbildungsintegrierend; berufsintegrierend; berufsbegleitend	keine Angabe/keine Relevanz

	Holtmann 1996	BIBB Betriebs-umfrage (Goe-ser / Isenmann 2011)	Gensch 2014
Datenbasis: Erhebungs-methode und Fallzahl	Gespräche mit 24 verant-wortlichen Hochschul-lehrenden; schriftliche Befragung von 20 weiteren verant-wortlichen Hochschul-lehrenden (insgesamt wurden 44 Studienangebote einbezogen)	Schriftliche Be-fragung / teilweise Online-Befragung von 1.421 beteiligten Betrieben, die in der Datenbank AusbildungPlus vermerkt sind.	Online-Befragung des bayrischen Staats-instituts für Hoch-schulforschung und Hochschulplanung (IHF) von 1931 dual Studierenden
Erhebungs-zeitraum / Projektlaufzeit	1995	2011	2012
Bundesland	bundesweit	bundesweit	Bayern
Hochschulen	Fachhochschulen	keine Einschrän-kung	kirchliche und staatli-che Fachhochschulen in Bayern
Studiengang-modell	ausbildungsintegrierend; berufsintegrierend; berufsbegleitend	keine Einschrän-kung	Verbundstudium (aus-bildungsintegrierend); Studium mit vertiefter Praxis (praxisintegrie-rend)

Neue Karrierepfade in den Betrieben: Nachwuchsbindung oder Akademisierung? 3

Sirikit Krone

Die Zahl der Betriebe, die sich an einem dualen Studium beteiligen, hat in den letzten Jahren stetig zugenommen. Im Jahr 2012 haben insgesamt 45.630 Unternehmen einen oder mehrere Ausbildungsplätze für dual Studierende angeboten und damit ein innovatives Instrument in ihre Personalplanung mit einbezogen (vgl. AusbildungPlus in Zahlen, 2012, Datenbank des BIBB). Welchen Stellenwert dual Studierende für die betriebliche Personalentwicklung haben, worin die vorrangigen Motive für die beteiligten Unternehmen liegen und ob die Entwicklung solch hybrider Ausbildungsformen vgl. Graf 2012) wie das duale Studium zu einem Verdrängungswettbewerb gegenüber traditioneller beruflicher Ausbildungswege führt, sind Themen dieses Kapitels. Zudem ist von Interesse, ob sich neben den traditionellen Bildungstypen ein neuer, der beruflich-akademische, entwickelt und inwiefern der Bildungsweg ‚Duales Studium' dazu beiträgt.

Zunächst stehen die Motive und Interessenlagen der beiden zentralen Akteure – der Studierenden selbst sowie der beteiligten Betriebe – im Kontext des betrieblichen Teils des dualen Studiums im Fokus.

3.1 Erwartungen und Motive der Studierenden

3.1.1 Akademisierung als Trend

Das Bildungsverhalten der studienberechtigten Jugendlichen hat sich in Deutschland in den vergangenen Jahren deutlich verändert. Es ist ein Trend zur Abwanderung in den tertiären Bereich erkennbar, der sich parallel zur bildungspolitischen Diskussion um die Erhöhung der Studierendenquote entwickelt. Im internationalen Vergleich ist die Studierendenquote in Deutschland nach wie vor relativ gering (vgl. OECD 2012). Daraus wird in der Bildungspolitik der Schluss gezogen, dass der Ausbau des tertiären Bildungssektors notwendig sei, mit dem zentralen Ziel, im europäischen Bildungsraum konkurrenzfähig zu bleiben. Die Steigerung der Studierendenquote auf mindestens 50 % eines Altersjahrgangs ist erklärtes Ziel der Bundesregierung, wobei die Notwendigkeit einer Angleichung der Studierenden-quote an europäisches Niveau durchaus unterschiedlich beurteilt wird (vgl. z. B. Bosch 2012; Hirsch-Kreinsen 2013). Im Zuge der Entstehung eines europäischen Bildungsraumes, inhaltlich gestaltet durch die Erklärungen von Bologna im Jahr 1999 und Kopenhagen im Jahr 2002 (vgl. Kapitel 1), entstand in Deutschland eine Debatte um die Relevanz der Akademisierung des deutschen Berufsbildungssystems nach europäischem Vorbild (vgl. z. B. Baethge et al. 2007; Kruse et al. 2009; IGM (Hrsg.) Workshop-Reihe 2010/2011). Inhaltliche Ziele dieses Bildungsraumes sind insbesondere die Modularisierung der Bildungswege sowie ihre Outcome-Orientie-rung, um die Möglichkeiten der Vergleichbarkeit von Abschlüssen zu erhöhen und damit die Einsatzmöglichkeiten der Arbeitskräfte innerhalb Europas zu steigern. Als problematisch erweist sich allerdings die Vergleichbarkeit der Abschlüsse der beruflichen Aus- und Weiterbildung mit den im tertiären Sektor erworbenen (vgl. z. B. Klumpp et al. 2010; Weigel et al. 2011). Die lange Debatte um die Einstufung der Qualifikationen und die damit verbundene Wertigkeit der Bildungsabschlüsse in der Umsetzung des europäischen Qualifikationsrahmens in den nationalen deutschen Qualifikationsrahmen zeigen diesen Konflikt deutlich. Insbesondere die in diesem Kontext heftig geführte Diskussion um Gleichwertigkeit beruflicher und akademischer Bildung trägt dem deutschen Bildungssystem und seinen Spezifika Rechnung. Die Einführung des Systems der Bachelor- und Masterabschlüsse an den Hochschulen unterstützt den benannten Trend hin zu akademischen Abschlüssen, da es bereits nach drei Jahren möglich ist, einen berufsqualifizierenden Abschluss zu erlangen. Mit dieser Entwicklung einher geht ein Attraktivitätsverlust der be-ruflichen Bildung bei Schulabgängern und ihren Eltern, wenn es um die Planung ihrer beruflichen Zukunft geht. Ausbildungswege im dualen Ausbildungssystem werden hierbei als wenig zukunftsfähig angesehen und die Überzeugung, dass es notwendig ist, einen akademischen Abschluss anzustreben, um beruflich Karriere zu machen, ist weit verbreitet. Diese Einschätzungen orientieren sich an dem ver-meintlichen und teilweise realen Einstellungsverhalten der Unternehmen. Diese wiederum haben in zunehmendem Maße Schwierigkeiten, adäquat qualifizierte Schulabgänger für ihre Ausbildungsplätze, insbesondere im höheren Segment, zu finden. Da die Mehrzahl der Abiturienten ein Studium anstrebt, fehlen diese für die klassischen Karrierewege der betrieblichen Aus- und Aufstiegsfortbildung und daraus ergibt sich einer der zentralen Gründe für den prognostizierten und in ei-nigen Branchen bereits eingetretenen Fachkräftemangel (vgl. z. B. Autorengruppe Bildungsberichterstattung (Hrsg.) 2010: 159 ff.; Helmrich et al. 2012). Umgekehrt reagieren die Unternehmen bei ihren Einstellungsentscheidungen positiv auf das wachsende Angebot von Bewerbern mit Hochschulabschluss.

3.1.2   Duales Studium als Karrieresprungbrett

In dem Kontext einer zunehmenden akademischen Orientierung ist auch die wachsende Zahl der dual Studierenden zu sehen. Schulabsolventen, die diesen Weg einschlagen, erwarten konkrete Karrierevorteile aufgrund ihres doppelqualifizierenden Abschlusses und ihrer damit einhergehenden fundierten Praxiserfahrungen.

Wir haben ja einen Riesenvorteil gegenüber den normalen Studenten – die haben ja keine Praxis und der normale Azubi hat nicht das theoretische Wissen wie wir. Ja genau, damit haben wir dann gleich bessere Chancen, auch was das Gehalt angeht. (Fall R, Gruppendiskussion)

Insbesondere die Erwartungen bezüglich ihrer Einstiegsposition und des Einstiegsgehalts sowie der zukünftigen Aufstiegsmöglichkeiten werden von ihnen mehrheitlich als Gründe für die Entscheidung zur Aufnahme eines dualen Studiums genannt. Die überwiegende Mehrheit der von uns befragten dual Studierenden nennt mit knapp 90 % die erwarteten Möglichkeiten eines höheren Einstiegs im Vergleich zu anderen Ausbildungswegen als einen der Gründe für die Entscheidung zum dualen Studium. Im Vergleich zur dualen Ausbildung ziehen sie zunächst gleich mit den Absolventen normaler Studiengänge, da sie mit dem Bachelor einen akademischen Abschluss vorweisen können und formal wie inhaltlich höher qualifiziert sind und damit bereits zum Berufseinstieg in einer Position für qualifizierte Fachaufgaben und ggf. auch Führungsaufgaben betraut werden. Im Vergleich zu den reinen Bachelorabsolventen sehen sie in ihrem umfangreichen, insbesondere betriebsspezifischen, Praxiswissen den Wettbewerbsvorteil beim beruflichen Einstieg.

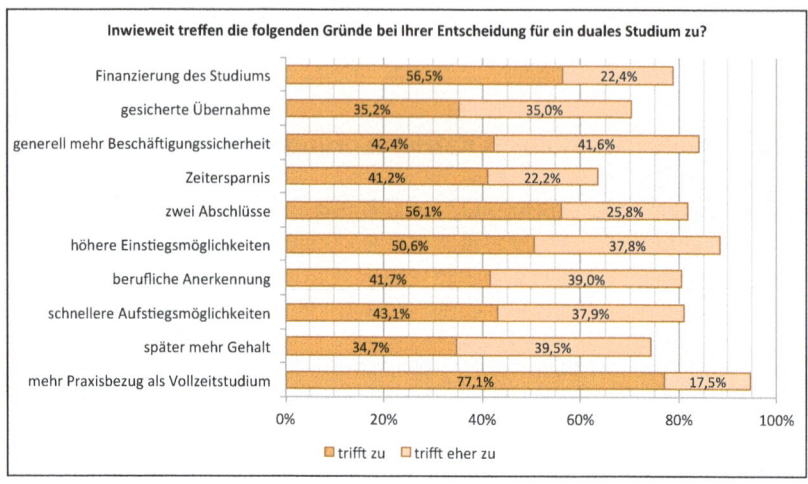

Abb. 3.1   Gründe für ein duales Studium
(IAQ-Online-Befragung 2011/2012)

Frage: Was denken Sie, was macht Sie interessant für Unternehmen?

Student 8: Ja, dass man halt schon im Betrieb war und ist. Man kennt die Strukturen im Betrieb, man hat die Ausbildung gemacht, man kennt normalerweise auch die Produkte, die man herstellt oder die Anlage … Das ist einfach, wenn man dann in der Konstruktion ist, ein großer Vorteil auf jeden Fall zu solchen, die jetzt gerade von der Fachhochschule kommen.

Student 10: Ich denke auch mal so generelle Sachen, wie so ein Betrieb überhaupt abläuft. Das erfährt man als normaler Student eigentlich erst, wenn man später arbeiten geht und als dualer Student kriegt man so die ganzen Abläufe mit. Wie so eine Arbeitsvorbereitung läuft, wo man eigentlich hingehen muss, wenn man das und das haben will usw. … (Fall D, Gruppendiskussion)

Auch die erweiterten Kommunikationskompetenzen im Umgang mit der Führungsebene auf der einen Seite und der betrieblichen Facharbeiterebene auf der anderen Seite sehen sie als Vorteil für ihren zukünftigen Einsatz im Betrieb.

Student 8: Es geht auch darum, dass man die Leute in dem Betrieb auch schon kennt und damit weiß man auch, wie und wann man die Leute ansprechen muss. Manche sind dann, na ja in der Endmontage eher etwas direkter …

Student 3: Dass dann einfach nicht jeder aus der Produktion denkt, da kommt jetzt der Ingenieur, dem erzähl ich jetzt einfach mal irgendeine Geschichte, der wird sie schon glauben …. Frage: Dass man auch ernst genommen wird als Gesprächspartner? Student 3: Ja genau. (Fall D, Gruppendiskussion)

Insofern spiegelt der meistgenannte Grund (93,5 %) für die Entscheidung zum dualen Studium „*Mehr Praxisbezug als im Vollzeitstudium*" nicht nur das Interesse der Studierenden an einer erweiterten Praxiserfahrung bereits während ihrer Ausbildung wider, sondern ist ein Indiz für eine gezielte Wahl dieses Ausbildungsweges zur Verbesserung der Karrierechancen.

Scheinbar widersprüchlich verhält sich zu der hohen Relevanz des Praxisbezuges, der vielfach in den Gruppendiskussionen bestätigt wurde, die klare akademische Orientierung der dual Studierenden. Gefragt danach, was ihre Alternative zum dualen Studium gewesen wäre, präferiert die überwiegende Mehrheit ein Vollzeitstudium. Auf unsere Frage: *Was wäre Ihre Alternative zum dualen Studium gewesen?* (keine Mehrfachnennung möglich) antworteten

* 76,1 % mit „*ein Vollzeitstudium*"
* 13,6 % mit „*eine duale Ausbildung*"
* 1,6 % mit „*eine schulische Berufsausbildung*"
* 8,7 % mit „*Sonstiges*".

Hier bestätigt sich der oben genannte Trend zum Studium bei der Wahl des Ausbildungsweges.

3.1.3   Betriebe als Entscheidungsgeber

Die Betriebe und damit auch die dort angebotenen Karriereoptionen spielen eine zentrale Rolle für die jungen Menschen bei der Planung ihres Ausbildungsweges. Auf unsere Frage: „*Wie wichtig war für Ihre Entscheidung für ein duales Studium der Ausbildungsbetrieb?*" antworteten

* 43,1 % mit „*sehr wichtig*"
* 39,4 % mit „*wichtig*"

- 14,2 % mit *„weniger wichtig"*
- 3,3 % mit *„nicht wichtig"*

In den Gruppendiskussionen wurde dieses Ergebnis bestätigt und präzisiert. Teilweise haben die Betriebe die Bewerber erst auf die Möglichkeiten des dualen Studiums und die damit verbundenen betrieblichen Laufbahnen aufmerksam gemacht und zur Deckung ihres Bedarfs an qualifiziertem Nachwuchs aktiv dafür geworben.

Andere Schulabsolventen haben gezielt Unternehmen angesprochen und sich bei solchen beworben, von denen sie wussten, dass diese sich am dualen Studium beteiligen. Dort haben sie bereits im Bewerbungsgespräch für den Ausbildungsplatz das Thema des Einstiegs nach dem Abschluss der Ausbildung angesprochen und ihre Auswahl an den besten Karriereangeboten orientiert[11].

3.1.4   Sozialer Hintergrund der dual Studierenden

Neben den Betrieben sind für eine große Gruppe der Schulabgänger bei der Wahl des Ausbildungsweges ihre Eltern relevant. Gefragt nach Einflussfaktoren bei der Entscheidung für ein duales Studium gaben 43,2 % ihre Eltern als ‚wichtig' bzw. ‚sehr wichtig' an. Diese stehen ihren Kindern mit Informationen und Ratschlägen zur Seite, die insbesondere auf ihren eigenen beruflichen Erfahrungen basieren. Wie Ergebnisse aus unseren Gruppendiskussionen belegen, präferieren gerade Eltern ohne akademische Bildung die hohe Praxisnähe und die betriebliche Komponente der dualen Studienform.

Mein Vater meinte dann auch, dass ich wie er eine betriebliche Ausbildung machen sollte, damit ich erst mal wirklich weiß, wie es ist zu arbeiten. Und da war jetzt diese Kombination mit dem Studium für mich genau richtig. (Fall G, Gruppendiskussion)

Die Entscheidung für ein Studium, wie unsere oben zitierten Befragungsergebnisse vermuten lassen, auch für ein duales und den damit verbundenen Erwartungen, ist in Deutschland stark abhängig von der sozialen Herkunft, insbesondere dem Bildungshintergrund der Eltern (vgl. HIS (Hrsg.) 2011). Es besteht ein signifikanter Zusammenhang zwischen sozialer Herkunft und Bildungspartizipation (vgl. Lörz

---

11   Zu ähnlichen Ergebnissen kommt auch eine am Bayrischen Staatsinstitut für Hochschulforschung und Hochschulplanung in 2012 durchgeführte repräsentative Befragung der dual Studierenden in Bayern. Vgl. Gensch 2014: 77.

2012). Der Anteil der Studierenden mit mindestens einem akademisch gebildeten Elternteil lag in 2010 bei 58 % an Universitäten und 40 % an Fachhochschulen, wie bundesweit erhobene Daten belegen (Multrus et al. 2010: 1). Die Studierquote bei Kindern aus Nichtakademiker-Haushalten liegt mit 12 %-Punkten deutlich unter der von Akademikerkindern (Isserstedt et al. 2010: 3).

Zur Frage, aus welchem Bildungsmilieu die dual Studierenden stammen, können wir ebenfalls aus unserer Online-Studierendenbefragung einige Daten heranziehen. Gefragt nach dem höchsten Bildungsabschluss ihrer Eltern zeigt sich bei den Befragten folgendes Bild:

Tabelle 3.1   Welchen höchsten Bildungsabschluss hat …

	… Ihre Mutter?	… Ihr Vater?
nicht-akademisch	79,30 %	67,40 %
FH-Abschluss	2,80 %	8,10 %
Hochschulabschluss	15,40 %	19,80 %
anderer Abschluss	2,10 %	4,20 %

(IAQ-Online-Befragung 2011/2012)

Offensichtlich holen die Angebote zum dualen Studium überwiegend junge Menschen an die Hochschule, deren familiärer Bildungshintergrund nicht akademisch geprägt ist. Nur knapp jede fünfte Mutter und gut jeder vierte Vater hat ebenfalls ein Studium abgeschlossen. Wie in Abbildung 3.1 dargestellt, sind finanzielle Sicherheit aufgrund der Bezahlung durch den Betrieb bereits im Verlauf des Studiums sowie erwartete und erwartbare höhere Beschäftigungssicherheit nach Beendigung des dualen Studiums sehr häufig genannte Gründe für die Entscheidung zum dualen Studium. Es ist zu vermuten, dass es gerade diese Faktoren der höheren Absicherung im Vergleich zum normalen Studium sind, welche eine solche Studienform für Kinder aus Nichtakademiker-Haushalten attraktiv macht. Betrachten wir die Einkommenssituation, so zeigt sich, dass die Mehrzahl mit 67,9 % der befragten dual Studierenden aus Familien mit einem mittleren bis höheren Einkommen von mehr als 2.500 € monatlichem Familien-Nettoeinkommen stammt; die Hälfte von diesen verfügt sogar über einen Betrag von mehr als 4.000 € im Monat. Es kann also davon ausgegangen werden, dass die Mehrzahl der Eltern zwar nicht über einen akademischen Abschluss verfügt, allerdings über eine beruflich höhere Qualifikation, die ihnen eine gut bezahlte Erwerbstätigkeit ermöglicht.

3.2   Motive und Interessenlagen der Betriebe

3.2.1   Der Bedarf an qualifizierten Arbeitskräften

Die Ansprüche an das Qualifikationsniveau der Beschäftigten sind in vielen Bereichen in den letzten Jahren gestiegen, die Bewerberlage entspricht nicht immer diesen Anforderungen. Ein zentraler Grund zur Beteiligung an dem für Schulabsolventen sehr attraktiven dualen Studium ist für die Betriebe, gut qualifizierte Schulabgänger für die Ausbildung in ihrem Unternehmen zu rekrutieren. Ausbildungsplätze im Rahmen dualer Studienangebote werden sehr stark nachgefragt, so dass sich die Betriebe ihren Nachwuchs unter den Besten aussuchen können. Die von uns befragten Personal- und Ausbildungsverantwortlichen berichteten von Bewerberquoten im Verhältnis zum Angebot von etwa 1:10 bis 1:20.

Prognosen und Einschätzungen aus Unternehmen zufolge wird der Bedarf an gut qualifiziertem Personal in den nächsten Jahren sogar noch weiter zunehmen. Neben den gestiegenen Anforderungen an die Qualifikationen machen sich hierbei der demografische Wandel und der daraus resultierende Ersatzbedarf an qualifiziertem Personal bemerkbar.

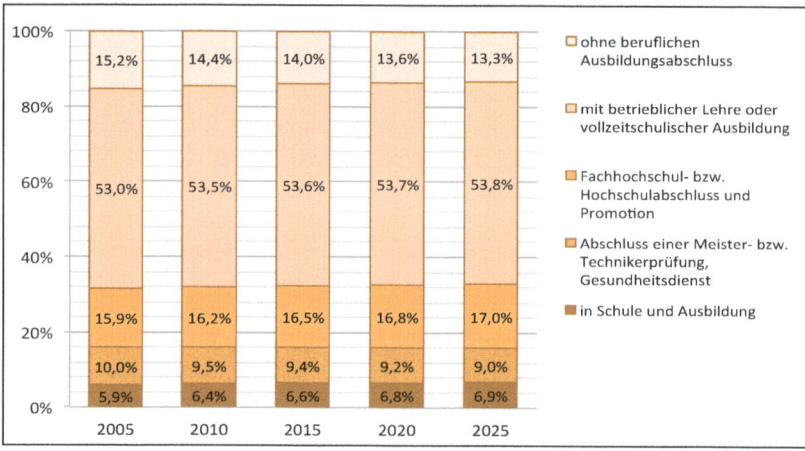

Abb. 3.2   Arbeitskräftebedarf bis 2015
(Helmrich/Zika 2010)

Folgen wir der Einschätzung des Bildungsberichtes für Deutschland 2010 (vgl. Autorengruppe Bildungsberichterstattung 2010) nimmt insbesondere der Bedarf an Arbeitskräften mit einem akademischen Abschluss zu. Deutliche Einbußen hingegen erfährt die Nachfrage nach Arbeitskräften ohne jede Qualifikation. Diese Menschen sind am ehesten von Arbeitslosigkeit bedroht. Stabil erweist sich auch in der Prognose die Zukunft des Sektors der betrieblichen oder schulischen Berufsausbildung, also einer mittleren Qualifikationsebene, aus dem die Fachkräfte rekrutiert werden.

Werden Unternehmen direkt befragt, wie sich ihr künftiger Personalbedarf voraussichtlich entwickeln wird, so werden diese Prognosen bestätigt, wie die Ergebnisse einer bundesweit repräsentativen Befragung des Instituts der deutschen Wirtschaft (vgl. Institut der deutschen Wirtschaft 2010) von 2010 belegen.

Tabelle 3.2 Künftige Entwicklung des Personalbedarfs (in % der Unternehmen)

Bedarf an Mitarbeitern wird ...	ohne Berufsausbildung	mit Berufsausbildung	mit Fortbildungsabschluss	mit Hochschulabschluss
... stark steigen	0,8	4,8	4,6	6,4
... etwas steigen	6,2	28,9	21,4	19,3
... gleich bleiben	25,2	44,8	34	31,5
... etwas abnehmen	4,9	5,1	4,3	3,5
... stark abnehmen	6,6	1,1	1,4	1,5
... nicht relevant	55	14,1	33,1	36,1

(Institut der Deutschen Wirtschaft 2010)

3.2.2 Doppelqualifikation als Karrierefaktor

Die Qualifikationsprofile für Führungskräfte in Betrieben der privaten Wirtschaft haben sich zudem insofern verschoben, als immer mehr Beschäftigte in diesem Segment über eine Doppelqualifikation verfügen. Ergebnisse der IAQ-Forscherinnen Franz und Voss-Dahm (vgl. Franz / Voss-Dahm 2011) zeigen anhand von Auswertungen der Daten des Sozioökonomischen Panels (SOEP) auf, dass die Anzahl der Führungskräfte im mittleren Management, die sowohl über einen Abschluss aus dem beruflichen Bildungssystem als auch einen akademischen Abschluss verfügen, zwischen 1994 und 2008 von 12,6 auf 19,8 angestiegen ist. Gerade diese Doppelqualifikation ist für die duale Studienform konstitutiv und macht sie für Betriebe wie Studierende gleichermaßen attraktiv. Die Möglichkeit, zwei Abschlüsse gleichzeitig zu erwerben, haben die von uns befragten Studierenden überwiegend als einen Grund für ihre Studienwahl genannt.

Frage: Inwieweit treffen die folgenden Gründe bei Ihrer Entscheidung für ein duales Studium zu?
Nennungen bei Antwortoption „Zwei Abschlüsse":

- 56,1 % *trifft zu*
- 25,8 % *trifft eher zu*
- 11,2 % *trifft weniger zu*
- 6,9 % *trifft nicht zu*

Für die Unternehmen steht die direkte Erfahrung der Studierenden im Betrieb bereits während der Ausbildung im Fokus. Die umfassende Einbindung in betriebliche Abläufe schon während des Studiums fördert die betriebsspezifische Problemsicht der dual Studierenden sowie ihr Interesse an den betrieblichen Erfordernissen. Zudem wird das an der Hochschule erworbene theoretische Wissen direkt mit Erfahrungssituationen im Betrieb verknüpft.

Aber alleine diese Bilder vor Augen zu haben, wenn also der Chemieingenieur, der direkt vom Abitur aus zur FH geht und ein Studium macht, wenn der einen Druckbehälter berechnen soll, dann hat der kein Bild vor Augen. Der sieht zwar eine Zeichnung ..., aber der Chemiefacharbeiter, der es bei uns lernt und gleichzeitig studieren geht, ..., der hat es garantiert schon mal praktisch eingesetzt. (Fall A, Betrieb B)

Neben den fachlichen Kenntnissen geht es hierbei auch um soziale Kompetenzen und eine gut funktionierende Kommunikation auf mehreren Ebenen. Absolventen dualer Studiengänge können sich auf fachlich hohem Niveau mit anderen Akademikern verständigen und haben gleichzeitig Erfahrung im Umgang mit Kollegen aus der Produktion.

Ja, aber die haben im Grunde beides, also die beinhalten beide positiven Punkte, ... Die wandern hier schon während der Ausbildung in die verschiedenen IT-Abteilungen und dann haben sie sich schon vernetzt, dann wissen die auch schon was zu Arbeitsvorbereitung und die anderen Dinge, was so die Netze angeht und das Umfeld, da kennen sie sich besser aus. Haben auch schon die Kontakte zu den Abteilungen hergestellt und kennen den (Betrieb A) schon, wissen wie die genau tickt. (Fall Q, Betrieb A).

Die Arbeitsmarktchancen der doppelt qualifizierten Absolventen werden seitens der Betriebe im Vergleich mit Absolventen des dualen Ausbildungssystems oder solchen mit Bachelor deutlich höher eingeschätzt. Dies gilt, obwohl die Mehrzahl der von uns befragten Personalverantwortlichen den Bachelor als die entscheidende Qualifikation ansehen, da der Ausbildungsberuf in der Regel später nicht ausgeübt wird.

3.2.3   Fachkräftebindung als Leitmotiv

Für die von uns untersuchten Studiengänge ist die Nachfrage der Unternehmen entscheidend, deren Leitmotiv für die Beteiligung an dualen Studiengängen das Motiv der Fachkräftebindung darstellt. Vorrangig mittlere bis größere Unternehmen nutzen duale Studiengänge bisher für ihren Führungskräftenachwuchs, wobei jedoch Betriebe des Handwerks mit tendenziell eher weniger Mitarbeiter/inne/nn mehr und mehr im Rahmen von Kammerinitiativen ein duales Studium anbieten. So finden sich unter den Anbietern dualer Studiengänge sowohl Mittelständler als auch die Spitzenunternehmen der deutschen Wirtschaft. Unternehmen entsprechen mit ihrer Beteiligung an dualen Studiengängen dem steigenden Fachkräftebedarf sowie den gestiegenen Anforderungen in wissensbasierten Berufen und binden qualifizierte Schulabgänger an ihren Betrieb.

Dieses ausbildungsintegrierende Studium ist für uns ganz automatisch gekommen als ich festgestellt habe, dass die guten Bewerber, die also ein gutes Abitur haben, nicht mehr nur eine Ausbildung machen wollen, ... wenn der Markt das will, dann nutzen wir das auch. Also das ist eben unser zweites Standbein ... weil die hochleistungsfähigen, 19-jährigen Abiturienten darüber eben auch an unser Haus gebunden werden. (Fall I, Betrieb B)

... und wir schaffen es auch, vorher schon junge Leute an das Unternehmen zu binden und die halt auch entsprechend für uns zu begeistern und da ist das Thema duales Studium ein ideales Mittel für uns. (Fall D, Betrieb A)

Sie decken mit den Absolventen der doppelqualifizierenden Ausbildungsgänge ihren Bedarf an akademisch vorgebildeten Führungskräften mit hoher Praxisorientierung ab. Diese Nachwuchssicherung akademisch ausgebildeter Fachkräfte stellt das Hauptmotiv für die Betriebe – als einem der drei zentralen Akteure dualer Studienangebote – dar. Die Unternehmen erhalten über diese Schiene hochqualifizierte und langfristig gebundene Mitarbeiter/inne/n, die aufgrund der

Dualität der Berufsbilder und der Lernorte technologische Innovationsfähigkeit in die vorhandenen betrieblichen Arbeits- und Organisationsstrukturen einbringen können. Gerade Betriebe in unattraktiven Regionen bzw. KMU in Branchen mit hohem Fachkräftebedarf zwingt die Konkurrenz mit großen, attraktiven Arbeitgebern zu neuen Strategien. In dieser Konkurrenz um die ‚klügsten Köpfe' bietet das duale Studium ihnen die Möglichkeit, sich für diese Zielgruppe als interessanter Arbeitgeber bereits frühzeitig zu profilieren, so die Aussage der Mehrzahl der von uns befragten Personal- und Ausbildungsverantwortlichen aus den an dualen Studiengängen beteiligten Betrieben. Ähnlich gilt dies auch für Großbetriebe. Obwohl sich die Rekrutierung qualifizierten Nachwuchses für sie bisher noch nicht als so problematisch erweist, nutzen auch sie die Beteiligung an dualen Studienmodellen als zusätzlichen Weg, gerade die besten Schulabgänger anzusprechen, die ihrerseits hohe Ansprüche an ihren zukünftigen Ausbildungsbetrieb haben.

3.2.4 Gezielte Nachwuchsrekrutierung

Die mehrjährige Präsens im Betrieb bereits während der Ausbildung ermöglicht es, den Personal- und Ausbildungsverantwortlichen, die Kompetenzen und das Wissen der Studierenden fortlaufend einzuschätzen und Ausbildungs- und Studieninhalte (z. B. Haus-, Labor- und Bachelorarbeiten) im betrieblichen Interesse zu steuern. Damit erfolgt eine Personalplanung mit dual Studierenden auf einer deutlich breiteren Informationsbasis sowie mit geringerem Risiko und Einarbeitungskosten als bei der Personalrekrutierung anderer Hochschulabsolventen. Hochschul-, Kammer- und insbesondere Unternehmensvertreter[12] hoben in unserer Untersuchung die unternehmensbezogene Sozialisation der dual Studierenden hervor.

Und so ein duales Studium,(...), bietet eben beides. Man kann sowohl diesen jungen Menschen in seiner Entwicklung begleiten, ihn auch in eine gewisse Form, na nicht bringen, aber ihn zumindest ein bisschen begleiten und coachen und eine Rückmeldung geben, was ist gut, was ist nicht gut, wie in einer normalen Ausbildung. Er bekommt aber eben auch dieses theoretische Wissen, das nun mal so ein BWL-Studium mit sich bringt, (...) quasi obendrauf. (...). So und wenn ich jemand von der Uni eben einkaufe, weiß ich nicht, was für einen Kandidaten hab ich da. Wenn ich den selber ausbilde, den selber studieren lasse, weiß ich sehr wohl die Stärken und die Schwächen. Ich begleite diesen

---

12 In der Regel wurden Personalverantwortliche interviewt.

jungen Menschen in einer sehr wichtigen Zeit, prägenden Zeit, drei Jahre lang. (Fall N, Betrieb A)

Das ist auch ganz stark der Grund, dass wir unseren eigenen Nachwuchs so fördern wollen, dass wir die jungen Leute hier an unser Unternehmen und an unsere Aufgaben frühzeitig binden wollen. (Fall E, Betrieb B)

Das Tolle an dem dualen Studium ist ja, dass ich die als junge Menschen einstelle. ... Über 5 Jahre kann ich diese Leute kennenlernen. ... Man kann die hinterher viel gezielter einsetzen, entsprechend ihren Neigungen und Fähigkeiten und nebenher richtig schön formen. (Fall D, Betrieb A)

Das duale Studium bietet also die Möglichkeit, bereits frühzeitig junge Menschen an den eigenen Betrieb zu binden und für den eigenen Bedarf auszubilden. Damit reduzieren sich spätere Einarbeitungszeiten und mit diesen Transaktionskosten, welche für den Rekrutierungsprozess klassischer Studienabsolventen i. d. R. notwendig sind. Aufgrund der guten Betriebskenntnisse dualer Absolventen entfallen häufig kostenintensive Trainee-Programme oder andere Maßnahmen zur Einarbeitung sowie Unsicherheiten bei der Passung des Personals. Die häufig frühzeitig ausgesprochenen Übernahmeangebote, teilweise durch Bindungsklauseln manifestiert, garantieren den Betrieben passgenaue, hochqualifizierte Nachwuchskräfte für die mittlere Führungsebene. Ziel dabei ist nicht nur die Bindung an das Unternehmen, sondern auch die Einflussnahme auf Lerninhalte, orientiert an den betrieblichen Bedarfen, und die fachliche Entwicklung der Studierenden. Unternehmen nutzen zur Durchsetzung ihrer Interessen auch ihre Machtposition und drohen mit Ausstieg aus dem dualen Studium bzw. dem Wechsel der Hochschule für ihre Studierenden (vgl. Kapitel 6).

Wir sind jetzt gerade dabei, die E-Mobilität sehr stark zu integrieren. Auf der letzten Beiratssitzung bei Frau X, beim Professor Y haben wir so ein paar Wünsche geäußert, was ich möchte jetzt in dem Bereich der Elektrotechnik, also im Kias-E-Studiengang möchte ich besonders viel Vorlesungen bekommen, speziell in Speichertechnologien, Batterie setzen, ähnliches, an Elektrofahrzeugen. Ich möchte Vorlesungsinhalte bekommen speziell über die fuel cell, also über die Brennstoffzelle. Wir wollen, dass diese Inhalte integriert werden in diese Studiengänge und jetzt überlegt sich die Hochschule, wie sie das einbinden kann.

Frage: Das heißt, auf die Wünsche wird Rücksicht genommen?

Ja. Bei der letzten Beiratssitzung hat man nicht ‚nein' gesagt. Man hat gesagt, dass es eine gute Idee ist und man sich vorstellen kann, so etwas wie die Wahlpflichtfächer zu machen, die Wahlpflichtmodule zu machen und da hab ich überhaupt kein Problem mit, wenn es entsprechend der Vorlesung ist. (Fall C, Betrieb C)

… und es ist das Interesse da, möglichst früh schon junge Leute kennenzulernen, auch Einfluss zu haben auf die Ausbildung, um die dann passgenau auf das eigene Unternehmen zu entwickeln. (Fall A, IHK)

Eine frühzeitige und intensive Bindung der dual Studierenden an ihren Ausbildungsbetrieb beinhaltet für diese positive wie negative Elemente. Nachteilig wirkt sich diese Einbindung auf die inhaltlichen Vorgaben im Studium – insbesondere bei den Abschlussarbeiten – verbunden mit einer Verengung der Studienausrichtung aus. Zudem erzeugen die Erwartungen aus dem Betrieb auch bezüglich der Studienleistungen einen sehr hohen Erfolgsdruck für die jungen Menschen, wie im folgenden Unterkapitel ausgeführt wird.

Positiv machen sich diese Strukturen insofern bemerkbar, als sich hieraus den Absolventen des dualen Studiums häufig sichere Jobaussichten, verbunden mit höheren betrieblichen Einstiegen und schnelleren Karriereaufstiegen im Vergleich zu den nicht dualen Absolventen, ergeben. Wie oben dargestellt, stellen sichere Berufseinstiege mit schnellen Aufstiegswegen für viele dual Studierende ein zentrales Motiv für die Wahl dieser Ausbildungsform dar. Außerdem befriedigt das ausbildungsintegrierende duale Studium das stärkste Motiv der Studierenden: mehr Praxisbezug als in einem normalen Vollzeitstudium zu erhalten. Diese Perspektiven garantieren den Unternehmen die Auswahlmöglichkeit unter den besten Schulabsolventen, denn die Nachfrage nach dualen Studienplätzen und den dazugehörenden Ausbildungsplätzen ist ungebrochen hoch.

3.3   Ausbildungsbedingungen in den Betrieben

3.3.1   Zwischen Wertschätzung und Leistungsdruck

Die dual Studierenden erfahren in der Regel eine hohe Wertschätzung in den Ausbildungsbetrieben und umfangreiche Unterstützungsmaßnahmen. Feste Ansprechpartner begleiten sie während ihrer betrieblichen Einsatzzeiten und führen sie bereits in der Ausbildung an anspruchsvolle Aufgaben heran. Hier werden die späteren Karrierepfade im Unternehmen vorgezeichnet und diese besondere Ausbildungsgruppe auf ihre künftigen Tätigkeitsfelder vorbereitet. Die besondere Konstellation des ständigen Lernortwechsels (vgl. Kapitel 6) führt zu einer isolierten Stellung der dual Studierenden, sie sind sowohl in die üblichen Ausbildungsprozesse als auch in die Gruppe der Auszubildenden schlecht zu integrieren. In einigen Betrieben, insbesondere in Groß- und Mittelbetrieben, die nicht nur einzelne dual Studierende ausbilden, wird deshalb der Aufbau von Netzwerken zwischen den Studierenden gezielt gefördert zum Austausch von Erfahrungen, Lösungen spezifischer Probleme und Abstimmung des besonderen Abstimmungsbedarfs dieser Lerngruppe. Trotz der hohen Wertschätzung und der finanziellen Investitionen, welche eine Beteiligung am dualen Studium für die Betriebe bedeutet, führt der Exotenstatus auf Seiten der Auszubildenden zu besonderen Belastungen. Sie leiden teilweise unter der mangelnden Integration in die betrieblichen Abläufe sowie hohem Zeit- und Leistungsdruck. Die Abstimmung von Lernzeiten sowie die Verknüpfung von Lerninhalten an den verschiedenen Lernorten werden nicht immer durch Verantwortliche des Unternehmens geplant und realisiert, sondern obliegen häufig den Auszubildenden selbst.

Das Problem ist halt oft, dass die Abstimmung nicht wirklich ausreichend ist. Also dann hat man einen Termin im praktischen Bereich, wo dann gleich-zeitig wieder ein Termin in der Fachhochschule ist. Da muss man dann wieder gucken, dass man das irgendwie unter einen Hut bekommt, also dass man mit den Betrieben spricht, ob das nicht irgendwie vereinbar ist, ob das verlegt wird. Das ist immer viel, was sich überschneidet. Da wird nicht viel darauf geachtet, ob das jetzt passt oder nicht. (Fall A, Gruppendiskussion)

Bei mir war es so, dass es zwischen der praktischen Industriekaufmanns-ausbildung, die ich gemacht habe, und den theoretischen Vorlesungen, die wir an der Hochschule hatten, im Grunde gar keine Kopplung gab. (Fall H, Gruppendiskussion)

Unternehmen, die ihre dual Studierenden unterstützen, verbinden dieses Coaching mit klaren betrieblichen Interessen und hohen Erwartungen an die Leistung der dual Studierenden. Damit verbundene klare Zielvorgaben, Erfolgskontrollen und leistungsorientierte Bezahlung üben einen hohen Erfolgsdruck auf die jungen Menschen aus. Dies bezieht sich sowohl auf den betrieblichen Teil ihrer Ausbildung als auch auf die Leistungen, die an der Hochschule erbracht werden. Damit greifen die Unternehmen in die Regulierung von Lernleistungen ein, welche in einer anderen Institution produziert werden. Sie können hierzu ihren Einfluss auf die Studierenden, die sich in einem Abhängigkeitsverhältnis zu ihnen befinden, nutzen.

Und die Unternehmen haben auch bestimmte Fortschrittskontrollen, d. h., Leistungen werden regelmäßig abgefragt und Scheine kontrolliert. Es ist Druck und Kontrolle da. (Fall C, Hochschule)

Unternehmen bewerten die Leistungen ihrer Auszubildenden – verbunden mit entsprechenden Bonuszahlungen – sogar öffentlich und forcieren so betriebsinterne Konkurrenzen. Die Studierenden selbst werten diese Bedingungen unterschiedlich, teilweise fühlen sie sich unter Druck gesetzt, häufig aber wird diese Erfolgskontrolle als Hilfestellung und Motivation betrachtet, wahrgenommen als Wertschätzung ihrer Person und geleisteten Arbeit durch den Ausbildungsbetrieb.

Student 1: Die Frage ist, ob das Druck ist. Vielleicht ist es auch eine Motivation, dass man sich dann mehr reinkniet, wenn man Geld dafür bekommt.

Student 3: Das ist ein Ansporn. Also bei uns ist das so, wenn man eine Zwei im Bachelor erreicht, dann bekommt man die Studiengebühren zurückgezahlt. (Fall L, Gruppendiskussion)

3.3.2 Bachelor oder Master – die Bewertung der akademischen Abschlüsse

Für die Mehrzahl der von uns befragten Betriebe ist der Bachelor als akademischer Abschluss eines dualen Studiums ausreichend, die höheren Kosten für einen Master-Abschluss stehen nicht im ausgewogenen Verhältnis zum Nutzen für ihre betrieblichen Bedarfe. Konträr dazu stehen oft die Interessen der Studierenden selbst, die sich gerne noch weiter qualifizieren möchten bzw. direkt einen Master anstreben[13]. Unternehmen versuchen, diesem Interessenkonflikt durch eine entsprechende Vertragsgestaltung vorzubeugen, bei der sie mehrheitlich ihre unternehmerischen Interessen durchsetzen und damit den Studienabschluss je nach Personalbedarf bestimmen. Dabei wird die Bedeutung der wissenschaftlichen Ausbildung der dual

---

13   Zu ähnlichen Ergebnissen kommt Gensch (2014: 101) bei der Befragung dual Studierender in Bayern: Jeder Zweite erwägt nach dem Abschluss ein Masterstudium (Mehrfachnennungen möglich).

Studierenden von den Unternehmensvertretern durchaus unterschiedlich beurteilt, wie in Kapitel 3.4 weiter ausgeführt wird.

Es gibt eine große Nachfrage bei denen, auch noch den Master, auch berufsbegleitend zu machen. Die Diskussion wird immer stärker, da werden wir immer mehr mit konfrontiert. (Fall J, Betrieb B)

3.3.3 Einsatzfelder im Betrieb

Die Einsatzfelder dual Studierender während ihrer betrieblichen Ausbildung orientieren sich – in einigen Betrieben geplant, in anderen eher zufällig – frühzeitig an den späteren Tätigkeitsfeldern. Zu Beginn sind sie häufig noch den normalen Auszubildenden gleichgestellt und durchlaufen die Fachabteilungen, z. B. Konstruktionsbüros, das Marketing und Controlling. Dies gilt insbesondere für diejenigen, die einen Ausbildungsvertrag abgeschlossen haben, durch den sie den normalen Auszubildenden gleichgestellt sind. Im weiteren Verlauf der Ausbildung beschäftigen sie sich mit anspruchsvolleren Aufgaben und werden bereits auch in Projekten tätig. Neben der Vermittlung von fachlichem Know-how stehen die Förderung von Selbstständigkeit und das Erlernen von Kommunikationsfähigkeit über verschiedene Hierarchieebenen hinweg im Vordergrund. Dieser Einsatz auf allen Ebenen dient ebenfalls dazu, den späteren beruflichen Einsatz der dual Studierenden vorzubereiten, wie in Kapitel 3.4 weiter ausgeführt wird[14].

Ich kann mich nur anschließen. Wir sind halt im selben Betrieb und da sind wir halt auch schon als Ingenieure quasi da unterwiesen worden in allen möglichen Sachen. Wir kriegen da unsere Projekte, die wir für die Facharbeit gemacht haben und darüber hinaus haben wir noch ein Projekt gekriegt, was wir so machen können und wir haben dann immer Zeit, für die Uni zu lernen und solche Aufträge zu machen. Wir haben da auch unser Profil auf der Homepage erstellt. Die wollen uns schon darauf vorbereiten, dass wir da mal als Ingenieure anfangen können. (Fall A, Gruppendiskussion)

---

14 Möglichkeiten und Schwerpunkte betrieblicher Einsatzfelder differieren ebenfalls in Abhängigkeit des jeweiligen Studienmodells, vgl. hierzu Kapitel 6.

3.3.4 Einschätzung der Ausbildungsbedingungen durch die Studierenden

Gerade die Vermittlung von Sozialkompetenzen und umfangreichen Betriebskennt-
nissen steht für die dual Studierenden im Vordergrund ihrer betrieblichen Ausbildung und bringt ihnen den entscheidenden Wettbewerbsvorteil gegenüber den
Bewerbern, die nur über einen Hochschulabschluss verfügen. Allerdings sind die
Betriebs- und Anlagenkenntnisse gegenüber Absolventen aus der dualen Berufs-
ausbildung deutlich beschränkt, da die Einsatzzeiten im Betrieb verkürzt sind und
immer wieder längere Pausen während der Lernzeiten in der Hochschule entstehen.
Die Studierenden bewerten diese Situation unterschiedlich, jedoch überwiegt die
Kritik an oberflächlichem Wissen und mangelnder Integration in die betrieblichen
Abläufe. In den von uns durchgeführten Gruppendiskussionen zeigte sich, dass viele
der Studierenden mehr und auch längere Einsatzzeiten im Betrieb wünschen. Die
Zufriedenheitswerte aus unserer Online-Befragung zeigen, dass die überwiegende
Mehrheit von 88,4 % insgesamt (sehr) zufrieden ist mit ihrem Ausbildungsbetrieb,
das gleiche gilt mit 90,2 % auch für die Hochschule. Betrachten wir diese Werte
differenzierter, so zeigt sich, dass gut ¾ der Studierenden sowohl mit den im Betrieb
vermittelten Lerninhalten als auch der Betreuung durch den Ausbilder mindestens
‚zufrieden‘ sind, knapp jeder Dritte von ihnen sogar ‚sehr zufrieden‘ ist. Deutlich
kritischer werden die Abstimmungen zwischen dem Theorie- und dem Praxisteil
der Ausbildung eingeschätzt. Mit der zeitlichen Abstimmung sind lediglich 19,9 %
‚sehr zufrieden‘ und mit der inhaltlichen sogar lediglich 11,8 %. Hier zeigt sich
deutlich ein Feld für Optimierungen der Organisation dualer Studiengänge aus
Sicht der Studierenden, für die allerdings Betriebe wie Hochschule gleichermaßen verantwortlich sind. Auch mit der Vorbereitung auf die Abschlussprüfung
im Ausbildungsberuf, eine Aufgabe, die wiederum allein in die Zuständigkeit
der Betriebe fällt, waren 67 % der Studierenden mindestens ‚zufrieden‘, allerdings
lediglich 18,4 % ‚sehr zufrieden‘. Auch hier zeichnet sich Verbesserungsbedarf ab.

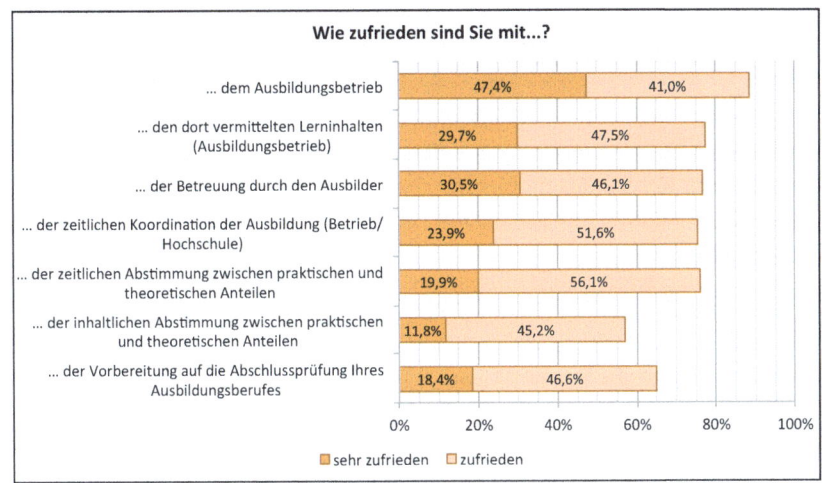

Abb. 3.3   Zufriedenheit dual Studierender
(IAQ-Online-Befragung 2011/2012)

Auf die ebenfalls in der Befragung gestellte offene Frage: ‚*Haben Sie Veränderungsvorschläge im Ausbildungsbetrieb? Welche?*' formulierten die Studierenden eine Vielzahl an Vorschlägen und Anforderungen adressiert an die Betriebe und ihren dortigen Einsatz, die im Folgenden, kategorisiert in zusammengefassten Aussagen, benannt werden:

- Mehr Tätigkeiten, die den späteren Tätigkeiten entsprechen, weniger typische Auszubildenden-Tätigkeiten
- Abstimmung der Einsätze in den einzelnen Abteilungen auf die Studieninhalte zu dem Zeitpunkt
- Bessere Vorbereitung durch den Betrieb für die IHK-Prüfung, hierzu sollten die Zeiten im Betrieb besser genutzt werden
- Bessere Kooperation zwischen Ausbildungsabteilung und den einzelnen Fachabteilungen

3.3.5 Vertragliche Regulierung zwischen Betrieb und Studierenden

Betrachten wir die vertraglichen Bedingungen dual Studierender, so erweisen sich teilweise die Verträge, die zwischen ihnen und dem Ausbildungsbetrieb abgeschlossen werden, als problematisch. Obwohl die jungen Menschen neben dem Bachelor an der Hochschule einen beruflichen Abschluss in einem Ausbildungsberuf anstreben, gibt es keine verpflichtende Voraussetzung, dass hierzu ein Ausbildungsvertrag abgeschlossen wird. Zwischen Unternehmen und dual Studierendem wird ein Vertrag bezüglich der Ausbildung geschlossen, entweder in Form eines Ausbildungs- oder eines Praktikantenvertrages. Dieser Vertrag ist Voraussetzung für die Immatrikulation in einem dualen Studiengang, mit der Hochschule und Studierende ihrerseits ein Vertragsverhältnis eingehen. Für die dual Studierenden, die in ein vertraglich geregeltes Ausbildungsverhältnis[15] eingebunden sind, gilt das Berufsbildungsgesetz bzw. die Handwerksordnung und sie sind damit den normalen Auszubildenden gleichgestellt. Dies gilt nicht für solche, die im Unternehmen lediglich Praktikanten- bzw. Studienverträge abschließen und über eine externe Prüfung den Berufsabschluss erreichen. Hier besteht eine rechtliche Grauzone, die objektiv zu Benachteiligungen der dual Studierenden im Betrieb führt, obwohl die Betroffenen häufig dieses Problem subjektiv gar nicht als solches formulieren, wie wir in unseren Interviews feststellen konnten. Hinsichtlich der Ausbildungsvergütung und des Urlaubsanspruchs zeigen sich Unterschiede nach der jeweiligen Vertragsform. Hier gelten für dual Studierende mit Ausbildungsvertrag die tariflichen Regelungen des entsprechenden Ausbildungsberufes, die ihnen einen rechtlich gesicherten Anspruch auf Vergütung[16] und Urlaub zusichern. Die Studierenden, die lediglich über einen Praktikantenvertrag beschäftigt sind, sind davon ausgenommen.[17] Die Ergebnisse unserer Interviews haben gezeigt, dass dual Studierende bezüglich Vergütungs- und Urlaubsregelungen in der Praxis der Betriebe daher häufig schlechter gestellt sind als die anderen Auszubildenden.

---

15 Nach den Ergebnissen der Betriebsbefragung des BIBB haben nur 66 % der Betriebe, die ausbildungsintegrierende Studiengänge anbieten, Ausbildungsverträge abgeschlossen. Vgl. Kupfer 2013.

16 Laut einer Gehaltsumfrage von „duales-studium.de" bei 2.400 Studierenden beträgt das Durchschnittsgehalt dual Studierender 853,- € pro Monat. http://www.duales-studium. de/fuer-schueler-und-studenten/auswertung-der-gehaltsstudie – Zugriff am 21.11.2013

17 Laut der BIBB-Betriebsbefragung von 2011 zahlen 23 % der Betriebe gar keine Vergütung. Vgl. BIBB (Hrsg.) 2012: 15.

Wir haben viel weniger Urlaub als normal und dann kommt ja noch dazu,
dass wir in unserem Urlaub auch noch lernen müssen, weil wir ja sonst zu
wenig Zeit haben für die Klausurvorbereitung – da bleibt dann gar kein echter
Urlaub übrig. (Fall G, Gruppendiskussion)

Ja, das Hauptproblem ist, dass hier an der FH die Klausuren oder dieser
zweite Klausurblock findet immer am Ende der Semesterferien statt und das
ist dann, zumindest bei mir im Betrieb, so knapp geregelt, weil man eigentlich
keine große Vorbereitungszeit für den Klausurblock hat und deswegen gehen
bei mir in der Regel die Hälfte der Urlaubstage für die Klausurvorbereitung
drauf und dann bleibt da noch eine Woche Urlaub im Jahr und fünf Tage an
Weihnachten und das ist ein bisschen knapp. (Fall D, Gruppendiskussion)

Da diese Regelungen betriebsspezifisch festgelegt werden, gelten teilweise sogar
im gleichen Studiengang unterschiedliche vertragliche Vereinbarungen für die
einzelnen Studierenden.

1: Also wir bekommen jetzt nicht das gleiche Geld wie die normalen Auszu-
bildenden ...

2: Wir doch – das haben die bei uns so festgelegt ... (Fall B – Gruppendiskussion)

Die Lösung dieser Problematik ist im Prinzip auch ein Thema der betrieblichen
Interessenvertretung, da dual Studierende nach der Rechtsprechung des Bundes-
arbeitsgerichts betriebsverfassungsrechtlich zu den zur Berufsausbildung Beschäftigten im Sinne des § 5 Abs. 1 Satz 1 BetrVG gehören. Damit sind sie grundsätzlich
auch wählbar und wahlberechtigt bei der Jugend- und Auszubildendenvertretung.
Sozialversicherungsrechtlich sind dual Studierende seit dem 1.1.2012[18] ebenfalls den
zur Berufsausbildung Beschäftigten gleichgestellt. Erhalten duale Studierende eine
Geldleistung von Seiten des Betriebes, so ist diese wie Einkommen aus unselbst-
ständiger Arbeit zu behandeln und nach dem Einkommensteuergesetz (§ 2 Abs.
1 Satz 1 Nr. 3 EStG) zu versteuern.
   Bezüglich des Verbleibs im Ausbildungsunternehmen werden häufig Bindungsklauseln mit dual Studierenden vereinbart, zur Sicherung der Amortisation relativ
hoher Investitionskosten in diese Auszubildendengruppe. Obwohl solche Klauseln

---

18   Sie unterliegen damit für die gesamte Dauer ihres Studiums der Sozialversicherungs-
      pflicht in der Kranken-, Pflege-, Renten- und Arbeitslosenversicherung (§ 25 Abs. 1
      SGB III, § 5 Abs. 4a SGB V, § 1 SGB VI).

rechtlich in Ausbildungsverträgen nicht bindend sind, finden sie bei beiden Vertragspartnern eine hohe Akzeptanz, zumal sie i. d. R. verdeckt über Rückzahlungsverpflichtungen von Studien- bzw. Immatrikulationsgebühren vereinbart werden. Dual Studierende beurteilen diese Praxis durchaus unterschiedlich:

> *Student 10: Das heißt, dass wir in der Firma bleiben. Also kein normaler Mensch kann das komplette Geld zurückzahlen. Also ich muss zum Beispiel das komplette Ausbildungsgehalt dann also, je nachdem wann ich gehe, müsste ich alle dreieinhalb Jahre zurückzahlen. Und das kann ja kein normaler Mensch und von daher muss man ja da bleiben.*

> *Student 4: Für mich war das eigentlich kein Thema gewesen, weil ich gedacht habe, einen leichteren Berufseinstieg als in der Firma, in der man die Ausbildung gemacht hat und im Betrieb jede Person kennt, kann man nicht haben. (Fall D, Gruppendiskussion)*

Die bindende Wirkung der Rückzahlungsverpflichtungen ist zudem in einigen Branchen relativ schwach, da es sich bei den Absolventen dualer Studiengänge um gefragte Kandidaten bei der Neubesetzung offener Stellen handelt. So berichten Personalverantwortliche in unseren Interviews, dass Vereinbarungen von Rückzahlungen kein Hinderungsgrund für einen Betriebswechsel sind, da die Kosten von aufnehmenden Unternehmen ggf. übernommen werden.

Obwohl sie im Betrieb als Auszubildende tätig sind, entbindet der Status als Studierende die Teilnehmer dualer Studiengänge teilweise von der rechtlichen Verpflichtung zum Besuch einer Berufsschule. Diese Berufsschulpflicht ist länderspezifisch unterschiedlich geregelt, allerdings besteht bei Vorliegen eines Ausbildungsvertrages immer das Recht zum Besuch einer Berufsschule. Regelungen hierzu werden auf betrieblicher Ebene getroffen, orientiert an den Bedarfen und Präferenzen des einzelnen Unternehmens. Entscheidet sich der Betrieb gegen den Berufsschulunterricht, wird das notwendige Wissen betriebsintern vermittelt und den Studierenden selbst obliegt es, sich adäquat auf die Kammerprüfungen vorzubereiten. Zusätzlich werden teilweise Intensivkurse bei den Kammern zur Vorbereitung dieser externen Prüfungen gebucht, die zeitnah zu anstehenden Prüfungsterminen angeboten werden.

3.4   Karrierepfade für die Absolventen dualer Studiengänge

3.4.1   Spezifika dual Studierender

Wie oben dargestellt, hat sich das Bildungsverhalten der Schulabsolventen mit einer Hochschulzugangsberechtigung in den vergangenen Jahren verändert und die Zahl derjenigen, die ein Studium favorisieren, hat zugenommen. Darauf haben sich viele Betriebe in ihrer Personalplanung eingestellt und bieten diesen Ansprüchen angepasste Ausbildungswege und darauf abgestimmte Karrierewege für die Absolventen dualer Studiengänge. Grund für die Beteiligung an dualen Studiengängen ist nicht immer das vorrangige Interesse an diesen doppelt qualifizierten Absolventen, sondern teilweise auch eine Reaktion auf deren veränderte Ansprüche. In einigen Branchen, wie z. B. dem Bankgewerbe, würde es den Unternehmen weiterhin reichen, wenn die Schulabsolventen eine duale Ausbildung beenden und sich dann bedarfsorientiert weiterqualifizieren, wie die Einschätzungen von Personalverantwortlichen in unseren Interviews zeigen.

Wir nehmen auch genauso gern die Kollegen, die bei uns über die Sparkassen-akademie oder Bankakademie also tätig sind, das ist ganz klar. Die haben im Prinzip dem Bachelor gegenüber den Vorteil, dass sie praktisch schon diese Berufserfahrung mitbringen, dass sie alles nacheinander machen … Ein Bachelorstudent hat den Vorteil, er macht innerhalb von den dreieinhalb Jahren im Prinzip diese drei Abschlüsse auf einmal. Er hat hier natürlich den zeitlichen Vorteil. (Fall R, Betrieb C)

Die Schwierigkeiten, adäquat qualifizierte Schulabgänger für ihre Ausbildungsplätze und damit für ihren Ersatzbedarf an Fachkräften, insbesondere im höheren Segment, zu finden, führt zur Entwicklung neuer Karrierewege. Diese sind insbesondere an Schnittstellen im Betrieb angesiedelt, an denen die Doppelqualifikation der dual Studierenden zum Tragen kommt. Das Interesse der Betriebe bezieht sich dabei auf die praktischen betrieblichen Kenntnisse der dual Studierenden als Basis für eine gut funktionierende Kommunikation. Hier werden Synergien sowie Potenzial zur Vermeidung von Verständigungsproblemen gesehen. Die direkte Erfahrung im Betrieb und eine daraus resultierende Problemsicht sowie Interesse an den betrieblichen Erfordernissen stehen hierbei im Fokus.

*Wichtig ist ja, dass die nachher wissen, wovon sie sprechen. Sie haben eine
Ausbildung gemacht, sie haben praktisch gearbeitet und sie wissen später, wenn
sie mal was konstruieren: Ist es auch wirklich machbar?* (Fall F, Betrieb B)

Ziel des Einsatzes auf allen Ebenen während der Ausbildung ist der Kompetenzer-
werb der dual Studierenden, an den Schnittstellen im Betrieb, insbesondere über
die hierarchischen Ebenen hinweg, erfolgreich zu agieren und zu kommunizieren.
Exakt in dieser Schnittstellenfunktion sehen Unternehmen Absolventen dualer
Studiengänge im späteren beruflichen Einsatz. Aufgrund ihrer betrieblichen und
akademischen Ausbildung bewegen sich diese auf Augenhöhe mit Akteuren sowohl
der Managementebene als auch der Produktionsebene und haben deren Akzeptanz.

*Man weiß ja auch, dass heute alleine die Begrifflichkeiten auf der Ebene der
Facharbeiter und auf der Ebene der Ingenieure total unterschiedlich sind. Und
da tut sich ein Ingenieur, der eben nur ein Studium an der Hochschule gemacht
hat, viel schwerer. (Fall C, Hochschule)*

3.4.2 Kompetenzen der Absolventen dualer Studiengänge

Die Anforderungen bezüglich der Kompetenzen der (zukünftigen) Beschäftigten
sind in unserer wissensbasierten Gesellschaft in den vergangenen Jahren kontinuierlich gestiegen. Entsprechend groß ist der Bedarf der Unternehmen an gut ausge-
bildetem Personal, verbunden mit der Notwendigkeit einer langfristig angelegten
Personalentwicklungs- und Personalrekrutierungsstrategie sowie der Förderung
von Nachwuchs resultierend aus einer Konkurrenz um die ‚klügsten Köpfe'.
Die Anforderungen an die Kompetenz des betrieblichen Nachwuchses umfassen im Wesentlichen zwei Bereiche: Fachkompetenz und personale Kompetenz in
folgender Anforderungsstruktur.

Tabelle 3.3 Kompetenzstruktur

Fachkompetenz		personale Kompetenz	
Wissen	Fertigkeiten	Sozialkompetenz	Selbstkompetenz
Tiefe und Breite	instrumentelle und systemische Fertigkeiten	Team- / Führungsfähigkeit	Selbstständigkeit / Ver- antwortung
	Beurteilungsfähig- keiten	Mitgestalten und Kommunikation	Reflexivität und Lernkompetenz

Im klassischen Studium steht der Erwerb von Fachkompetenz klar im Vordergrund, insbesondere die fachliche Wissensvermittlung nimmt den größten Raum ein. Je nach Konzept und Struktur des Studiums können Elemente einer Selbstkompetenz erworben werden. Umfassender geschieht dies jedoch erst nach Studienende in der betrieblichen Praxis, wozu in den Unternehmen längerfristige Einarbeitungsphasen oder Trainee-Programme genutzt werden. Die im obigen Raster genannten Kompetenzbereiche ‚Fertigkeiten' und ‚Sozialkompetenz' werden von Bachelorabsolventen i. d. R. ebenfalls erst im betrieblichen Einsatz nach Studienende erworben.

Für den betrieblichen Alltag geht es um Handlungskompetenz, die sich in den Dimensionen der Fach-, Human- und Sozialkompetenz entfaltet, und im Verlauf der betrieblichen bzw. akademischen Ausbildung erworben wird (vgl. KMK 2011). Im dualen Studium werden in der Verknüpfung der Lernorte Betrieb und Hochschule diese verschiedenen Kompetenzen zeitgleich vermittelt und erhöhen so die Employability der Absolventen im Vergleich zu anderen BA-Absolventen.

Neben der akademischen Komponente zur breiten und vertieften Vermittlung von Fachkompetenzen werden während der Ausbildungszeiten im Betrieb ‚Sozialkompetenz' und ‚Fertigkeiten' erworben.

Betriebe nutzen vermehrt auch eigene Kompetenzmodelle, an denen sie die Rekrutierung, aber auch die weitere Entwicklung ihres Personals ausrichten (vgl. Weigel et al. 2011). Die Mitgestaltung des dualen Studiums sowohl im Betrieb als auch an der Hochschule ermöglicht es ihnen, bereits die Ausbildungsinhalte ihres Nachwuchses an diesem Kompetenzprofil zu orientieren.

3.4.3 Facharbeit contra Bachelor!?

Die verschiedenen Kompetenzprofile der Absolventen unterschiedlicher Ausbildungswege sowie der Trend zur Akademisierung der Berufsbildung bringen die Frage auf, inwieweit verschiedene Bildungswege bzw. deren Absolventen bezüglich der erwarteten Kompetenzen in Konkurrenz zueinander stehen und möglicherweise ein Verdrängungswettbewerb in den Betrieben stattfindet. Auf der mittleren Führungsebene konkurrieren möglicherweise Bewerber, die über den klassischen Karriereweg der betrieblichen Aus- und Aufstiegsfortbildung kommen, mit Absolventen aus dem tertiären Sektor. Hinweise auf mögliche Antworten geben Ergebnisse aus empirischen Forschungen der letzten Jahre, die teilweise unterschiedliche Trends prognostizieren. So konstatiert Drexel (2012), dass es zu einem Verlust an Aufstiegsmöglichkeiten für Absolventen des dualen Systems kommt und Betriebe Positionen im mittleren Management verstärkt mit Akademikern besetzen. Begleitet wird dieser Prozess mit einer Neustrukturierung der Tätigkeitsfelder dieser Positionen mit dem Ergebnis einer stärkeren Polarisierung zwischen den Arbeitsplätzen der Akademikerebene (welche dann für die Aufsteiger aus der Weiterbildung verschlossen bleiben) auf der einen und der Ebene der einfachen Tätigkeiten auf der anderen Seite sowie einer tendenziellen Minimierung der Tätigkeiten auf der mittleren Ebene. Franz und Voss-Dahm (2011) zeigen in einer Analyse von Daten des Sozioökonomischen Panels auf, dass zwei Drittel der deutschen Führungskräfte über einen akademischen Abschluss verfügen, jeder zweite hat allerdings (auch) eine Ausbildung im beruflichen Bildungssystem beendet. Die Forscherinnen konstatieren, dass es nicht zu einer verschärften Konkurrenz zwischen beruflicher und akademischer Bildung kommt, sondern der Anteil derjenigen Führungskräfte, die eine Doppelqualifikation besitzen, zunimmt. Betriebe nutzen also die Lernergebnisse aus beiden Bildungssegmenten. Zu einer ähnlichen Einschätzung kommen eine Forschungsgruppe aus dem Bundesinstitut für Berufsbildung (Wünsche 2011) sowie die Autoren einer Studie des Instituts der deutschen Wirtschaft (Hollmann et al. 2010). Nach den Ergebnissen der BIBB-Forschungsgruppe führt die Zunahme an Akademikern nicht zu einer Verdrängung beruflich Qualifizierter. Sie schließt aus den Ergebnissen ihrer Betriebsfallstudien, dass die Unternehmen vielmehr die jeweils spezifischen Vorteile akademischer und beruflich-betrieblicher Ausbildung versuchen zu verknüpfen. Hollmann et al. (2010) erkennen in den Unternehmen parallele Laufbahnen und Tätigkeitsfelder für beruflich und akademisch ausgebildetes Personal, wobei die Tätigkeitsfelder der qualifizierten Facharbeiter am oberen Rand des Leistungsspektrums näher an das Hochschulsystem heranrücken. Hier sehen sie durchaus Überschneidungen in den Tätigkeitsprofilen.

3.4.4   Verdrängung klassischer Ausbildungswege!?

Weitestgehend offen ist die Frage danach, welche Rolle die Bewerber mit ihren spezifischen im dualen Studium erworbenen Bildungssegmente übergreifenden Abschlüssen für die Personalplanung der Unternehmen spielen und welche Karrierewege für sie vorgesehen sind. In der Diskussion hält sich auch hier die These des Verdrängungswettbewerbs, im Zuge dessen die Absolventen dualer Studiengänge Positionen besetzen, die zuvor reine Akademiker oder Aufsteiger über klassische Fortbildungswege einnahmen. Die wenigen empirisch ausgerichteten Arbeiten, die sich mit der direkten Verbindung von beruflicher und Hochschulbildung sowie möglichen Konsequenzen für die Karrierepfade in den Unternehmen beschäftigen (vgl. z. B.: Kloas 2007; Werner et al. 2008; Klumpp/Rybnikova 2010; Heidemann (Hrsg.) 2011; Purz 2011), kommen in der Beantwortung dieser Fragen zu teilweise widersprüchlichen Ergebnissen. Unsere Empirie bestätigt diese Widersprüche. Einige Unternehmen, welche Absolventen aus dem wirtschaftwissenschaftlichen Bereich rekrutieren, sahen sehr wohl eine Konkurrenzsituation zwischen den Absolventen klassischer Ausbildungswege und denen aus dem dualen Studium. Das steigende Angebot von Absolventen dualer Studiengänge verdrängt hier solche mit einem normalen Bachelorabschluss genauso wie solche, die aus der dualen Berufsausbildung mit ergänzenden Fortbildungsabschlüssen kommen.

Frage: Und wer hat die Posten vorher besetzt?

Grundsätzlich die eigenen Leute in aller Regel, die dann halt zusätzlich noch zur Ausbildung eine längere Anlaufzeit gebraucht haben. Aber es fällt immer schwerer, gute Auszubildende zu akquirieren. Leute, die früher eine Bankausbildung gemacht haben und dann sich über interne Modelle weiter nach oben entwickelt haben, die studieren heutzutage. Die gehen gar nicht in die normale Ausbildung. (Fall R, Betrieb C)

Die Mehrzahl der von uns befragten Unternehmensvertreter berichten allerdings, dass sie die Absolventen dualer Studiengänge eher als eine zusätzliche Option für ihre Personaleinsatzplanung sehen, für die sie teilweise eigene Karrierepfade mit einem höheren Einstiegsniveau als solche für Bachelorabsolventen entwickeln. Dies vor allem vor dem Hintergrund, dass die Investitionskosten für den Betrieb im dualen Studium relativ hoch sind und die Unternehmen ein großes Interesse haben, diese Auszubildenden zu übernehmen. Insofern bedeuten duale Studienabsolventen keine direkte Konkurrenz, sie haben allerdings höhere Chancen als die Absolventen der klassischen Ausbildungswege auf eine Übernahme.

Ich sage mal, die Dualen nehmen wir auf jeden Fall, weil wir haben 5 Jahre investiert. … Wir versuchen die auf jeden Fall hier unterzubringen. Einmal im Jahr diskutiere ich das im Kreise der technischen Führungskräfte. Ich stelle die einmal im Jahr vor und sage: Passt mal auf, die haben wir dieses, nächstes Jahr im Zulauf. Vorab haben wir im Personaler-Kreis schon geguckt, wo passt es, und dann warten wir auf das Feedback – passt Forschung oder besser Produktion. Die kennen die jungen Leute ja schon … (Fall D, Betrieb A)

In 99% der Fälle schaffen wir es, unsere Studenten nach Beendigung des Studiums zu halten. Das ist uns ein großes Anliegen. Denn unsere Vorgesetzten würden die hohen Investitionen in diese Ausbildung nicht unterschreiben, wenn es nicht eine Win-win-Situation für alle Beteiligten gibt. Deswegen wollen wir diese Leute unbedingt halten. (Fall A, Betrieb B)

Dabei werden zwei zentrale Erfolgsfaktoren der dualen Berufsausbildung auf das tertiäre Niveau übertragen: Verankerung der Auszubildenden / Studierenden in fachliche Abläufe sowie Sozialstrukturen im Betrieb und damit verbunden eine hohe Integrationsfunktion beim Übergang in den Arbeitsmarkt.

Insofern können wir konstatieren, dass die Mehrzahl der Unternehmen Absolventen dualer Studiengänge eher als zusätzliche Option in ihrer Personalplanung berücksichtigen. Die verschiedenen Ausbildungs- und Studienwege werden als sich gegenseitig ergänzend betrachtet.

... wir setzen die Dualen dann in bestimmten Feldern ein, für bestimmte Positionen ist es sehr gut, wenn man den Betrieb und die Abläufe schon kennt. Aber die normalen FH-Ingenieure brauche ich natürlich nach wie vor. (Fall Fall Q, Betrieb B)

Ich würde behaupten, dass das so eine Mischung ist, die es im Unternehmen ausmacht. Also wenn sie gerade größere Unternehmen haben, dann werden sie immer jemanden brauchen, der auf der Facharbeiterebene da ist, die werden aber auch immer Entwicklungsingenieure brauchen und so ein dualer Student ist halt genau dazwischen. (Fall C, IHK)

Viele Betriebe sehen für mehrere Qualifikationsprofile entsprechende, unterschiedliche Einsatzfelder. Sie bereiten die dual Studierenden mit ihren spezifischen Kommunikationsfähigkeiten in Richtung Produktionsebene einerseits und Leitungsebene andererseits darauf vor, Führungspositionen auf mittlerer Führungsebene zu besetzen. Konkret handelt es sich dabei um Posten als Projektleiter – im Entwicklungsbereich, in der Projektplanung, im Marketing oder Controlling – teilweise auch mit Personalverantwortung. Aus Sicht der Betriebe eignen sich die Absolventen des dualen Studiums sowohl für fachliche Karrieren als auch für Projekt- oder Managementkarrieren.

3.5 Der beruflich-akademische Bildungstyp als Produkt dualer Studiengänge

3.5.1 Betrieblich-beruflicher und akademischer Bildungstyp

Die bisherige Literatur geht von zwei Bildungstypen aus, dem betrieblich-beruflichen sowie dem akademischen (vgl. Kruse et al. 2009; Bremer et al. 2009; Spöttl 2012) als Antwort auf unterschiedliche Ausbildungs- und Arbeitsstrukturen. Die Tabelle 3.4 verdeutlicht die wesentlichen Unterscheidungsmerkmale dieser beiden Bildungstypen anhand einiger zentraler Kriterien

Tabelle 3.4 Bildungstypen

	betrieblich-beruflicher Bildungstyp	akademischer Bildungstyp
Dualität	synchrone Dualität	sequenzielle Dualität
Kompetenz-entwicklung	erfahrungsbasierte Kompetenzentwicklung im Zusammenhang mit schulischen Lehr- und Lern-prozessen	schulische Lehr- und Lern-prozesse getrennt von betrieb-lichen Erfahrungen
Ziel	Berufsfähigkeit	technisches / wissenschaft-liches Wissen
Übergangsmodus	Rollenwechsel vom Auszubil-denden zur Erwerbs-person erfolgt stufenweise und begleitet	betriebliche Rekrutierung und Einarbeitung
Bezugssystem	berufliche Praxis, Arbeits-prozesse	Wissenschaft und Technik

(angelehnt an Spöttl 2012: 139)

3.5.2 Beruflich-akademischer Bildungstyp

Angesichts der Zunahme an hybriden Bildungswegen wie dem dualen Studium stellt sich die Frage nach der Funktionsfähigkeit dieser beiden Bildungstypen und damit ihrer Zukunftsfähigkeit. Spöttl (2010) selbst formuliert die Frage, ob es darüber hinaus mehrerer Bildungstypen bedarf. Unsere Antwort darauf ist, auf

Tabelle 3.5 Bildungstypen II

	betrieblich-beruflicher Bildungstyp	akademischer Bildungstyp	beruflich-akademischer Bildungstyp
Dualität	synchrone Dualität	sequenzielle Dualität	synchrone Dualität
Kompetenz-entwicklung	erfahrungsbasierte Kompetenzentwicklung im Zusammenhang mit schulischen Lehr- und Lernprozessen	schulische Lehr-und Lernprozesse getrennt von betrieblichen Erfahrungen	(hoch)schulische Lehr- und Lernprozesse im Kontext betrieblicher Erfahrungen
Ziel	Berufsfähigkeit	technisches / wissenschaftliches Wissen	Berufsfähigkeit und wissenschaftliches Wissen
Übergangs-modus	Rollenwechsel vom Auszubildenden zur Erwerbsperson erfolgt stufenweise und begleitet	betriebliche Rekrutierung und Einarbeitung	Übergang von Ausbildung / Studium zur Erwerbstätigkeit erfolgt stufenweise und begleitet
Bezugssystem	berufliche Praxis, Arbeitsprozesse	Wissenschaft und Technik	betriebliche Arbeitsprozesse und Wissenschaft / Technik

der Grundlage der empirischen Arbeiten im Rahmen unserer Fallstudien, dass es wenigstens einen weiteren Bildungstyp gibt: den beruflich-akademischen. Auf eine solche Erweiterung der Begrifflichkeit der Bildungstypen haben bereits Franz und Voss-Dahm (2011) hingewiesen. Der beruflich-akademische Bildungstyp unterscheidet sich von den beiden anderen dadurch, dass er über einen fachberuflichen und einen akademischen Abschluss verfügt. Damit gehören die Absolventen eines ausbildungsintegrierenden dualen Studiengangs ebenfalls zu diesem Bildungstyp. Unterschiede zeigen sich in den Bildungsbiografien der verschiedenen Vertreter dieses Bildungstyps. Der von Franz / Voss-Dahm beschriebene beruflich-akademische Bildungsweg ist konsekutiv, erst wird das eine – das berufliche Bildungssegment –, dann das andere – das hochschulische Bildungssegment – durchlaufen. Die Hochschulausbildung kann dann berufsbegleitend erfolgen, dürfte aber in einem erheblichen Ausmaß berufsunterbrechend gewesen sein. Noch 1994 gehörten 65 % der Studierenden an Fachhochschulen zu dieser Gruppe, die bereits über eine abgeschlossene Berufsausbildung verfügte, 2009 waren es nur noch 45 % (Isserstedt et al. 2010: 59). *Bildungsintegration* ist für diese Fassung des beruflich-akademischen Bildungstyps eine berufsbiografische Eigenleistung gewesen. Die Neufassung des beruflich-akademischen Bildungstyps wird von einer neuen Institution produziert, die Integration der Bildungssegmente ist im dualen Studium i. d. R. eine Leistung des Studiengangs selbst, die natürlich lernend vom Studierenden reproduziert werden muss. Der Erwerb der beiden Abschlüsse (beruflich und hochschulisch) erfolgt hier nicht sequenziell, sondern synchron. Kennzeichnend ist zudem eine erhebliche Verkürzung der Bildungsbiografie der dual Studierenden im Vergleich zu den Absolventen der akademischen Aufstiegsfortbildung. Zum einen ist die Ausbildungszeit der regulär drei Jahre dauernden dualen Berufsausbildung verkürzt, zum anderen entfällt die für Hochschulabsolventen übliche Einarbeitungszeit im Betrieb nach Studienabschluss.

3.5.3 Verknüpfung der Lernorte und -inhalte

Im dualen Studium wird ein neuer Bildungstyp, neben dem akademischen und dem betrieblich-beruflichen produziert und damit die Frage nach der Gleichwertigkeit beruflicher und akademischer Bildung neu beantwortet. Die Idealvorstellung einer Verknüpfung von zwei, bisher in Deutschland starr voneinander getrennten Bildungssegmenten ist hier zumindest in der Konzeption gelungen. Auf diesem Weg ist ein hohes Maß an Durchlässigkeit zwischen zwei ‚Säulen des Bildungssystems‘ erreicht, wobei für die Akteure die Erkenntnis der Möglichkeit und Notwendigkeit des gegenseitigen Lernens voneinander sowie der wechselseitigen Akzeptanz als gleich**wertig**, aber **anders**artig im Vordergrund steht.

Notwendige Voraussetzung für ein Gelingen dieser Integration ist die Verknüpfung der verschiedenen Lernorte und -inhalte. Dual Studierende lernen an zwei bis drei Lernorten, in Institutionen aus unterschiedlich organisierten und funktionierenden Bildungssegmenten: Hochschule, Betrieb und Berufsschule. Grundlage sind Curricula, die teilweise gemeinsam entwickelt werden und Kontrollgremien, in deren Verantwortung die Umsetzung derselben liegt. Neben organisatorischen Anpassungen insbesondere der Curricula in den Hochschulen werden im betrieblichen und berufsschulischen Teil der Ausbildung einige inhaltliche Streichungen – in Absprache mit den Hochschulen – vorgenommen. Die inhaltliche und organisatorische Verknüpfung der Ausbildungs- und Lernprozesse führt in der Praxis immer wieder zu Problemen und erfordert umfangreiche Abstimmungsprozesse zwischen den beteiligten Akteuren. Die erfolgreiche Umsetzung dieser Abstimmungen ist abhängig von den Kooperationsstrukturen und Netzwerken, die auf unterschiedlichen Ebenen angesiedelt sind. Klare Zuständigkeiten, regelmäßige Treffen in explizit eingerichteten Kooperationsgremien sowie gegenseitige Anerkennung und Wertschätzung sind hierbei zentrale Voraussetzungen für das Gelingen (vgl. ausführlich zu den Kooperationsstrukturen: Kapitel 7).

Die Veranstaltung (Beirat) ist immer sehr gut besucht und alle Unternehmen,
die das machen, sind am Tisch und da tauschen wir uns aus über Probleme
... an der FH, über Probleme, die es gibt während der Ausbildung, in den
Berufsschulen, wo es hakt. Also da sitzen Schulen, Unternehmen, FH..und
auch die IHK sitzt mit am Tisch ... (Fall D, Hochschule)

3.6   Resümee

Im Mittelpunkt dieses Kapitels stehen Fragen zu betrieblichen Komponenten dualer
Studiengänge: die Erwartungen der Studierenden an ihre Ausbildungsbetriebe,
die Motive der Unternehmen, die sich an solchen innovativen Ausbildungsformen
beteiligen, sowie die Umsetzung und der Stellenwert des dualen Studiums in der
betrieblichen Praxis.

Abschließend werden die zentralen Ergebnisse aus den Betriebsinterviews im
Rahmen der Fallstudien (vgl. Kapitel 1) als Thesen formuliert und der Grad der
Zustimmung innerhalb der untersuchten Betriebe in einer Synopse dargestellt.[19]

Die Betriebe werden innerhalb dieser Synopse in anonymisierter Form aufgeführt. Genannt werden die Branche, die Zahl der Mitarbeiter und die zweite Zahl
beziffert die Anzahl der dual Studierenden.

Thesen

1. Nachwuchssicherung qualifizierter Schulabgänger ist Leitmotiv für die Unternehmen, sich an dem Ausbildungskonzept dualer Studiengänge zu beteiligen.
2. Unternehmen entsprechen damit den gestiegenen Anforderungen in wissensbasierten Berufen. Sie decken mit den Absolventen der doppelqualifizierenden
   Ausbildungsgänge ihren Bedarf an akademisch vorgebildeten Führungskräften
   mit hoher Praxisorientierung ab.
3. Eine frühzeitige Bindung der dual Studierenden an den Betrieb erlaubt es diesem, Einfluss auf die Ausbildungs- und Studieninhalte zu nehmen und diese
   an den betrieblichen Bedarfen zu orientieren. Damit erhalten sie passgenau

---

19   Es werden drei Grade der Zustimmung differenziert (X, XX, XXX), je nachdem wie
     intensiv der These im Interview zugestimmt wurde, sowie ein Grad der Ablehnung
     (---) und O bedeutet keine Angabe.

qualifiziertes Personal und halten Kosten für Akquise, Trainee-Programme und Einarbeitungsphasen extrem niedrig.

4. Für kleine Betriebe bzw. solche in unattraktiven Regionen bietet die Beteiligung am dualen Studium die Möglichkeit, durch dieses Profilmerkmal einen Konkurrenzvorteil gegenüber großen und beliebten Ausbildungsbetrieben im ‚Kampf' um die ‚klügsten Köpfe' zu realisieren.

5. Für Betriebe ist der doppelqualifizierende Abschluss dualer Studiengänge von hoher Relevanz, da sie die Einsatzfelder der Absolventen an betrieblichen Schnittstellen sehen. Hierbei stehen die kommunikativen Kompetenzen der dualen Studienabsolventen in Richtung Produktionsebene einerseits und Leitungsebene andererseits im Fokus.

6. Die Unternehmen sehen die Absolventen des dualen Studiums auf der mittleren Führungsebene, wobei sie für diese Berufseinsteiger zu Karrierebeginn einen höheren Einstieg und schnelleren Aufstieg vorsehen als solche für Absolventen klassischer Aufstiegs- und Studienwege.

7. Die Einstellungspraxis der Betriebe verändert sich dabei allerdings nicht grundsätzlich. Zu einem Verdrängungswettbewerb zugunsten der Absolventen dualer Studiengänge gegenüber Absolventen klassischer Ausbildungs- und Studienwege kommt es dabei nicht.

8. Die dual Studierenden erfahren als spezifische Gruppe Auszubildender eine besondere Wertschätzung und werden in den Betrieben durch Ausbilder, Personalverantwortliche oder Fachvorgesetzte gut betreut und gefördert.

9. Sie werden bereits während ihrer Ausbildung durch entsprechend anspruchsvolle Aufgaben und Einsatzfelder auf ihre späteren Tätigkeiten im mittleren Fach- und/oder Führungssegment vorbereitet.

10. Die Betriebe haben großes Interesse an der Übernahme dual Studierender nach Ausbildungsende, woraus sich die Übernahmequoten von 90-100 % erklären.

Synopse Betriebe[20]

	These 1	These 2	These 3	These 4	These 5	These 6	These 7	These 8	These 9	These 10
	Nachwuchssicherung als zentrales Motiv	Bedarf an qualifiziertem Führungspersonal	Frühzeitige Bindung => passgenaues Personal	Konkurrenzvorteil für kleine/unattraktive Betriebe	Relevanz der Doppelqualifikation	höherer Einstieg/schnellerer Aufstieg	kein Verdrängungswettbewerb	hohe Wertschätzung dual Studierender	Vorbereitung des späteren Einsatzfeldes	hohes Übernahmeinteresse
Bank 110; 1	XXX	XXX	XXX	X	---	---	---	XX	XX	XXX
Bank 270; 1	XXX	XX	XXX	O	XX	X	---	XXX	XXX	XXX
Bautechnik 4; 1	XX	X	X	XX	XXX	---	---	XX	XXX	X
IT 15; 1	XX	XX	XX	O	XX	X	X	X	X	XX
IT 20; 1	XXX	---	XXX	XXX	XXX	X	XXX	XXX	XXX	XXX
Kunststoffverarb. 1.000; 1	X	X	XXX	O	X	---	XX	X	X	XX
Maschinenbau 4.000; 1	XXX	O	XX	O	X	---	XXX	XX	X	X
Automobil 540; 2	XXX	XX	XX	XXX	XX	XX	XX	XXX	XX	XXX
Lotteriewesen 90; 2	XX	X	XXX	O	XX	---	---	X	XX	X
Heizungsbau 24; 2	XXX	O	O	XXX	X	O	XXX	X	X	XXX
Bau 60; 3	XXX	XXX	XX	XXX	XXX	X	XX	XX	XX	XXX
IT 21; 3	X	XX	XXX	XX	X	O	O	X	X	X
Bank 220; 5	X	X	O	O	O	O	---	X	XX	X
Bank 700; 5	XXX	XXX	XXX	O	X	X	XXX	X	X	XXX
Elektro 140; 6	XX	XX	XX	O	XX	XX	XX	X	XX	X
Textil 200; 7	X	X	O	X	X	O	X	X	O	X
Bank 420; 8	XX	X	X	O	X	XX	X	XX	XX	X

---

20 Den Gesprächspartnern innerhalb der Betriebe wurde absolute Anonymität zugesagt, daher werden die Betriebe hier mit drei Kennzeichen aufgenommen: Branche, Anzahl der Mitarbeiter sowie Anzahl der dual Studierenden in dem jeweils untersuchten Studiengang.

	These 1	These 2	These 3	These 4	These 5	These 6	These 7	These 8	These 9	These 10
	Nachwuchssicherung als zentrales Motiv	Bedarf an qualifiziertem Führungspersonal	Frühzeitige Bindung => passgenaues Personal	Konkurrenzvorteil für kleine / unattraktive Betriebe	Relevanz der Doppelqualifikation	höherer Einstieg / schnellerer Aufstieg	kein Verdrängungswettbewerb	hohe Wertschätzung dual Studierender	Vorbereitung des späteren Einsatzfeldes	hohes Übernahmeinteresse
Stahl 3.000; 8	X	X	X	O	X	O	XX	X	X	X
Stahl 2.300; 9	XXX	XXX	XXX	O	XXX	XX	XXX	XX	XX	XXX
Automobil 3.200; 10	XXX	XXX	XXX	O	XX	XX	XX	XXX	XXX	XXX
Bautechnik 570; 10	O	X	X	O	O	O	O	X	O	X
Energie 400; 10	XXX	XXX	XXX	O	---	---	XX	XX	XX	XX
Energie 400; 10	X	XX	XXX	O	XXX	---	---	XXX	XX	XXX
Metallverarb. 450; 10	XXX	XX	XXX	X	X	X	XX	XXX	XX	XXX
Textil 1.000; 10	O	X	---	O	XX	O	XXX	O	---	X
Versicherung 3.400; 10	XXX	---	X	X	XX	XX	XX	XX	X	XXX
Automobil 800; 11	XX	XXX	XXX	X	X	---	XX	XXX	XXX	XXX
Automob. zul. 1.200; 14	XX	XXX	XXX	O	XXX	X	XXX	XXX	X	XXX
Stahl 1.900; 14	X	XX	XX	O	XX	X	XXX	XX	X	XX
Bank 600; 16	XXX	XXX	XXX	O	XX	---	---	XX	XXX	XXX
IT 2.000; 18	XX	X	XXX	O	X	O	O	XX	XXX	XXX
Automobilzulief. 1.700; 20	XX	X	XX	O	X	O	XX	X	X	X
Bank 3.500; 20	XX	XX	XXX	O	X	X	---	XX	XXX	XX
Maschinenbau 1.900; 25	XXX	XX	XXX	X	XX	XX	XX	XXX	X	XXX
Maschinenbau 160; 27	XXX	XXX	XXX	O	XX	---	XXX	XXX	XXX	XXX
Maschinenbau 1.200; 29	XX	XXX	XXX	---	XXX	XXX	XX	XXX	XX	XXX
Luft- u. Raumfahrt 1.000; 29	XXX	XXX	XXX	O	X	---	XXX	XX	XXX	XX

	These 1	These 2	These 3	These 4	These 5	These 6	These 7	These 8	These 9	These 10
	Nachwuchssicherung als zentrales Motiv	Bedarf an qualifiziertem Führungspersonal	Frühzeitige Bindung => passgenaues Personal	Konkurrenzvorteil für kleine / unattraktive Betriebe	Relevanz der Doppelqualifikation	höherer Einstieg / schnellerer Aufstieg	kein Verdrängungswettbewerb	hohe Wertschätzung dual Studierender	Vorbereitung des späteren Einsatzfeldes	hohes Übernahmeinteresse
Kernenergie 3.300; 30	XX	XX	XX	O	X	O	---	XX	XX	XXX
Chemie 900; 32	XXX	XXX	XXX	X	XX	XX	XXX	XXX	XXX	XXX
Agrartechnik 850; 33	XX	XX	X	O	X	---	X	X	X	XX
Verkehr 3.850; 33	XXX	XXX	XXX	O	XX	XX	X	XXX	XXX	XX
Agrartechnik 1.300; 38	X	X	X	O	X	XX	O	XX	XX	X
Automobilzulief. 7.500; 63	XX	XX	XX	O	X	O	XX	XX	XX	XX
Bank 2.500; 75	XXX	XXX	XXX	O	X	XX	XXX	XXX	XX	XXX
Automobil 12.000; 90	XX	X	XX	O	X	O	XX	XX	XX	XX
Automobil 30.000; 140	XXX	X	XX	O	X	X	XX	XX	X	XX

Literatur

Autorengruppe Bildungsberichterstattung (Hrsg.) (2010): Bildung in Deutschland 2010. Bielefeld.

Baethge, M. / Solga, H. / Wieck, M. (2007): Berufsbildung im Umbruch. Signale eines überflüssigen Aufbruchs. Friedrich-Ebert-Stiftung. Berlin.

Bremer, R. / Grollmann, P. / Musekamp, F. / Spöttl, G. (2009): Gestaltungsoptionen für die duale Organisation der Berufsausbildung. HBS-Reihe Arbeitspapiere Nr. 168. Düsseldorf.

Bosch, G. (2012): Gefährdung der Wettbewerbsfähigkeit durch zu wenige Akademiker: Echte oder gefühlte Akademikerlücke? In: Kuda, E. / Strauß, J. / Spöttl, G. / Kaßebaum, B. (Hrsg.): Akademisierung der Arbeitswelt? 20-35.

Bundesinstitut für Berufsbildung (Hrsg.) 2012: AusbildungPlus Betriebsumfrage 2011. Bonn Redaktion: Jochen Goeser, Martin Isenmann.

Drexel, I. (2012): Gesellschaftliche und politische Folgen von Akademisierung. In: Kuda, E. / Strauß, J. / Spöttl, G. / Kaßebaum, B. (Hrsg.): Akademisierung der Arbeitswelt? 36-51.

Franz, C. / Voss-Dahm, D. (2011): Ohne Studium (k)eine Führungsposition? Nach wie vor starke Bedeutung von beruflichen Bildungsabschlüssen bei Führungskräften in der Privatwirtschaft. IAQ-Report 2011-02. Duisburg.

Gensch, C. (2014): Dual Studierende in Bayern – Sozioökonomische Merkmale, Zufriedenheit, Perspektiven. Studien zur Hochschulforschung 84. München.

Graf, L. (2012): Wachstum in der Nische. Mit Dualen Studiengängen entstehen Hybride von Berufs- und Hochschulbildung. In: WZB-Mitteilungen. Heft 138. 49-52.

Heidemann, W. (Hrsg.) (2011): Duale Studiengänge in Unternehmen. HBS-Arbeitspapier 236. Düsseldorf.

Helmrich, R. / Zika, G. (2010): BIBB/IAB-Qualifikations- und Berufshauptfeldprojektionen. Kurzexpertise im Auftrag des Deutschen Instituts für Internationale Pädagogische Forschung (DIPF).

Helmrich, R. / Zika, G. / Kalinowski, M. / Wolter, M. I. (2012): Engpässe auf dem Arbeitsmarkt: Geändertes Bildungs- und Erwerbsverhalten mildert Fachkräftemangel – Neue Ergebnisse der BIBB-IAB-Qualifikations- und Berufsfeldprojektionen bis zum Jahr 2030. BIBB-Report 18/2012.

Hirsch-Kreinsen, H. (2013): Wie viel akademische Bildung brauchen wir zukünftig? Ein Beitrag zur Akademisierungsdebatte. Soziologisches Arbeitspapier Nr. 37/2013.

HIS (Hrsg.) (2011): Soziale und wirtschaftliche Bedingungen des Studiums. Deutschland im europäischen Vergleich. Eurostudent IV | 2008-2011, Hannover.

Hollmann, C. / Schmidt, J. / Werner, D. (2010): Verdrängt der Bachelor duale Aus- und Fortbildungsberufe? In: Berufsbildung in Wissenschaft und Praxis. Heft 2/2010. 18-22.

IG Metall (Hrsg.) (2010) und (2011): Workshop-Reihe: Akademisierung von Betrieben und Gesellschaft – beruflich-betriebliche Bildung vor dem Aus? Dokumentationen der Experten-Workshops I bis IV. Frankfurt.

Institut der deutschen Wirtschaft (Hrsg.) (2010): Qualifizierungsmonitor – Empirie gestütztes Monitoring zur Qualifizierungssituation in der deutschen Wirtschaft. Ansprechpartner im IW Köln: Dirk Werner, Dr. Michael Neumann, Dr. Vera Erdmann. Köln.

Isserstedt, W. / Middendorff, E. / Kandulla, M. (2010): Die wirtschaftliche und soziale Lage der Studierenden in der Bundesrepublik Deutschland 2009 – 19. Sozialerhebung des Deutschen Studentenwerks durchgeführt durch die HIS Hochschul-Informations-System; ausgewählte Ergebnisse. Bonn: BMBF.

Kloas, P.-W. (2007): Zusatzqualifikationen und duale Studiengänge im Handwerk. In: Handwerk Magazin, Beilage Beruf & Bildung, Heft 12-2007: 1-5

Klumpp, M. / Rybnikova, I. (2010): Differenzierte Studienformen – Eine empirische Forschungserhebung in Deutschland. Bielefeld.

Klumpp, M. / Kriebel, K. / Beschorner, H. / Buschfeld, D. / Dilger, B. / Diart, M. (2010): Berufswertigkeit konkret. Wissenschaftlicher Abschlussbericht. Köln.

KMK (Hrsg.) 2011: Handreichung für die Erarbeitung von Rahmenlehrplänen der Kultusministerkonferenz für den berufsbezogenen Unterricht in der Berufsschule und ihre Abstimmung mit Ausbildungsordnungen des Bundes für anerkannte Ausbildungsberufe. Berlin.

Kupfer, F. (2013): Duale Studiengänge aus Sicht der Betriebe – Praxisnahes Erfolgsmodell durch Bestenauslese. In: Berufsbildung in Wissenschaft und Praxis – BWP, Heft 4/2013. 25-29.

Kruse, W. / Strauß, J. / Braun, F. / Müller, M. (2009): Rahmenbedingungen der Weiterentwicklung des Dualen Systems beruflicher Bildung. HBS-Arbeitspapier 168. Düsseldorf.

Lörz, M. (2012): Mechanismen sozialer Ungleichheit beim Übergang ins Studium: Prozesse der Status- und Kulturreproduktion. In: KzfSS Sonderheft 52/2012. 302-324.

Multrus, F. / Ramm, M. / Bargel, T. (2010): Studiensituation und studentische Orientierungen. 11. Studierendensurvey an Universitäten und Fachhochschulen. Berlin: BMBF. Online im Internet: URL: http://edudoc.ch/record/94953/files/studiensituation_studentetische_orientierung_elf.pdf.

OECD (2012): Bildung auf einen Blick – OECD-Indikatoren. Bielefeld.

Purz, S. (2011): Duale Studiengänge als Instrument der Nachwuchssicherung Hochqualifizierter. Frankfurt am Main.

Spöttl, G. (2010): Universitäre und berufliche Bildung – Annäherung oder Entfernung? Vortrag innerhalb der IG Metall Workshop-Reihe Akademisierung von Betrieben und Gesellschaft – beruflich-betriebliche Bildung vor dem Aus? Workshop IV am 22. April 2010.

Spöttl, G. (2012): Bildungstypen, Karrierewege und Beschäftigungsmuster. In: Kuda, E. / Strauß, J. / Spöttl, G. / Kaßebaum, B. (Hrsg.): Akademisierung der Arbeitswelt? Hamburg.

Weigel, T. / Hippach-Schneider, U. / Gonon, P. (2011): Qualität von Bildungsabschlüssen aus Unternehmenssicht – eine kompetenzorientierte Analyse. In: bwp@ Ausgabe Nr. 21/12-2011.

Werner, D. / Hollmann, C. / Schmidt, J. (2008): Wie entwickeln sich angesichts des Strukturwandels zur Wissensgesellschaft und der Einführung der Bachelorstudiengänge die Chancen für duale Ausbildungsberufe und das duale System? Institut der deutschen Wirtschaft, Köln.

Wünsche, T. (2011): Betriebliche Qualifikationsbedarfsdeckung im Fachkräftebereich wachsender Beschäftigungsfelder. Unveröff. Abschlussbericht. Bonn.

Internetquellen

http://www.ausbildungsplus.de
http://www.duales-studium.de

Das duale Studium: eine neue Akteurskonstellation

4

Monique Ratermann und Ulrich Mill

4.1 Einleitung zum Analyserahmen

Im ausbildungsintegrierenden dualen Studium treffen zwei bislang in der Regel segmentierte Bildungsfelder und die sie tragenden korporativen und kollektiven Akteure aufeinander. Hier gibt es eine deutlich markierte Differenz zur Governance des Regelstudiums. So wie bei der dualen Berufsausbildung die Auszubildenden, so werden die Studierenden für die dualen Studiengänge von den Unternehmen rekrutiert – unter der Voraussetzung einer Hochschulzugangsberechtigung. Zwar werden dadurch nicht immer allgemein gültige Zulassungsverfahren (Numerus clausus) gegenstandslos, aber ohne die unternehmerische Entscheidung für eine/n Auszubildende/n kann das ausbildungsintegrierende duale Studium nicht aufgenommen werden. Die Unternehmen greifen an der Schnittstelle zwischen Abitur und Studium ein, die bislang ihrem Einfluss entzogen war. Weiterhin bedarf der berufliche Abschluss der Anerkennung durch die Industrie- und Handelskammern oder die Handwerkskammern. Und es ist für jeden dualen Studiengang zu klären, wie und durch wen der berufsschulische Anteil der beruflichen Ausbildung abgedeckt wird.

Unternehmen werden, wenn sie in der beruflichen Ausbildung aktiv sind, als Anbieter von Ausbildungsplätzen angesehen.[21] In dieser Eigenschaft sind die Unternehmen Teil des Feldes der dualen Berufsausbildung – zusammen mit den berufsbildenden Schulen und den Industrie- und Handelskammern und Handwerkskammern. Unternehmen orientieren aber ihr Handeln an der Kapitalrechnung und über diese Kapitelrechnung ihre Erwerbschancen an Marktlagen (vgl. Weber

---

21   Siehe zu den Problemen, die diese Konstruktion von per Ausbildungsvergütung bezahlten Nachfragern (den Auszubildenden) und die Ausbildungsvergütung bezahlenden Anbieter von Ausbildungsplätzen (den Unternehmen) für die Bestimmung der Ausbildungs-Nachfrage-Relation auf dem Ausbildungsmarkt ergibt: Ulrich 2005.

1980: 48). Deshalb orientiert sich das Ausbildungsplatzangebot der Unternehmen an ihrem vermuteten Fachkräftebedarf zur Realisierung dieser Erwerbschancen. Dagegen hat sich das moderne System der allgemeinen schulischen Bildung und der hochschulischen Bildung zu einem System der „Umwegproduktion" menschlichen Arbeitsvermögens entwickelt, das im Kern außerhalb des wirtschaftlichen Wettbewerbs institutionalisiert worden ist[22]. Die zentralen Akteure des Feldes des *tertiären Bildungsbereichs* sind die Hochschulen (Universitäten und Fachhochschulen), im Fall der *dualen* Studiengänge sind die Berufsakademien als Träger tertiärer Ausbildung ebenfalls von großer Bedeutung.

Die Studiengänge, die wir untersucht haben, benötigen Ressourcen von korporativen und kollektiven Akteuren, die für den Regelbetrieb der herkömmlichen Studiengänge an Universitäten und Fachhochschulen nicht erforderlich sind. Damit ist eine Grundvoraussetzung von Governance gegeben und es kommt zu einer „(...) *Mischung verschiedener Regelungsformen und vor allem der Kooperation zwischen öffentlichen und privaten Akteuren.*" (Mayntz 2009: 12) Es ist deshalb für uns naheliegend, die von uns untersuchten Prozesse und Resultate der *Interdependenzbewältigung* von korporativen und kollektiven Akteuren und Personen aus dem Blickwinkel der *Governance* zu untersuchen.

Die empirische Untersuchung ausbildungsintegrierender dualer Studiengänge ist nicht auf der Grundlage von Governancebegriffen als Beobachtungskategorien gestartet. Eine Ausnahme bildet die Grundentscheidung, Akteurskonstellationen zu untersuchen und damit den jeweiligen dualen Studiengang als Fall anzusehen. Die weitergehende Verwendung von Begriffen und Konzepten aus der Governancediskussion ist auf die theoretische Rekonstruktion der empirischen Befunde durch das Projektteam zurückzuführen.

Unter der Leithypothese, dass sich durch die Entwicklung dualer Studiengänge *neue Governancestrukturen* herausbilden, die sich von der Governance des akademischen und der des beruflichen Feldes unterscheiden, fragen wir, mit welchen *sozialen Mechanismen* ein dualer Studiengang koordiniert wird und welche *sozialen Formen* diese Koordination annimmt.

---

22 „Auch der Gedanke der tertiären Umwegproduktion ist im Grunde nicht abwegig. Aber er verdeckt, dass große Teile der zur Wissensteilung gehörenden Dienstleistungen gar keinen genuinen Teil des wirtschaftlichen Produktionsprozesses darstellen, weil sie nicht im wirtschaftlichen Wettbewerb zu erbringen sind. Die Bereitstellung des Grundlagenwissens und der Ausbildung findet überwiegend im öffentlichen Sektor statt. Die Eigentumsrechte an Wissensbestandteilen sind generell nicht in der Weise zu etablieren, dass sie handelbar, d. h. entgeltlich zu übertragen sind." (Helmstädter 2002: 135)

Zuerst werden die relevanten Akteure der Makro- und Meso-Ebene dualer Studiengänge mit Hilfe eines governance-theoretischen Ansatzes analysiert, weil dieser die Möglichkeit bietet, Interdependenzen, Interdependenzbewältigung und -management zwischen Akteuren herauszuarbeiten. Konkret stellt sich hierbei die Frage, welche Strukturen, Steuerungsinstrumente, Regulierungsmechanismen und Akteure Einfluss auf die Entwicklung und Umsetzung dualer Studiengänge haben. Schwerpunkt unserer Untersuchung ist zwar die *Meso-Ebene* der *Akteurskonstellationen*, es ist aber notwendig, die *Makro-Ebene* der politischen Außensteuerung durch *Geld* und *Recht* sowie den die Handlungen der Akteure rahmenden *gesellschaftlichen Wandel* und die *Mikro-Ebene* des Handelns der Vertreter der beteiligten Organisationen und der Studierenden mit einzubeziehen – auch bei dualen Studiengängen ist die *Interdependenz* von *mehreren Ebenen* zu bewältigen.

4.2   Mehrebenenarchitektonik und Akteurskonstellationen dualer Studiengänge

Das Interessante bei dualen Studiengängen ist, dass die beteiligten Akteure nicht aus einem einzelnen Mehrebenensystem wie z. B. dem des Hochschulsystems kommen, sondern in drei Systemen verhaftet sind. Berufsschulen, Bildungszentren und Lehrwerkstätten sind Teile des Berufsbildungssystems. Sie verfolgen einen auch durch das Berufsbildungsgesetz genau definierten Bildungsauftrag und haben das Interesse, die Qualifikationsanforderungen einer Berufsausbildung zu gewährleisten. Die Hochschulen bzw. Berufsakademien sind im Hochschulsystem zu verorten und haben einen durch die Landeshochschulgesetze formulierten wissenschaftlich geprägten Bildungsauftrag. Zum einen haben sie Interesse daran, die Qualität der Lehre im Studium und die daraus resultierenden Hochschulabschlüsse zu sichern. Zum anderen möchten sie Forschung betreiben. Die Betriebe stehen zwischen den Stühlen, weil sie im Wirtschafts-, Berufsbildungs- und Hochschulsystem auf unterschiedlichen Ebenen agieren. Sie sind Akteure des Berufsbildungssystems, indem sie als praxisorientierte Lernorte auftreten, und haben Interesse daran, qualitativ gut ausgebildete junge Leute für das eigene Unternehmen zu gewinnen. Als Teile des Wirtschaftssystems sind sie gewinnorientierte Einheiten, die eine Kostenminimierung und Nutzenmaximierung anstreben. Im Hochschulsystem sind sie unterschiedlich verankert und können sowohl als Geldgeber für Forschung und Entwicklung auftreten als auch als Wissensvermittler durch die Beteiligung an der Lehre. Industrie- und Handelskammern und Handwerkskammern sind einerseits als Interessenvertretungen der Unternehmen im Wirtschaftssystem zu verorten. Andererseits sind sie als Prüfungsbehörden für die Abschlussprüfungen der Berufsausbildung Teil des Berufsbildungssystems. Damit wird deutlich, dass duale Studiengänge und die Handlungsmuster der daran beteiligten Akteure von Einflüssen verschiedener Systeme bzw. unterschiedlichen Interessen geprägt sein müssen.

Mit dem Begriff des „Akteurs" bezeichnen wir in diesem Kontext jede handlungsfähige soziale Einheit, also nicht nur *Personen*[23] in ihrer rollenorientierten Partialinklusion in Interaktionen, Organisationen und Netzwerken,[24] sondern auch korporative und kollektive Akteure, also *zusammengesetzte oder komplexe Akteure* (vgl. Scharpf 1997). Kollektive Akteure verstehen wir als Zusammenschluss von Individuen oder – und das spielt in unserer Untersuchung eine Rolle – als Zusammenschluss von kollektiven oder korporativen Akteuren (Mitglieder von Unternehmensverbänden, Gesellschafter von Akademien, Zwangsmitglieder von Industrie- und Handelskammern oder Handwerkskammern). Korporative Akteure sind Organisationen, in denen die Verfügung über Ressourcen ungleich verteilt und immer beschränkt ist und in denen das Direktionsrecht des Arbeitgebers gilt, also in unseren Fällen: Unternehmen, Hochschulen und Berufsakademien, berufsbildende Schulen.

Wir benutzen, wie es in der deutschsprachigen Governanceliteratur zurzeit gängig ist (vgl. Benz et al. 2007), den Begriff der *Akteurskonstellation*, um die mehr oder weniger dauerhafte Interdependenz der Akteure eines dualen Studiengangs zu kennzeichnen.[25] Zu klären bleibt – und dies wird ein wichtiger empirischer Gegenstand dieses Buches sein –, wie diese Interdependenz bewältigt wird, was also die Akteurskonstellation zusammenhält.

Vor dem Hintergrund governance-theoretischer Ansätze wird in diesem Kapitel eine Übersicht über die Strukturen, Steuerungs- und Regulierungsmechanismen verschiedener Systeme und die relevanten Akteure gegeben, die maßgeblich für die Entwicklung dualer Studiengänge sind. Eine Differenzierung der Systemebenen von Berufsbildung und Hochschulbildung ist für die Betrachtung von dualen Studiengängen von besonderer Bedeutung. Wie schon beschrieben, folgen die relevanten Akteure dualer Studiengänge *„differenten Handlungslogiken"* (Kussau / Brüsemeister 2007: 33), die auf verschiedenen Normen, Regeln und Ressourcen beruhen. Jeder

---

23   Vgl. Hegels Rechtsphilosophie, § 36 (1968: 77), die den Personenbegriff mit der Rechtsfähigkeit verbindet.

24   Die Formulierung variiert Türks Formel von der rollenhaften Partialinklusion von Personen in Organisationen (1995 u. ö.)

25   Die *Figurationssoziologie* von Elias mit ihren Interdependenzgeflechten hat der Governancetheorie sicherlich vorgearbeitet (1986 u. ö.).

Akteur hat bestimmte „*Verfügungsrechte*", die sowohl formell oder informell als auch normen- bzw. ressourcenbezogen verankert sein können. Eine Betrachtung der Verteilung von Verfügungsrechten innerhalb der Mehrebenensysteme Berufsbildung und Hochschulbildung ist unumgänglich, um Beteiligungs- und Einflusschancen von Hochschulen bzw. Unternehmen, Berufsschulen und IHK bzw. HWK bei der Entwicklung und Umsetzung dualer Studiengänge herauszufinden. Kussau / Brüsemeister (2007) benennen zwei Arten von Verfügungsrechten, die auch bei dualen Studiengängen zum Tragen kommen:

1. Normen als Verfügungsrechte: rechtliche Normen, Gesetze und staatliche Regulierungsmechanismen;
2. Ressourcen als Verfügungsrechte: finanzielle Mittel, Kompetenzen.

Das heißt, dass sich die Akteure einerseits an normbasierende Verfügungsrechte in Form von Gesetzen bzw. Beschlüssen und anderen staatlichen Regulierungs- und Steuerungsmechanismen anpassen müssen und andererseits Verfügungsrechte in Form von Ressourcen wie finanzielle Mittel, Ausstattung der Lernorte und Wissen in die Akteurskonstellation „duales Studium" einbringen. Durch Ressourcennutzung, -bereitstellung und -zusammenlegung versuchen die Akteure die eigenen Handlungsmöglichkeiten zu festigen oder auszubauen.

Daher ist des Weiteren zu klären, welche Akteure und Handlungskoordinationen innerhalb der Akteurskonstellationen dualer Studiengänge auftreten.

Für duale Studiengänge sind die Interessen, Verfügungsrechte und Einflussmöglichkeiten der beteiligten Akteure zentral. Verständigung und Abstimmung sind bei der Verzahnung zweier Ausbildungsgänge besonders wichtig. Kussau und Brüsemeister (2007) formulieren nach Schimank (2000) für eine empirische Analyse von Koordinationsformen drei wesentliche Verhaltens- bzw. Handlungsmechanismen, die Akteure in Akteurskonstellationen schaffen – Beobachtung, Beeinflussung und Verhandlung. Mit diesen Begrifflichkeiten kann man aus governance-theoretischer Sicht eine erste Unterscheidung treffen. So gibt es Konstellationen, die

- durch Beobachtung und Anpassung an das Handeln der Anderen,
- durch Einflussnahme aufgrund von Macht und finanzieller Unterstützung,
- durch Verhandlungsprozesse in Form von Kooperationsverträgen oder Leistungsvereinbarungen

geprägt sind und häufig in einem Mischungsverhältnis auftreten (vgl. Kussau / Brüsemeister 2007; Lange / Schimank 2004; Schimank 2010). Daraus resultieren bei der Handlungskoordination innerhalb dualer Studiengänge zum einen unterschiedliche

Strategien der Abstimmung untereinander und zum anderen bilden sich Akteure heraus, die entweder Einfluss auf die Entwicklung und Umsetzung nehmen wollen oder sich durch Beobachtung an die Handlungen anderer Akteure anpassen. Unterstützen möchten wir, auch als Ergebnis unserer Datenanalyse, die Hervorhebung von Beobachtung als Mechanismus der sozialen Ordnungsgenerierung. Auch Beeinflussung ist aus der Perspektive unserer Untersuchung relevant für die Entwicklung und gegebenenfalls Stabilisierung von Akteurskonstellationen. Beeinflussung ist allerdings ein weites Feld. Schimank geht von einer unabgeschlossenen Menge von „Einflusspotenzialen" aus:

> Solche Potenziale beruhen u. a. auf Macht, Geld, Wissen, Liebe bzw. Sympathie oder moralischer Autorität. (Schimank 2007: 38)

Wir möchten Beeinflussung auf Situationen jenseits der Hierarchie beschränken, also auf Situationen, die nicht von befehlsgebender Herrschaft durch Autorität im Sinne von Weber (1980: 28) geprägt sind. Zwar sind die korporativen Akteure unserer Akteurskonstellationen per definitionem Herrschaftsverbände, aber die Interdependenz zwischen den kollektiven und korporativen Akteuren kann nicht per Herrschaft bewältigt werden, da und insoweit die Akteurskonstellation eines dualen Studiengangs keine formale Organisation, also keinen neuen korporativen Akteur hervorbringt. Es handelt sich bei den Akteurskonstellationen, die ausbildungsintegrierende duale Studiengänge tragen, um Netzwerke und nicht um Hierarchien. Macht – als Chance begriffen, innerhalb einer sozialen Beziehung den eigenen Willen auch gegen Widerstreben durchzusetzen (Weber 1980: 28) – kann in den asymmetrischen Beeinflussungssituationen ebenso im Spiel sein wie Einfluss im engeren Sinne (im Sinne von Parsons 1980; Habermas 1988: 407 ff.; Zündorf 1986: 37 ff.). Einfluss in diesem engeren Sinn beruht auf Wissen oder Zuschreibung von überlegenem Wissen (etwa von Experten).

Macht ist ein Einflusspotenzial, das in unserer Untersuchung vor allem als Potenzial der Meso-Akteure auftritt, während jene Form von Einfluss, die Wissen als Ressource benutzt, eher von Personen in Interaktion und Kommunikation ins Spiel gebracht wird. Geld und Recht als Einflusspotenziale wurden von uns vor allem als Wirkungen der Makro-Ebene auf die Meso-Ebene beobachtet.

Man sieht jetzt allerdings, dass der „elementare Mechanismus" Beeinflussung dann doch nicht so elementar ist, sondern sich der Wirkung von mehreren Einflusspotenzialen verdankt.

Als dritten „elementaren Mechanismus" schlägt Schimank (2007), wie erwähnt, „Verhandlung" vor. Das zeigt, dass er die Mechanismen der Interdepenzbewältigung in Prozessen / Verfahren sucht. Bewältigt ist die Interdependenz von Akteuren jedoch erst, wenn ihr Handeln sich aneinander bindet. Das ist bei dualen Studiengängen jedoch nur in sehr eingeschränktem Maße der Fall, nämlich durch Kooperationsvereinbarungen bzw. -verträge, die für keinen der beteiligten Akteure nach Gesetz rechtlich bindend sind. Wir schlagen deshalb vor, auf die Ressourcen oder Medien der Handlungskoordination abzustellen und neben den Einflusspotenzialen wie Geld, Recht, Macht, Einfluss/Wissen noch Verständigung als Mittel der Handlungskoordination heranzuziehen. Da man bei Akteurskonstellationen dualer Studiengänge davon ausgehen muss, dass die Zusammenarbeit von Akteuren mit unterschiedlichen Interessen und eigenen Handlungslogiken folgend nicht immer reibungslos abläuft, ist ebenfalls wichtig zu schauen, wie die Akteure mit verschiedenen Problemstellungen umgehen. Zentral ist hierbei die Frage der Leistungserbringung. Oder genauer gesagt, sind die Leistungen, die im dualen Studium von den Akteuren erbracht werden, zufriedenstellend für die gesamte Akteurskonstellation? Was passiert, wenn Akteure sich nicht an die Gegebenheiten anpassen können bzw. wollen oder das duale Studium in seiner Konzeption zeitlich oder inhaltlich nicht für jeden Akteur funktioniert?

Bei dualen Studiengängen bleibt allen Akteuren aufgrund einer „unverbindlichen" Kooperation zum Teil ohne vertragliche Regelungen der Zusammenarbeit auch immer eine Exit-Option, der Ausstieg aus der Akteurskonstellation. Steigt ein Akteur tatsächlich aus einem dualen Studiengang aus, dann nimmt er sich die Möglichkeiten von Beeinflussung und Verständigung, er nimmt sich die Voice-Option (Hirschman 1970). Hirschman arbeitet aber heraus, dass die Exit-Option vor allem dann wirksam ist, wenn ein einflussreicher Akteur den Ausstieg als Drohung verwendet, also als Einflusspotenzial gebraucht.

Wir haben im Zuge der Datenauswertung unserer Untersuchungsfälle entschieden, die Analyse der Akteurskonstellationen an den folgenden Mechanismen und Medien der Interdependenzbewältigung zu orientieren:

- Beobachtung
- Beeinflussung
- Verständigung
- Ausstieg

Wir werden im Folgenden einen Überblick über die Mehrebenenarchitektonik von dualen Studiengängen geben. Dazu müssen wir zunächst auf die Entwicklung eines europäischen Bildungsraums eingehen, die sich auch auf die Gestaltung dualer Studiengänge auswirkt. Schließlich werden wir die Makro-, Meso- und Mikro-Ebene von ausbildungsintegrierenden dualen Studiengängen erläutern.

4.2.1   Der europäische Bildungsraum als Hintergrund

In den letzten Jahren hat die Diskussion zur Schaffung eines europäischen Bildungsraums immer mehr zugenommen. Die Globalisierung und die forcierte Europäisierung der Arbeitsmärkte waren der Hintergrund für die europäischen Initiativen zur Vergleichbarkeit von Bildungs- und Berufsabschlüssen. In der Vergangenheit gestalteten sich sowohl die Hochschulsysteme als auch die Berufsbildungssysteme innerhalb Europas in ihren Strukturen, Qualifikationsanforderungen und möglichen (Aus)Bildungswegen sehr unterschiedlich und produzierten keine vergleichbaren Abschlüsse. Besonders die Betrachtung der akademischen Abschlüsse auf Hochschulebene und der möglichen Berufsabschlüsse in der Berufsbildung machten einen Vergleich von Qualifikationsanforderungen und strukturellen Rahmenbedingungen unmöglich.

Mit dem Ziel der Steigerung der ökonomischen Wettbewerbsfähigkeit der EU sollte die Beschäftigungsfähigkeit (employability) der EU-Bürger vorangetrieben werden. Dazu gehörten das Ziel der Institutionalisierung des lebenslangen Lernens und die Unterstützung der beruflichen Mobilität in einer immer stärker europaweit interagierenden Wirtschaft. Um diesen Anforderungen gerecht zu werden, wurde der europäische Bildungsraum propagiert und es folgte die europäische Umstrukturierung des Bildungswesens durch zwei bildungspolitisch gesteuerte Prozesse – Bologna und Kopenhagen. Während Bologna die Neustrukturierung des Hochschulsystems beinhaltet, zielt der Kopenhagen-Prozess auf die Modernisierung der Berufsbildungssysteme ab. Beide Prozesse zielen auf die „Schaffung eines europäischen Bildungs- und Wirtschaftsraums", wie Kuda und Kaßebaum referieren (2012: 70):

Tabelle 4.1   Übergeordnete Ziele zur Schaffung eines europäischen Bildungsraums

- bessere Vergleichbarkeit der jeweiligen nationalen Bildungsabschlüsse
- erhöhte Durchlässigkeit zwischen allgemeiner, beruflicher und hochschulischer Bildung auf nationaler und europäischer Ebene
- flexibilisierte und standardisierte Bildungs- und Zugangswege (EQR, DQR)

Die Auswirkungen von Bologna- und Kopenhagen-Prozess auf duale Studiengänge sind unterschiedlich zu bewerten. Der Kopenhagen-Prozess hat insofern keinen *direkten* Einfluss auf die Entwicklung und Umsetzung dualer Studiengänge, als dass er sich im Gegensatz zum Bologna-Prozess bisher nicht auf die Konzeption und den Ablauf dualer Studiengänge insbesondere im Hinblick auf die Abstimmung von Lerninhalten und -orten innerhalb der Berufsausbildung auswirkt. Die formulierten Qualifikationsanforderungen der beruflichen Erstausbildung sollen zwar bei der Berufsausbildung berücksichtigt werden, aber es resultiert daraus keine Umstrukturierung des dualen Systems innerhalb der dualen Berufsausbildung, z. b. durch die Einführung europäischer Berufsabschlüsse, die Verkürzung von Ausbildungszeiten oder durch Systemintegration neuer Bildungsinstitutionen in das duale System der Berufsbildung wie im Fall der Berufsakademien für das Hochschulsystem. Die Akteurskonstellationen auf der Meso-Ebene dualer Studiengänge mussten und müssen aufgrund des Kopenhagen-Prozesses bisher nicht verändert werden.

Mit dem EQR wurde ein Instrument entwickelt, das als Qualifikationssystem Lernergebnisse beruflicher Bildung den Lernergebnissen hochschulischer Bildung gegenüberstellt und erworbene Kompetenzen, Qualifikationen oder Zertifikate für den europäischen und internationalen Arbeitsmarkt transparent macht. Dieses Instrument hat damit Einfluss auf die Verwertbarkeit der erworbenen Abschlüsse im dualen Studium. Für die Absolventen dualer Studiengänge kann der Kopenhagen-Prozess insbesondere im Hinblick auf weitere Karrierewege verschiedene Vorteile haben. Auch die Unternehmen profitieren gegebenenfalls von transparenteren Qualifikationen.

1. Berufliche Qualifikationen werden für zukünftige Arbeitgeber durch die Einordnung von Lernergebnissen transparenter.
2. Zunehmende Implementation von Auslandssemestern oder Praxisphasen im Ausland während des Studiums führt zur Steigerung interkultureller Kompetenzen.
3. Die Einordnung der erworbenen beruflichen Qualifikationen in ein europaweit anerkanntes Leistungspunktesystem erleichtert die berufliche Mobilität innerhalb der Mitgliedsländer.

Allerdings müssten die Rahmenbedingungen zur Einstufung der *„learning outcomes"* auf das besondere Profil eines dualen Absolventen erst noch angepasst werden. Da sowohl ein Hochschul- als auch ein Berufsabschluss erworben werden, sind die *„learning outcomes"* durch die Verzahnung zweier Bildungsbereiche umfangreicher als bei anderen Hochschulabsolventen. Allerdings wird in der momentanen Gestaltung von DQR und EQR die zusätzliche fachberufliche Qualifikation von Absolventen dualer Studiengänge nicht berücksichtigt. Sie werden auf der Stufe 6 nach ihrem Bachelorabschluss eingeordnet, obwohl zusätzlich eine Berufsausbildung absolviert wurde (vgl. Graf 2013: 121 f.). Würde die Ausbildung als Qualifikation einbezogen, müsste für die Absolventen dualer Studiengänge und auch anderer doppelt

Qualifizierter[26] eine neue Einstufung entwickelt werden. Damit könnten sie dann einen deutlichen Wettbewerbsvorteil auf dem europäischen Arbeitsmarkt haben. Insgesamt stellt der Kopenhagen-Prozess neue Anforderungen an die Strukturen des deutschen Berufsbildungssystems und definiert Maßnahmen zur Qualitätsverbesserung von beruflicher Erst- und Weiterbildung. Die Ausbildungsstrukturen innerhalb Deutschlands bleiben in Bezug auf Ausbildungszeiten und Ausbildungsinhalte, Berufsfelder und Berufsabschlüsse weitgehend unangetastet. Im Fokus steht, den europäischen Wirtschaftsraum durch qualifizierte Arbeitnehmer weiter zu stärken. Die Berufsbildungssysteme der beteiligten Länder unterscheiden sich nach wie vor deutlich voneinander und es hat keine strukturelle Anpassung hin zu einem europäischen Berufsbildungsraum mit gleichen Abschlüssen gegeben. Dennoch fördert er die Diskussionen um eine stärkere Berufsbezogenheit in allen Bildungsbereichen Deutschlands. Damit trägt er sicherlich dazu bei, dass Studienstrukturen mit hohen Praxisanteilen weiter expandieren werden, auch in Form ausbildungs- oder praxisintegrierender dualer Studiengänge. Die starke Segmentierung beruflicher und hochschulischer Bildung insbesondere im deutschen Bildungssystem wird auf bildungspolitischer Ebene immer mehr thematisiert.

4.2.1.1 Der Bologna-Prozess

Der Bologna-Prozess hingegen hat zu einem tiefgreifenden Strukturwandel innerhalb des Hochschulsystems in Deutschland geführt. Im Zuge seiner Entwicklung wurde ein zentrales Leitbild formuliert:

> „So sollen die „arbeitsmarktbezogenen Qualifizierungen" der europäischen Bürger/ innen entwickelt und die ‚internationale Wettbewerbsfähigkeit des europäischen Hochschulsystems' verbessert werden." (Kuda / Kaßebaum 2012: 71)

Deshalb sind bestehende Studienstrukturen und -abschlüsse durch die Einführung europaweit einheitlicher Bachelor- und Masterabschlüsse ersetzt worden. Außerdem wurde die Differenzierung der Hochschulabschlüsse nach Hochschularten aufgehoben und die Bachelor- und Masterabschlüsse sowohl von Universitäten als auch Fachhochschulen und Berufsakademien sind als formal *gleichwertig* anzusehen. Auch der erworbene Bachelorabschluss an einer Berufsakademie ermöglicht den Absolventen eine Weiterqualifizierung durch den Master und darauf folgend durch die Promotion. Allerdings sind die Berufsakademien nicht berechtigt, eigenständig Master-Studiengänge anzubieten, sondern müssen mit einer Fachhochschule oder

---

26   Alle Personen, die sowohl Abschlüsse im Berufsbildungssystem als auch im Hochschulsystem egal in welcher zeitlichen Reihenfolge erworben haben.

Universität kooperieren. Bei der Vergabe von Abschlüssen sind Fachhochschulen und Berufsakademien aufgewertet worden. Besonders die Abschaffung des international anerkannten Diplom-Abschlusses hat hierbei zu intensiven Diskussionen in der Hochschullandschaft geführt. Der deutsche Diplom-Ingenieur war auf dem internationalen Arbeitsmarkt aufgrund seiner Ausbildung jahrzehntelang sehr gefragt. Ursprünglich hat das deutsche Hochschulsystem im Vorfeld gehofft, eine internationale Angleichung an die Diplom-Abschlüsse zu erreichen. Man befürchtete mangelnde Akzeptanz der neuen Abschlüsse bei zukünftigen Arbeitgebern. Das und die damit verbundenen umfassenden Neustrukturierungen haben zu einer etwas zögerlichen Einführung der neuen Studiengänge geführt. Im Erhebungszeitraum in den Jahren 2011/2012 hatten immer noch nicht alle Fachhochschulen bzw. Universitäten in allen Studiengängen auf Bachelor und Master umgestellt. Allerdings hatten im Prüfungsjahr 2012 schon 58,5 % derjenigen, die an einer deutschen Hochschule eine Abschlussprüfung erfolgreich bestanden, einen Bachelor- oder Masterabschluss (eigene Berechnung nach: Statistisches Bundesamt 2012: 15).

Auch in dem DUAL-Projekt sind in den Freistaaten Sachsen und Bayern[27] drei Studiengänge untersucht worden, die zum Erhebungszeitpunkt immer noch den Diplom-Abschluss ermöglicht haben und die Hochschulen dies mit einer besonderen Attraktivität für Unternehmen und Studierende begründet haben. Die inzwischen ebenfalls zum Hochschulsystem zählenden Berufsakademien mussten ihre Studienstrukturen ebenfalls anpassen und die bisherigen Studienabschlüsse durch die neuen ersetzen. Entscheidendes Gremium für die strukturelle Umsetzung der Bologna-Ziele ist die Hochschulrektorenkonferenz, aus der die wichtigsten ländergemeinsamen Strukturvorgaben gemäß § 9 Abs. HRG für die Akkreditierung von Bachelor- und Masterstudiengängen vom 10.10.2003 hervorgingen. (KMK 2004: 21-30[28]; Heinrichs 2010: 58) Die europäischen Staaten haben sich bereits 1999 auf eine international geltende Studienstruktur mit dem Ziel, bis 2010 einen gemeinsamen europäischen Hochschulraum zu schaffen, geeinigt; inzwischen sind 47 Mitgliedsstaaten beteiligt. (Kuda / Kaßebaum 2012) Dieser Hochschulraum mit einem einheitlich gestuften System soll sich durch eine deutlich höhere Mobilität und bessere Qualität auszeichnen.

---

27   Der untersuchte Studiengang wird inzwischen ausschließlich als Bachelorstudiengang angeboten.

28   http://wwwhml.org/fileadmin/veröffentlichungen_beschlüsse/2003/2003_10_10-laendergemeinsame-strukturvorgaben.pdf:12.11.2014, 12 Uhr.

4.2.1.2 Ziele und strukturelle Merkmale des Bologna-Prozesses – Einflussfaktoren für die Entstehung und Umsetzung dualer Studiengänge

Heinrichs formulierte 2010 zehn wesentliche Ziele und Merkmale des Bologna-Prozesses, die bei näherer Betrachtung maßgeblichen Einfluss auf die Entwicklung und Umsetzung dualer Studiengänge haben (Heinrichs 2010: 58; vgl. auch Kuda / Kaßebaum 2012). Neben Mitgliedern der Hochschulrektorenkonferenz, des Akademischen Austauschdienstes und des Akkreditierungsrates wurden Studierendenvertreter, Sozialpartner und Vertreter des Deutschen Studentenwerks in die Entwicklung dieser Ziele und Merkmale einbezogen. In ihrer Bedeutung für duale Studiengänge sind die benannten Ziele und Merkmale unterschiedlich zu gewichten.

Die Neustrukturierung des Studiums in zwei Studienabschnitte durch die Einführung von Bachelor- und Masterabschlüssen brachte sicherlich die extremste Veränderung des deutschen Hochschulsystems mit sich. Dieser Prozess hatte große Auswirkungen auf die Konzeption und den Ablauf dualer Studiengänge. Seit seiner Einführung beeinflusst der Bologna-Prozess die Akteurskonstellationen zwischen Unternehmen, Hochschulen bzw. Berufsakademien und Berufsschulen auf der Meso-Ebene dualer Studiengänge maßgeblich. Zentral sind hierbei natürlich die Neuerungen im Studienverlauf. Die Umstellung brachte eine deutliche zeitliche Verkürzung des Studienablaufs bis zum ersten berufsqualifizierenden Hochschulabschluss mit sich. Während der frühere Diplom-Abschluss in den meisten Studiengängen eine Regelstudienzeit von acht bis zehn Semestern betrug (je nach Hochschulart variierend) und das Vordiplom dabei kein berufsqualifizierendes Zertifikat darstellte, darf die Regelstudienzeit für den Bachelor höchstens vier Jahre, für den Master zwei Jahre betragen. Die Organisatoren bestehender dualer Studiengänge sind seit der Einführung des neuen Abschlusssystems damit konfrontiert, die Berufsausbildung und das Studium in einen noch kürzeren zeitlichen Rahmen zu fassen. Berufsakademien haben durch die Aufwertung der Abschlüsse im tertiären Sektor an Bedeutung gewonnen. Gleichzeitig mussten sie ihre institutionellen Strukturen an die Strukturen des Hochschulsystems anpassen. Für Unternehmen und Studierende dualer Studiengänge bedeutet es zudem, dass die Gliederung des Studiums in zwei Zyklen, nach dem Bachelorabschluss automatisch die Frage nach der Weiterqualifizierung durch ein Masterstudium mit sich bringt.

Außerdem hat die Umstellung auf modularisierte Stoffgebiete eine veränderte zeitliche und thematische Gliederung des Studiums mit sich gebracht. Studienverlaufspläne mussten an diese neuen Strukturen mit dem Einverständnis aller beteiligten Akteure angepasst werden. Da jedes Modul mit einer Prüfung abgeschlossen werden muss, haben die Prüfungstermine innerhalb eines Studiums deutlich zugenommen. Das erfordert eine neue Koordination bei der Abstimmung von Prüfungen innerhalb der Berufsausbildung mit denen innerhalb des Studiums. Das beinhaltet eine starke inhaltliche und zeitliche Rahmung des gesamten hochschulischen Teils des dualen Studiums. Die Einführung des Leistungspunktesystems soll die Transparenz der Studieninhalte und die Überprüfung bzw. Vergleichbarkeit von Leistungen ermöglichen. Die Leistungspunkte sollen die Arbeitsbelastung der Studierenden innerhalb des Studiums widerspiegeln. Daher müssen Hochschulen und Berufsakademien bei der Erstellung von Studienplänen dualer Studiengänge heute viel stärker darauf achten, ob die Studierenden die Anforderungen überhaupt leisten können.

Die Förderung der Qualitätssicherung auf institutioneller, nationaler und europäischer Ebene als zentrales Ziel des Bologna-Prozesses hat in Deutschland relativ zeitgleich mit der Einführung der ersten Bachelor- und Masterstudiengänge zu der Entwicklung eines Akkreditierungssystems für Studiengänge geführt, welches von der KMK 1998 beschlossen wurde und als Resultat aus den strukturellen Veränderungen zur Etablierung eines europäischen Hochschulraums hervorging. Bereits Ende November 1999 verabschiedete der im Juni gegründete Akkreditierungsrat „Mindeststandards und Kriterien für die Zertifizierung von Akkreditierungsagenturen und die Akkreditierung von Studiengängen mit Bachelor- und Masterabschlüssen". (Kaufmann 2012: 83) Im März 1999 verabschiedete die KMK die Strukturvorgaben für die Bachelor- und Masterstudiengänge. Erst bei der HRK, dann bei der KMK angesiedelt, ist der Akkreditierungsrat seit 2005 als eigenständige Stiftung anzusehen. Damit wurde ein Kontroll- und Steuerungsinstrument für die Zulassung von Studiengängen geschaffen, das die Entwicklung und Umsetzung dualer Studiengänge in erheblichem Maße reguliert und für deren Qualitätssicherung verantwortlich ist. Heute sind sowohl Akkreditierungen einzelner Studiengänge als auch Systemakkreditierungen möglich, die hochschulinterne Qualitätssicherungssysteme insgesamt bewerten. (vgl. Kaufmann 2012)

Die geforderte stärkere Fokussierung auf die Berufsfähigkeit und Berufsqualifizierung in Studiengängen passt sehr gut mit der Grundidee dualer Studiengänge – Theorie und Praxis stärker miteinander zu verzahnen – zusammen. So stellt insbesondere das ausbildungsintegrierende duale Studium geradezu ein Paradebeispiel für die Verbindung von theoretischem Wissen und praktischen Anteilen dar. Dieses formulierte Ziel hat sicherlich zu einer besseren Akzeptanz dualer Studiengänge im Hochschulsektor geführt. Seit 2005 nimmt die Anzahl aller Formen des dualen Studiums – praxisintegrierend, ausbildungsintegrierend, berufsbegleitend und berufsintegrierend – von Jahr zu Jahr zu.

Bei der Einbettung des Konzeptes des lebenslangen Lernens in das Hochschulsystem als zentrales Ziel des Bologna-Prozesses bieten duale Studiengänge verschiedene Möglichkeiten der beruflichen Weiterbildung und stellen somit ein Instrument zur Zielerreichung dar.

Abschließend bleibt festzuhalten, dass drei wesentliche Aspekte des Bologna-Prozesses für die Umsetzung dualer Studiengänge relevant sind – veränderte Studienstruktur, Modularisierung und Leistungspunktesystem. Die Einführung dieser Elemente führte nicht zu einer *bloßen Umetikettierung* (vgl. Heinrichs 2010: 61), sondern zu einer Neustrukturierung vorhandener dualer Studiengänge und zu einem Umdenken bei der Entwicklung neuer dualer Studiengänge, insbesondere bei der inhaltlichen und zeitlichen Abstimmung von Lernorten und Lerninhalten. Die verkürzte Studiendauer ist dabei für die zentralen, beteiligten Akteure eine besondere Herausforderung. Die Unternehmen müssen zwar einerseits weniger in die Ausbildungs- und Studienzeit der dual Studierenden investieren, andererseits hat die kürzere Studienzeit eine Straffung der Praxisanteile im Unternehmen ausgelöst. Von den Hochschulen und Berufsakademien wird gefordert, theoretische Lerninhalte zeitlich anzupassen. Außerdem müssen Fachhochschulen und Universitäten neue Angebote für duale Masterstudiengänge schaffen. Die Berufsakademien profitieren von der Umstrukturierung des Hochschulsystems insofern, als dass sie durch die Aufwertung der Abschlüsse auf akademisches Niveau als logische Konsequenz Bolognas eine Attraktivitätssteigerung sowohl für Unternehmen als auch für dual Studierende erfahren haben. Damit treten sie als Anbieter dualer Studiengänge stärker in Konkurrenz zu den traditionellen Institutionen der Hochschulbildung.

4.2.2 Das deutsche Akkreditierungssystem – strukturschaffendes und strukturprüfendes Steuerungsinstrument im Hochschulsystem

Das Akkreditierungssystem in Deutschland als Folgeentwicklung des Bologna-Prozesses soll der Qualitätssicherung und -verbesserung von Studium und Lehre dienen. Die Schaffung dieses Qualitätssystems für Hochschulen und Studiengänge ist eine besondere Form von Governance und beinhaltet als Reaktion auf die Einführung neuer Studienstrukturen und Abschlüsse grundlegende Veränderungen in der hochschulpolitischen Ordnung (vgl. Mayntz 2009: 11). Wie das Hochschulsystem an sich ist das Akkreditierungssystem auf mehreren Ebenen verortet und die beteiligten Akteure haben unterschiedliche Zuständigkeiten. Seit der Einführung der gestuften Studienstruktur in Form von Bachelor- und Masterstudiengängen bildet die Akkreditierung die Voraussetzung für die staatliche Genehmigung von Studiengängen. Die Grundstruktur wurde durch die Zusammenarbeit von Hochschulrektorenkonferenz und Kultusministerkonferenz auf Bundesebene entwickelt.

Durch Beschluss der KMK im Dezember 1998 wurde die Einrichtung eines Akkreditierungssystems[29] festgelegt und der Akkreditierungsrat[30] als Gremium existiert seit 1999. Im Rahmen des Beschlusses der ländergemeinsamen Strukturvorgaben für die Akkreditierung von Bachelor- und Masterstudiengängen (Beschluss 10.10.2003 i. d. F. vom 04.02.2010)[31] wurden zentrale Eckpunkte formuliert, die für die Entwicklung sowohl von Regel- als auch dualen Studiengängen maßgeblich sind:

Tabelle 4.2 Zentrale Eckpunkte für die Entwicklung von Studiengängen:

- Studienstruktur und Studiendauer
- Zugangsvoraussetzungen und Übergänge
- Studiengangprofile
- Konsekutive und weiterbildende Masterstudiengänge
- Abschlüsse
- Bezeichnung der Abschlüsse
- Modularisierung, Mobilität und Leistungspunktesystem
- Gleichstellungen der Abschlüsse

Akkreditierungsrat, Stiftungsrat und die dazugehörige Geschäftsstelle bilden als zentrale Einrichtung die Stiftung zur Akkreditierung von Studiengängen in Deutschland. Kriterien-, Verfahrens- und Entscheidungsregeln entwickelte der Akkreditierungsrat auf Basis von Standards[32], die auf europäischer Ebene zur Schaffung eines europäischen Bildungsraums festgelegt wurden. Bestellt werden diese Gremien durch die KMK und HRK. Ihre zentrale Aufgabe besteht darin, die Akkreditierung der Akkreditierungsagenturen durchzuführen. Momentan gibt es fünf akkreditierte Akkreditierungsagenturen, die für die Akkreditierung der im Projekt untersuchten dualen Studiengänge relevant sind: ASIIN, FIBAA, ACQUIN, AQAS und ZEvA. Für die Hochschulen und Berufsakademien besteht die Möglich-

---

29   http://typo3.akkreditierungsrat.de/fileadmin/Seiteninhalte/AR/Abbildungen/AR_
     Schaubild_System.pdf: 28.11.2014, 11:30 Uhr

30   Als Gremium muss der Akkreditierungsrat die Voraussetzungen für die Funktions-
     fähigkeit des Akkreditierungssystems entwickeln und regelt in diesem Kontext die
     Kriterien und Verfahren der Akkreditierung. Die Aufgabenbereiche dieses Gremiums
     sind im Akkreditierungs-Stiftungs-Gesetz unter § 2 formuliert.

31   http://www.akkreditierungsrat.de/fileadmin/Seiteninhalte/KMK/Vorgaben/KMK_
     Laendergemeinsame_Strukturvorgaben_aktuell.pdf: 12.11.2014, 22:00 Uhr.

32   Vgl. Standards and Guidelines for Quality Assurance in the European Higher Education
     Area (ESG), http://www.enqa.eu/wp-content/uploads/2013/06/ESG_3edition-2.pdf:
     04.12.2014, 18:00 Uhr.

keit, zwischen zwei wesentlichen Akkreditierungsformen zu wählen – Programmakkreditierung (Gegenstandsbereich: Studiengänge) und Systemakkreditierung
(Gegenstandsbereich: interne Qualitätssicherungssysteme der Hochschulen).
    In einem Beschluss des Akkreditierungsrats vom 10.12.2010[33] wurden Hand-
reichungen zur Akkreditierung von *Studiengängen mit besonderem Profilanspruch*
formuliert, die zusätzliche Anforderungen an die Konzeption dualer Studiengänge
stellen. Hier werden auch duale Studiengänge thematisiert und Regelungen bezüglich ihrer Akkreditierung konkretisiert. So werden unter dem Punkt 2 auch die
veränderten Zugangsmöglichkeiten für Studierende berücksichtigt, die bei dieser
sehr berufsbezogenen Studienform häufig nicht-traditionell durch die Unternehmen
bestimmt werden. Der Akkreditierungsrat sieht hier vor, dass diese Beteiligung der
Unternehmen dokumentiert und für die Akkreditierung nachvollziehbar sein muss.
Andere relevante Bereiche wie die Anrechnung außerhochschulischer Leistungen
werden in diesem Beschluss allerdings für duale Studiengänge nicht behandelt und es
wird auf die Vorgaben der Beschlüsse der Kultusministerkonferenz zur Anrechnung
außerhochschulisch erworbener Qualifikationen und Kompetenzen[34] verwiesen.
Hier ist sicherlich noch Handlungsbedarf auf Seiten des Akkreditierungsrates zu
beobachten und eine strukturelle Anpassung an die besonderen Gegebenheiten
wünschenswert. Für die Studienganggestaltung inklusive Betreuung und Beratung
werden ganz klar Besonderheiten des Lernumfeldes berücksichtigt und die Hochschulen werden dazu aufgefordert, ein Studienkonzept für die Organisation der
Theorie- und Praxisphasen bei der Akkreditierung vorzulegen. Außerdem müssen
zur Qualitätssicherung und Weiterentwicklung nachhaltige lernortübergreifende
Maßnahmen zur Sicherung des Lehrangebots geschaffen werden. Insgesamt führt
das zu gesteigerten Anforderungen an die Entwicklung dualer Studienmodelle,
weil zusätzliche Kriterien erfüllt werden müssen.
    Bei der Untersuchung dualer Studiengänge zeigte sich, dass die Akkreditierungen
an den Hochschulen bzw. Berufsakademien unterschiedlich erfolgten, was auch
immer abhängig von der Struktur des Studienmodells (vgl. Kapitel 6) ist.

---

33 http://www.akkreditierungsrat.de/fileadmin/Seiteninhalte/AR/Beschluesse/AR_
    Handreichung_Profil.pdf
34 vgl.http://www.kmk.org/fileadmin/veroeffentlichungen_beschluesse/2008/2008_
    09_18-Anrechnung-Faehigkeiten-Studium-2.pdf: 16.06.2014, 10.00 Uhr

4.3   Strukturen und Akteure von Hochschul- und Berufsbildung

Die Formulierung von Makro-, Meso- und Mikro-Strukturen des „dualen Studiums"
setzt eine Betrachtung von Regelstrukturen, Steuerungs- und Koordinierungsme-
chanismen auf der Makro-, Meso- und Mikro-Ebene zweier Mehrebenensysteme[35]
der Bildung voraus – dem der Berufsbildung und dem der Hochschulbildung. Zum
einen haben sie als Subsysteme des Bildungswesens in Deutschland zentrale gesellschaftliche Funktionen: Enkulturation, Qualifikation, Allokation, Legitimation und
Integration. Zum anderen übernehmen sie individuelle Funktionen – kulturelle Teilhabe und Identität, Berufsfähigkeit, Lebensplanung, soziale Identität und politische
Teilhabe – und sollen zur Handlungsfähigkeit jedes Einzelnen beitragen (vgl. Fend
2006). Eigentlich übernehmen Hochschulbildung und Berufsbildung im Hinblick
auf ihre gesellschaftliche Funktion, „Qualifikationen zu vergeben" und die individuelle Funktion „Berufsfähigkeit zu schaffen", unterschiedliche Bildungsaufträge.
Während die Hochschulbildung auf gesellschaftlicher Ebene für die Produktion
akademischer Titel und auf individueller Ebene für die Vermittlung theoretischen
Wissens verantwortlich ist, übernimmt die Berufsbildung auf gesellschaftlicher
Ebene die Funktion, Berufsabschlüsse zu vergeben und die Berufsfähigkeit von
Individuen durch praxisorientiertes Erfahrungswissen zu stärken.

Für die Steuerung beider Systeme ergeben sich maßgebliche Unterschiede, die
eine Gegenüberstellung der formalen Ebenen erforderlich machen. Mehrebenensysteme des Bildungswesens sind durch hierarchische Strukturen geprägt, die
eine Machtdifferenz zwischen den Ebenen hervorrufen (vgl. Kussau / Brüsemeister
2007: 32). Diese Gegebenheiten beeinflussen Akteurskonstellationen und Handlungskoordinationen im dualen Studium.

---

35   Die inhaltliche Dimension von Mehrebenensystemen ist der formale, rechtliche Aufbau
     einer Institution. Die Akteure erbringen verschiedene Leistungen und Funktionen (vgl.
     Kussau / Brüsemeister 2007).

Tabelle 4.3 Rechtliche Rahmenbedingungen von Hochschul- und
Berufsbildungssystem

Ebene	Duales System als Teil des Berufsbildungssystems	Hochschulsystem
Bund	Berufsbildungsgesetz (BBiG) Handwerksordnung (HwO)	Keine wirklichen Bundeskompetenzen; Hochschulrahmengesetz zur Regelung des Hochschulwesens (HRG); Koordination der Länder findet in der Kultusministerkonferenz statt.
Länder	Schulgesetze der Länder zur Berufsschulpflicht; Berufsakademiengesetze verschiedener Länder	Landeshochschulgesetze, die nur in einigen Bundesländern die Berufsakademien berücksichtigen.

Quelle: eigene Darstellung

Die Unterscheidung zentraler formaler Ebenen des Hochschul- und Berufsbildungssystems ist die Grundlage für eine spätere governance-theoretische Analyse.
Nur dann kann man verstehen, weshalb duale Studiengänge in bestimmter Weise
organisiert und koordiniert werden, sich daraus beispielsweise bei der Abstimmung
von Lerninhalten und -orten ganz unterschiedliche Akteurskonstellationen ergeben
und Probleme bei der Handlungskoordination auftreten. Diese formalen Ebenen
sind sowohl auf der Makro- als auch auf der Meso-Ebene zu verorten. Ein erster
Vergleich der Akteure auf der Makro-Ebene zeigt, dass sich auch aufgrund der
föderalen Strukturen im Bildungsbereich unterschiedliche Zuständigkeits- bzw.
Kompetenzbereiche von Bund und Ländern im Hinblick auf gestaltungsrelevante
Gesetze beobachten lassen.

4.3.1 Bildungspolitische Strukturen und Akteure der Hochschulbildung (Makro-Ebene)

Für das Hochschulsystem sind die maßgeblichen gesetzlichen Regelungen in
den Landeshochschulgesetzen formuliert. Damit liegt die Bildungshoheit bei der
Landeshochschulpolitik. Sie beeinflusst in starkem Maße die Implementierung
neuer Steuerungsinstrumente, gestaltet die finanziellen Rahmenbedingungen
und die Bundesländer stellen den bedeutenden Teil der Ressourcen für Hochschulen zur Verfügung (vgl. Bogumil et al. 2013: 213). Dem Bund kommt bei der
Gesetzgebung im Hochschulsystem eine sehr eingeschränkte Steuerungsfunktion
zu, indem er für die Formulierung des Hochschulrahmengesetzes zur Regelung

des Hochschulwesens zuständig ist. Dieses erst 1976 eingeführte Gesetz sollte ursprünglich einen länderübergreifenden bundeseinheitlichen Rahmen für die Aufgabenbeschreibung der Hochschulen, für die Zulassung zum Studium und die innere Organisation von Hochschulen schaffen. In der Föderalismus-Debatte von 2004 sahen die Länder beim Hochschulrahmengesetz eine deutlich Kompetenzüberschreitung des Bundes. Daraus folgte, dass der Bund im Jahr 2006 seine Kompetenzen weitgehend an die Länder übertrug und keine wirkliche steuernde und gestaltende Funktion bei der Entwicklung von Studiengängen übernimmt. Mit der Regelung der Hochschulzulassung und der Hochschulabschlüsse hat er nur noch zwei Zuständigkeitsbereiche (vgl. Heinrichs 2010). Hochschulreformen und inhaltliche Neuordnungen von Studiengängen werden auf den Kultusministerkonferenzen durch die Länder abgestimmt. In den Landeshochschulgesetzen ist verankert, welche Bildungseinrichtungen als Hochschulen bzw. Fachhochschulen zu bezeichnen sind, welche Aufgaben diese Bildungseinrichtungen zu erfüllen haben und wie sie organisiert sein müssen. Damit definieren die Länder übergeordnet den Bildungsauftrag hochschulischer Institutionen. Verschiedene Hochschulreformen auf nationaler und europäischer Ebene haben zu strukturellen Veränderungen auf der institutionellen Ebene des Hochschulsystems innerhalb Deutschlands geführt. Zudem beinhalteten sie auch immer wieder ein Neudenken bei der organisatorischen und inhaltlichen Ausrichtung von Studiengängen.

4.3.2 Hochschulen und Berufsakademien als zentrale Akteure der Hochschulbildung (Meso-Ebene)

Versteht man das Hochschulsystem governance-theoretisch als Mehrebenensystem, stellt man schnell fest, dass Regelsysteme, finanzielle Mittel für die Umsetzung dualer Studiengänge und generelle staatliche Anforderungen bei den verschiedenen Formen von Hochschulen stark voneinander abweichen, die Steuerungsmechanismen innerhalb der komplexen Strukturen zum Teil weit auseinandergehen und auch die innere Organisation stellt sich, z. B. extrem bei dem Vergleich von Universität und Berufsakademie, ganz unterschiedlich dar. Zum einen spielen die im Vorfeld beschriebenen bildungspolitischen Rahmenbedingungen eine große Rolle. Zum anderen sind die unterschiedlich definierten Bildungsaufträge der beteiligten Universitäten, Hochschulen bzw. Berufsakademien für die Entwicklung dualer Studiengänge relevant.

Die inhaltliche Gestaltung von Studienordnungen und -plänen auf institutioneller Ebene findet in Abstimmung mit den zuständigen Ministerien auf Landesebene statt und basiert auf einem Bildungsauftrag, der nach dem *Wissenschaftsprinzip*[36] funktioniert und in seiner gesellschaftlichen Funktion akademische Qualifikationen vermitteln soll, die die Absolventinnen und Absolventen auf ihre spätere berufliche Tätigkeit vorbereiten. Traditionell stand bei der hochschulischen Bildung eine Verschmelzung von Forschung, Lehre und Bildung im Vordergrund[37]. Schließlich wurde im Zuge der Hochschulexpansion neben den Universitäten der Hochschultyp „Fachhochschule" Anfang der 70er Jahre entwickelt, um die Studierenden durch eine stärkere Praxisorientierung auf ihre spätere berufliche Tätigkeit vorzubereiten. Dies manifestierte sich in den Studienordnungen ganz deutlich in Form von Praxissemestern. Daraus folgte eine stärkere Zusammenarbeit mit Unternehmen. Neben dem Wissenschaftsprinzip wurde das *Situationsprinzip*[38] in die Entwicklung von Lehrplänen immer mehr mit einbezogen und es kam zu einer *kategorialen Segmentierung der Hochschullandschaft* (in Anlehnung an Kreckel 2010: 241), die eine ganz klare Trennung von Praxis- und Theoriebezug innerhalb der Institutionen Universität und Fachhochschule beinhaltete. Der Bologna-Prozess kippte diese inhaltlichen Abgrenzungen der Institutionen und forderte mit der Implementierung neuer Abschlüsse generell eine stärkere Praxisorientierung sowohl im universitären als auch im fachhochschulischen Studium (vgl. Kapitel 6).

Zudem brachte der Bologna-Prozess eine Aufwertung der früher eher als „*Ausbildungsgänge*" bezeichneten Studiengänge an Berufsakademien mit sich. Den Titel Master dürfen die Berufsakademien aufgrund mangelnder Forschung allerdings nach wie vor nicht vergeben. Ihre inhaltliche Ausrichtung war noch stärker als bei den Fachhochschulen an praxisrelevante Aspekte gekoppelt, während Forschung und Wissenschaft eigentlich kein Thema waren.

Diese differenten institutionellen Strukturen, in die die Akteure der Hochschulbildung eingebunden sind, beeinflussen auch heute die Entwicklung und Umsetzung dualer Studiengänge. Daher wurden in dem DUAL-Projekt vier verschiedene Hochschularten, die duale Studiengänge anbieten, in die Analyse mit einbezogen, um Unterschiede ausmachen zu können. Sowohl die untersuchten Hoch- und Fachhochschulen als auch die Berufsakademien sind als tertiärer Bereich des Schul- und Bildungssystems zu verorten. Die privaten Fachhochschulen sind staatlich anerkannt und in privater Trägerschaft (z. B. finanziert durch beteiligte

---

36   Die Entwicklung von Curricula findet in der Form statt, dass Lehr-/Lerninhalte aus wissenschaftlichen Systematiken und Kernbeständen abgeleitet werden. Daraus resultierende Studienordnungen orientieren sich an einer Wissenschaftsdisziplin, um Studienfächer zu konstruieren (vgl. Clement 2007: 210).

37   Vgl. Kopetz (2002: 35 ff.) zur humboldtschen Universitätsidee.

38   Eine stärkere Situationsorientierung beinhaltet eine Bezugnahme auf die berufliche Praxis innerhalb der Lehrpläne (vgl. Clement 2007: 210).

Unternehmen), die berechtigt sind, akademische Grade zu vergeben, wohingegen staatliche Fachhochschulen und Universitäten in öffentlicher Trägerschaft sind. Bei den Berufsakademien ergeben sich Unterschiede: Je nach den Berufsakademie-bzw. Hochschulgesetzen der einzelnen Länder gibt es staatliche Berufsakademien (z. B. Baden-Württemberg seit 2009) oder staatlich anerkannte Berufsakademien in privater Trägerschaft (z. B. Niedersachsen). „Die Hochschulen in privater (oder kirchlicher) Trägerschaft stehen zu ihren Trägern in einem ähnlichen Rechtsverhältnis wie die staatlichen Hochschulen zu den Ländern. Allerdings hat auch hier der Staat indirekt ein Mitspracherecht, wenn nämlich die private oder kirchliche Hochschule eine staatliche Anerkennung beantragt." (Heinrichs 2010: 25) Das Hochschulrecht regeln die Bundesländer in eigener Zuständigkeit, und das führt sowohl bei der Gestaltung dualer Studiengänge insbesondere der Studiengangorganisation als auch bei der Vergabe von Abschlüssen zu verschiedenen Handlungsoptionen auch im Hinblick auf die Abstimmung mit den anderen beteiligten Akteuren.

4.3.3   Hochschulen: Positionen zentraler Akteure (Mikro-Ebene)

Gehandelt wird in den Akteurskonstellationen der dualen Studiengänge nicht von den zusammengesetzten Akteuren, sondern von Personen, die die zusammengesetzten Akteure vertreten. Die Akteure begegnen uns in *sozialen Positionen*[39], in der Regel in Stellen in korporativen Akteuren, also in Organisationen. Man könnte nun eine umfangreiche, nicht abschließende Liste von Positionen aufstellen, die prinzipiell qua Position mit Studiengängen zu tun haben (etwa Mitglieder des Wissenschaftsrates). Wir beschränken uns aber auf die Positionen, die wir aufgrund unserer empirischen Erhebung nachweisen können, die in einem der untersuchten 20 Studiengänge eine Rolle gespielt haben.

Ministerialverwaltungen: In der aktuellen Untersuchung von Bogumil et al. (2013a) zum „Umsetzungsstand und (den) Bewertungen der neuen Steuerungsinstrumente in deutschen Universitäten" wird konstatiert, dass „eine tiefgehende Schwächung des Mechanismus der staatlichen Regulierung nicht beobachtet werden" kann (2013a: 61). Besonders aktiv sind die Ministerialverwaltungen im Bereich der wettbewerblichen Steuerung (Bogumil et al. 2013a: 53 ff.). Dieses Steuerungsinstrument wurde auch zur Entstehung von dualen Studiengängen genutzt.

---

39   Vgl. das lexikalische Stichwort „Position" im Wörterbuch der Soziologie (Endruweit et al. (Hrsg.) 2014: 360).

Hochschule DUAL: In Bayern sind durch die Dachmarke hochschule dual einige soziale Positionen geschaffen worden, die für die Entwicklung und Umsetzung dualer Studiengänge in Bayern relevant sind.

> Die Dachmarke hochschule dual bündelt alle dualen akademischen Studienangebote der bayerischen Hochschulen für angewandte Wissenschaften. Als Initiative von Hochschule Bayern e. V. koordiniert hochschule dual hochschulübergreifend die Weiterentwicklung des dualen Studiums in Bayern.[40]

Es gibt eine Zentrale in München mit einem von einem Hochschulpräsidenten geführten Team, einer Arbeitsgruppe (mit vier Hochschulpräsidenten und der Geschäftsführerin) sowie einem Beirat aus Wirtschaftsvertretern und einem Hochschulpräsidenten. Außerdem sind Koordinierungsstellen an den einzelnen Hochschulen errichtet worden.

> *Vieles hat vorher bei den Fakultäten gelegen und häufig hat in der Vergangenheit die Kommunikation zwischen den Fakultäten, den Professoren und den Unternehmen nicht immer funktioniert und die Unternehmen haben sich häufig alleine gelassen gefühlt. Seitdem es die Koordinierungsstellen an den Hochschulen gibt, hat sich die Kommunikation verbessert. (Fall E, Interview 6, § 40)*

Gesellschafter: Bei Berufsakademien oder privaten Hochschulen können die Gesellschafter oder ihre Vertretung eine wichtige Rolle spielen. In unseren Untersuchungsfällen waren Unternehmen (z. B. Banken, Industrieunternehmen) Gesellschafter. Hier können wichtige Entscheidungen fallen, die die bildungspolitische Ausrichtung dieser Institutionen der tertiären Bildung betreffen. So sind auch die Entscheidungen pro ausbildungsintegrierende duale Studiengänge an den von uns untersuchten Fällen, wo die Studiengänge von privaten, aber staatlich anerkannten Berufsakademien bzw. Hochschulen durchgeführt wurden, mit von den Gesellschaftern ausgegangen.

Hochschulleitungen: Nach Bogumil u. a. gehören die Hochschulleitungen zu den Gewinnern der Umsetzung der sogenannten Neuen Steuerung in den Universitäten (2013a: 66). Ob dies bei den von uns hauptsächlich untersuchten Fachhochschulen und Berufsakademien – im Sample befindet sich nur ein dualer Studiengang an einer Universität – auch der Fall ist, können wir nicht beurteilen. In unserem „Universitätsfall" agiert ein Rektor als Bremser der Etablierung eines dualen Studiengangs, in den anderen Fällen treten die Präsidenten der Fachhochschulen gar nicht oder

---

40   http://www.hochschule-dual.de/aktuelles/jobangebote/index.html, Abruf: 03/2014

als Unterstützer dualer Studiengänge auf, in einem Fall aber hat der Rektor maßgeblichen Einfluss auf die Etablierung dualer Studiengänge. „Beauftragte" für das
duale Studium werden in einigen Hochschulen den Fachbereichen übergeordnet und
– z. B. als „Beauftragter für das Kooperative Studium mit integrierter Ausbildung"
– wie andere Beauftragte (bspw. Ausländerbeauftragte usw.) der Hochschulleitung
zugeordnet. Ein „Koordinator Duale Studiengänge" gehört zu der „Transferstelle"
der Fachhochschule und ist damit der Hochschulleitung untergeordnet.

Fakultäten: Für das duale Studium relevante soziale Positionen sind nicht zuletzt
in den Fakultäten der Hochschulen angesiedelt.

> *Ja aber da sehen Sie mal auch an der Hochschule, es ist dezentralisiert. Die*
> *Fakultäten sind eigene Institutionen. Das ist eben auch unser großes Dilem-*
> *ma, auch gerade bei dem dualen Studium ist das ein Dilemma, dass wenn*
> *die Zentrale[41] z. B. etwas vorschlägt, darstellt oder wie auch immer oder auch*
> *versucht, was Neues einzuführen, die Fakultät dafür zu begeistern und mit-*
> *zuziehen, damit die mitzieht, das ist schwierig, weil die einfach so eine starke*
> *und dezentrale Position hat. (Fall E, Hochschule I, § 37)*

Hier sind die Dekane zu nennen, sodann die Beauftragten für duale Studiengänge
für einzelne Fakultäten oder gar Fachgebiete (Professoren oder wissenschaftliche
Mitarbeiter) und natürlich die Professoren, die als Fakultätsratsmitglied oder als
Lehrende „mitziehen" müssen. Und schließlich die Studierenden, von denen im
dualen Studium große Leistungsbereitschaft und Leistungsfähigkeit erwartet wird
(Krone / Mill 2012: 10 ff.) und deren Ausstieg aus dem Studium die Proponenten
dualer Studiengänge fürchten:

> *(...) wenn wir da 30 Prozent Durchfallquote hätten, das wäre das Ende des*
> *Modells. (Fall T, Dekan und Beauftragter für das duale Studium der Fakultät*
> *Wirtschaft in der Gruppendiskussion, § 387)*

4.3.4   Bildungspolitische Strukturen und Akteure der Berufsbildung (Makro-Ebene)

Bei der dualen Berufsausbildung zeigt sich ein ganz anderes Bild, wenn man die
gesetzlichen Rahmenbedingungen betrachtet. Sowohl Bund als auch Länder haben
klare Kompetenzbereiche bei der Gesetzgebung und Verteilung von Ressourcen. Das

---

41   Gemeint ist die Zentrale der Dachmarke hochschule dual in Bayern

Berufsbildungssystem zeichnet sich durch eine komplexe Beteiligungsstruktur unterschiedlich verorteter Akteure aus. Schaut man sich die duale Berufsausbildung als zentrales Teilsystem an, ist zu beobachten, dass aufgrund der lernortverknüpfenden Struktur für die Vermittlung von Theorie und Praxis neben Schulen und Schulverwaltungen auch Kammern und Innungen, außerschulische Bildungseinrichtungen und Betriebe bestimmte Kompetenz- und Zuständigkeitsbereiche übernehmen. Die Entwicklung von Curricula und rechtlichen Rahmenbedingungen erfolgt über Verhandlungsprozesse zwischen Bildungspolitikern, Arbeitsmarktexperten, Gewerkschaften und Arbeitgeberorganisationen. Gesetzliche Regelungen sind sowohl auf Bundes- als auch Landesebene zu finden. So zielt die Vermittlung von berufsbildenden Lern- und Lehrinhalten sowohl auf die Erweiterung der Optionen und Kompetenzen von Individuen als auch auf die Verwertbarkeit der erworbenen Qualifikationen auf dem Arbeitsmarkt ab (Clement 2007: 209).

Das duale System der Berufsausbildung, welches in die Organisation dualer Studiengänge implementiert wurde, stellt sich ebenfalls als Mehrebenensystem dar, aber unterliegt anderen Steuerungsmechanismen. Es wird durch das Berufsbildungsgesetz (BBiG) und die Handwerksordnung (HWO) auf Bundesebene geregelt. Die Ausbildungsordnungen der jeweiligen Ausbildungsberufe sind Resultate eines Aus- und Verhandlungsprozesses zwischen Arbeitnehmern, Arbeitgebern und Staat (vgl. Clement 2007). Der Bildungsauftrag mit Berücksichtigung des *Wissenschafts- und Situationsprinzips* wird auf die Unternehmen und die Berufsschulen verteilt. Das BBiG beinhaltet z. B. verschiedene ausbildungsrelevante Inhalte wie Vergütungsstrukturen während der Ausbildungszeit, Eignung von Ausbildungsstätten, Lernorte der Berufsbildung oder Rechte und Pflichten der Auszubildenden. Damit legt es die strukturellen Rahmenbedingungen fest, die für eine Ausbildung notwendig sind. Des Weiteren regeln BBiG und HwO gesetzlich (§ 43 Abs. 2 BBiG und § 36 Abs. 2 HwO), in welchen Fällen Absolventen zu einer externen Prüfung zugelassen werden können. Dabei kommt der für die Prüfung zuständigen Stelle – also den Industrie und Handelskammern oder den Handwerkskammern – ein Ermessensspielraum zu. Empfindet sie die Voraussetzungen als gegeben, hat der Antragsteller einen Anspruch auf Zulassung.

4.3.5   Zentrale Akteure der dualen Berufsausbildung (Meso-Ebene)

Die duale Berufsausbildung als wesentlicher Aspekt der von uns untersuchten ausbildungsintegrierenden dualen Studiengänge steht und fällt mit den Unternehmen, die Schulabgänger ausbilden. Wie oben bereits bemerkt, orientiert sich das

Ausbildungsplatzangebot der Unternehmen an ihrem vermuteten Fachkräftebedarf zur Realisierung der Erwerbschancen, die Marktlagen bieten. Es gibt deshalb für Schulabgänger keine Ausbildungszugangsberechtigung, die sie – analog zur Hochschulzugangsberechtigung – durch einen Schulabschluss erwerben können. Die Unternehmen sind für den praktischen Teil der Ausbildung verantwortlich und unterliegen als Ausbildungsstätte den gesetzlichen Rahmenbedingungen nach BBiG. Gestaltungsmöglichkeiten haben sie strukturell gesehen nur in der praktischen Phase und das in begrenztem Maße: Ausbildungsinhalte und -zeiten sind je nach Beruf festgelegt. Die Unternehmen sind für die Finanzierung der betrieblichen Ausbildung verantwortlich, sofern ein Ausbildungsvertrag vorliegt. Schaut man sich die Unternehmen und deren innere Organisation an, zeigt sich, dass sie intern sehr unterschiedliche Strukturen aufweisen, zum Beispiel, was Personalorganisation und -entwicklung betrifft.

Als zentraler institutioneller Akteur und Lernort der Berufsausbildung ist die Berufsschule zu nennen, die laut der Rahmenvereinbarung über die Berufsschule vom 15.03.1991 mit den Ausbildungsbetrieben einen gemeinsamen Bildungsauftrag erfüllt und in diesem Kontext für die Vermittlung der allgemeinen und beruflichen Lerninhalte unter besonderer Berücksichtigung der Anforderungen der Berufsausbildung verantwortlich ist (Beschluss der KMK 15.03.1991: 2).[42]

Damit stellt sie einen zentralen Lernort beruflicher Bildung dar. Die Kosten für die Errichtung und Ausstattung von Berufsschulen werden von den Kommunen getragen. Die Landesschulgesetze regeln in den Bundesländern zum Teil sehr unterschiedlich, wer überhaupt berufsschulpflichtig ist und wer nicht. Bei dual Studierenden tritt die Berufsschulpflicht nicht immer in Kraft, weil sie zum einen nicht immer als Auszubildende im Unternehmen angestellt sind und ihren Berufsabschluss über eine externe Prüfung bei der IHK oder HWK absolvieren und zum anderen sind ältere Studierende in manchen Landesgesetzen zur Schulpflicht vom Schulbesuch oder bei gleichzeitigem Besuch einer Hochschule von der Berufsschulpflicht befreit[43]. Je nach Landesschulgesetz vermitteln die Berufsschulen in diesem Zusammenhang eine fachliche und allgemeine Ausbildung, die die Anforderungen der Berufsausbildung und der Berufsausübung berücksichtigt. So

---

42   http://www.kmk.org/fileadmin/veroeffentlichungen_beschluesse/1991/1991_03_15-Rahmenvereinbarung-Berufsschule.pdf:04.12.2014, 18:05 Uhr

43   Hier ein Beispiel aus NRW:
SchulG NRW § 38, Schulpflicht in der Sekundarstufe II:
Abs. 2: „Wer vor Vollendung des einundzwanzigsten Lebensjahres ein Berufsausbildungsverhältnis beginnt, ist bis zu dessen Ende schulpflichtig."
§ 40 Ruhen der Schulpflicht: Abs. 1: „Die Schulpflicht ruht (…) während des Besuchs einer Hochschule, (…)"

vermittelt die Berufsschule im Kontext der dualen Studiengänge (wenn sie beteiligt ist) die theoretischen Lerninhalte der Ausbildung.

Die IHK und HWK nehmen bei der Betrachtung dualer Studiengänge eine Doppelrolle ein. Zum einen bilden sie die prüfenden Stellen der dualen Ausbildung und zum anderen vertreten sie – finanziert durch Mitgliedsbeiträge der Unternehmen – deren Interessen. Sie haben auch die Entscheidungsbefugnis, ob die Möglichkeit zur externen Prüfung innerhalb des dualen Studiums gegeben ist.

4.3.6 Duale Berufsausbildung: Positionen zentraler Akteure (Mikro-Ebene)

Unternehmen: In den Unternehmen, in denen ausgebildet wird, sind mehrere soziale Positionen für duale Studiengänge relevant. Da sind zunächst diejenigen, die das Direktionsrecht ausüben bzw. an die das Direktionsrecht aufgrund ihrer Stellung in der Hierarchie des Unternehmens delegiert worden ist. In kleinen und mittleren Unternehmen treffen typischerweise die Unternehmer, Geschäftsführer, Direktoren die Entscheidung, ihr Unternehmen an einem dualen Studiengang zu beteiligen. In größeren Unternehmen ist aber oftmals das Personalmanagement entscheidend, manchmal sind es auch Abteilungsleiter, die als Befürworter dualer Studiengänge auftreten. Auch Ausbilder oder – in größeren Betrieben – Ausbildungsleiter gehören zu den im Hinblick auf duale Studiengänge einflussreichen sozialen Positionen.

Für die Auszubildenden sind aber nicht nur ihre Vorgesetzten zuständig, sondern im Rahmen der Mitbestimmung auch die betrieblichen Interessenvertretungen. Wenn ein Betriebsrat besteht, dann ist es die Aufgabe der gewählten Jugend- und Auszubildendenvertretung (JAV), die Interessen der Auszubildenden zu vertreten. Betriebsräte haben in einigen Fällen, darunter in einem von uns untersuchten Fall, die Möglichkeit genutzt, Haustarifverträge mit ihren Unternehmen zugunsten von dual Studierenden zu schließen bzw. in Betriebsvereinbarungen die Anwendung von Tarifverträgen auf dual Studierende zu konkretisieren.

Lehrwerkstätten: Unternehmen, die sich an der dualen Ausbildung beteiligen wollen, aber nicht in der Lage sind, eine einem gewünschten Berufsbild entsprechende umfassende Ausbildung zu gewährleisten, können dafür die Dienstleistung von Lehrwerkstätten in Anspruch nehmen. Die zentralen sozialen Positionen werden von Ausbildungsleitern und Ausbildern besetzt.

Unternehmensverbände: Regionale Zusammenschlüsse von Unternehmen bestimmter Branchen – bspw. der Zweiradindustrie – oder eines bestimmten Gesellschaftstyps – bspw. mit genossenschaftlicher Verfassung – können bei der Entstehung und Umsetzung von dualen Studiengängen eine wichtige Rolle spielen.

Sowohl die sozialen Positionen der Repräsentation dieser Verbände als auch die der Repräsentation von bestimmten dualen Studienangeboten wie die Koordinationsfunktion für duale Studiengänge in einem Bundesland werden von Akteuren aus solchen Unternehmensverbänden wahrgenommen.

Gewerkschaften und Arbeitgeberverbände, die in der überbetrieblichen Regulierung der Arbeitsbeziehungen für Auszubildende eine zentrale Rolle spielen, haben in einigen Fällen (im Organisationsbereich der IG Metall, von verdi und IG BCE) die Arbeitsbeziehungen für dual Studierende tariflich geregelt. Es werden also die entsprechenden sozialen Positionen in diesen Kollektivverbänden zunehmend wichtig.

Berufsbildende Schulen: Wenn die berufsbildenden Schulen an einem ausbildungsintegrierenden dualen Studiengang beteiligt sind, dann wird dort eine komprimierte und selektierte Form des Berufsschulunterrichts betrieben. Dazu ist eine eigene Berufsschulklasse für dual Studierende sinnvoll[44]. Dies bedarf der Unterstützung durch die Schulleitung. Woche für Woche – oder in den Unterrichtsblöcken – haben dann die Berufsschullehrer, die Berufs- oder Wirtschaftspädagogen mit den dual Studierenden zu tun, die in den berufsbildenden Schulen die soziale Position von Schülern innehaben.

Kultusministerien: Die Einrichtung von eigenen Berufsschulklassen für dual Studierende führt immer dann zu erhöhtem Abstimmungsbedarf mit den Zuständigen in einem Kultusministerium, wenn die Klassenstärke eine festgeschriebene Mindestzahl (bspw. 15 Schüler) unterschreitet. Es sind in diesem Fall Genehmigungen erforderlich. Uns wurde von Konflikten mit den Ministerien berichtet.

Kammern: Die Industrie- und Handelskammern und die Handwerkskammern sind bei ausbildungsintegrierenden dualen Studiengängen unverzichtbare Partner. Auszubildende werden je nach Ausgestaltung des Ausbildungsverhältnisses im dualen Studium durch die Kammern geprüft, wenn sie in das Verzeichnis der Berufsausbildungsverhältnisse eingetragen worden sind, oder als Externe durch die Kammer geprüft werden. Neben der sozialen Position der Prüfer stellen die Kammern auch Beschäftigte, die für duale Studiengänge zuständig sind, die die Position der Kammer während der Entstehung und der Umsetzung dualer Studiengänge in der Abstimmung mit der Hochschule, den Unternehmen und ggfs. den berufsbildenden Schulen einbringen, die für duale Studiengänge werben und Sozialforschern für Interviews zur Verfügung stehen.

---

44   Wird aber nicht immer praktiziert.

4.4   Boundary-Spanner – Das Organisationsmitglied an der Grenze (Mikro-Ebene)

Duale Studiengänge stehen vor der Aufgabe einer Integration von Elementen von in Deutschland getrennten Bildungssegmenten. Sie haben aufgrund der mehr oder weniger starken Integration einen hybriden Charakter (Graf 2013). Es gibt einen Akteurstypus, der sich diesem hybriden Charakter verdankt. Dieser Akteurstyp ist organisationsstrukturell bestimmt.

Die Leser werden dem Boundary-Spanner im nachfolgenden fünften, sechsten und im siebten Kapitel begegnen. An dieser Stelle wird die Figur des Boundary-Spanners deshalb noch nicht aus unserem empirischen Material begründet werden. Es ist nur zu begründen, warum Boundary-Spanners für die Entstehung und die Durchführung ausbildungsintegrierender dualer Studiengänge zu den erwartbaren Akteuren gehören. Das ist aufgrund der vorangegangenen Ausführungen zur Meso-Ebene des Mehrebenensystems duales Studium nicht mehr schwierig.

Die Bedeutung der Boundary-spanning-Roles ist in der anglo-amerikanischen Organisationsliteratur seit Ende der 60er Jahre des letzten Jahrhunderts diskutiert und untersucht worden (Keller / Holland, 1975: 388, 392 f.). In Deutschland hatte Niklas Luhmann in seinem organisationssoziologischen Debut auf das spezifische Problem der sogenannten Grenzstellen von formalen Organisationen hingewiesen.

> Das Mitglied an der Grenze wird (…) Mitglied in zwei Systemen: dem formalisierten System auf der einen Seite, seinen Außenbeziehungen (…) auf der anderen Seite. (Luhmann 1964: 226)

Der Boundary-Spanner ist nicht durch Positionen, also Stellen in formalen Organisationen, bestimmt, sondern durch seine Funktion in und für die jeweilige Akteurskonstellation. Es ist nur wichtig, dass er eine formelle oder informelle Organisationsposition für den Austausch zwischen der eigenen Organisation und anderen Organisationen nutzen kann.

Die Figur des Boundary-Spanners ist für ausbildungsintegrierende duale Studiengänge bezeichnend, weil hier unterschiedliche Organisationen mit unterschiedlichen Rationalitäten (Hochschulbildung oder berufliche Bildung, Orientierung an Marktlagen oder an gesetzlichen Garantien und der Lage der Landeshaushalte) im Spiel sind. Aldrich und Herker haben 1977 als die beiden Grundfunktionen von Boundary-spanning-Roles deren *Informationsverarbeitungsfunktion* und deren *externe Repräsentationsfunktion* herausgearbeitet (1977: 218 ff.).

Die Informationsverarbeitungsfunktion, die Boundary-Spanner in den untersuchten Studiengängen einnehmen, betrifft nicht nur, wie Aldrich und Herker (1977:

219) vermuteten, die Selektion, Übermittlung und Interpretation von Information aus der Umwelt für die eigene Organisation, sondern ebenso die Selektion, Übermittlung und Interpretation von Informationen aus der eigenen Organisation für die anderen Organisationen. Die *grenzübergreifenden* Vertreter von Organisationen übernehmen eben nicht nur die Funktion der *Beobachtung,* sondern sollen und wollen in der Regel auch die anderen Organisationen durch *Beeinflussung* und *Verständigung* für die Interessen der eigenen Organisation nutzen. Um das zu erreichen, müssen sie aber die Interessen der eigenen Organisation und die Ressourcen, über die sie verfügen, den Anderen übermitteln – selektiv und spezifisch interpretiert.

Die Akteure der Meso-Ebene des Mehrebenensystems duales Studium, also die Hochschulen, die Unternehmen, die Berufsschulen, die Kammern, die Akkreditierungsagenturen usw. benötigen für die ihnen zugerechneten Handlungen der Beeinflussung und der Verständigung externe Repräsentanten.

Aldrich und Herker postulieren drei Varianten der externen Repräsentation, die die fokale Organisation effektiver machen können. Repräsentanten müssten einen Kompromiss zwischen der Politik der Organisation und den Zwängen der Organisationsumwelt erzielen, sie müssten strategische Schachzüge wählen, um diese Zwänge zu überwinden und Bedingungen schaffen, in denen die Autonomie der Organisation selten herausgefordert würde (1977: 221). Unter ihrem Gesichtspunkt der Effektivität der vertretenen Organisation verschwindet sowohl das Eigeninteresse der grenzübergreifenden Repräsentanten als auch das mögliche gemeinsame Interesse mit anderen Organisationen – diese Perspektive ist erst mit der sozialwissenschaftlichen Netzwerkdiskussion in den letzten Jahrzehnten in den Vordergrund gerückt (vgl. dazu Mill / Weißbach 1992; Windeler 2001; Jansen / Wald 2007).

Jedenfalls können wir bei ausbildungsintegrierenden dualen Studiengängen mit Personen rechnen, die Informationen über die eigenen Organisationsgrenzen hinaus verarbeiten und sie der eigenen Organisation und Anderen zur Verfügung stellen und die in Beeinflussungs- und Verständigungssituationen die eigene Organisation im dualen Studiengang repräsentieren.

4.5   Fazit: strukturelle Verortung der Akteure bei dualen Studiengängen

Insgesamt ist zu sagen, dass das duale Studium eine komplexe Beteiligungsstruktur aufweist. Bei der Umsetzung müssen Interessen und Verfügungsrechte beteiligter Akteure berücksichtigt werden. Staatliche Regulierungs- und Steuerungsmechanismen sowohl aus Berufsbildungs- als auch aus Hochschulsystemen haben Einfluss auf die Gestaltungsmöglichkeiten bei der Entwicklung und Umsetzung. Wie die Tabelle 4.4 zeigt, ergibt sich für das duale Studium ein sehr komplexes Gefüge, welches sicherlich als ein Mehrebenensystem im Sinne von *Governance* zu betrachten ist.

Tabelle 4.4 Makro-, Meso- und Mikro-Strukturen der Bildungsintegration

Makro-Strukturen

Ebene	Akteure	Strukturen, Steuerung und Regulierung
Europa	• Europäische Kommission • Europäische Bildungsminister (47 Mitgliedsstaaten)	• Bologna-Prozess • Kopenhagen-Prozess
Bund	• Hochschulrektorenkonferenz (266 Mitgliedshochschulen) • Bundesministerium für Bildung und Forschung • Bundesministerium für Wirtschaft und Technologie • Bundesinstitut für Berufsbildung • Kultusministerkonferenz • Stiftung zur Akkreditierung von Studiengängen (Akkreditierungsrat & Stiftungsrat)	• Hochschulrahmengesetz • Berufsbildungsgesetz • Forschungsförderungen und -programme • Betriebsverfassungsgesetz • Akkreditierungssystem
Länder	• Landesministerien mit den Zuständigkeitsbereichen Hochschulen und Schulen	• Landeshochschulgesetze • Landesschulgesetze • Berufsakademiengesetze

Meso-Strukturen

Organisationstypen	Akteure	Strukturen, Steuerung und Regulierung
Akkreditierungsagenturen	• Gutachtergruppen der Akkreditierungsagenturen	• Programm- und Systemakkreditierungen
Bildungsinstitutionen	• Universitäten • Staatl. Fachhochschulen • Priv. Fachhochschulen • Priv. Berufsakademien • Staatl. anerkannte Berufsakademien • Berufsschulen • Bildungszentren • Lehrwerkstätten	• Studienordnungen • Studienverlaufspläne • Prüfungsordnungen • Ausbildungsrahmenlehrpläne

Unter-
nehmen
	• Betriebe
	• Unternehmensverbünde
		• Unternehmens- bzw.
		  Personalpolitik (Verträge)
		• Handwerksordnungen und
		  Ausbildungsordnungen
		• Marktmechanismen

Kammern	• Industrie- und Handelskammern
	• Handwerkskammern
		• Gesetz zur vorläufigen
		  Regelung des Rechts
		  der IHK
		• Handwerksordnung
		  §§ 90 ff.
		• Orientierung an Hand-
		  werks- und Ausbildungs-
		  ordnungen
		• Prüfungsbefugnis

Mikro-Strukturen

Organisati- onstypen	**Soziale Positionen relevanter Akteure**	**Steuerungs- und Regulie- rungseingriffe durch …**
Ministerien	• Minister • Abteilungs-/Referatsleiter • Fachlich Zuständige	• Wettbewerbliche Steuerung • Genehmigungsvorbehalte
Akkreditie- rungsagen- turen	• Gutachter	• Genehmigungsvorbehalte • Auflagen
Hochschule Dual	• Team München • Arbeitsgruppe • Beirat • Koordinatoren an den Hochschulen	• Beobachtung • Beeinflussung durch Wissen
Hochschulen	• Hochschulleitung • Dual Beauftragte der Hochschule • Dekane • Fakultätsrat • Dual Beauftragte Fakultät / Fach- gebiet • Professoren • Studierende	• Genehmigungsvorbehalte • Ressourcenverteilung • Machtspiele

Unter-
nehmen
	• Leitung
	• Personalmanagement
	• Ausbilder
	• Betriebsrat
	• Jugend- und Auszubildendenver-
	  tretung
	• Auszubildende/Studierende
		• Rekrutierungs-, Qualifi-
		  zierungs-, Positionierungs-
		  und Gratifizierungs-
		  entscheidungen
		• Interessenvertretungs-
		  entscheidungen
		• Machtspiele

Lehrwerk- stätten	• Ausbildungsleiter • Ausbilder	• Kooperations- entscheidungen • Qualifizierungshandeln
Industrie- und Handels- kammern, Handwerks- kammern	• Prüfer • Zuständige Berater	• Genehmigungsvorbehalte • Zertifizierungen • Kooperations- entscheidungen
Berufsbilden- de Schulen	• Schulleitung • Lehrer • Dual Studierende als Schüler	• Genehmigungsvorbehalte • Zertifizierungen • Kooperations- entscheidungen
Gewerkschaf- ten	• Studierendenbetreuung • Tarifabteilung	• Interessenvertretungs- entscheidungen • Machtspiele
Arbeitgeber- verbände	• Tarifabteilung	• Interessenvertretungs- entscheidungen • Machtspiele
Unter- nehmens- verbände	• Geschäftsführung • Referatsleiter • Koordinator	• Kooperations- entscheidungen • Qualifizierungs- entscheidungen
Alle Organisations- typen	• Boundary-Spanner	• Beobachtung • Beeinflussung • Verständigung

4.5.1 Maßgebliche Strukturen, Regulierungsmechanismen und Akteure

Auf europäischer Ebene hat der Bologna-Prozess zu einer tiefgreifenden Umstrukturierung von Studienstruktur, Stoffgebieten und Leistungsbeurteilung geführt, die den zeitlichen Ablauf und die inhaltlichen Schwerpunkte dualer Studiengänge verändert haben. Berufsakademien treten vermehrt als *„neue"* starke Akteure des tertiären Sektors auf, die im Bereich dualer Studiengänge viel Erfahrung haben, aber bis 2004 nicht dazu berechtigt waren, akademische Titel zu vergeben. Ihre Attraktivität auf dem Bildungsmarkt ist dadurch gestiegen. Berufsakademien haben insgesamt einen hohen Anteil an dualen Studiengängen, weil sie diese Ausbildungsform schon sehr lange anbieten. Das kann zu einer zunehmenden Konkurrenz zwischen Universitäten, Fachhochschulen und Berufsakademien führen.

Der Bund hat im hochschulischen Bereich durch das Hochschulrahmengesetz nur sehr eingeschränkten rechtlichen Einfluss auf die Gestaltung von Studiengängen. Durch Förderprogramme, die meistens durch das BMBF gefördert werden, besteht für den Bund die Möglichkeit, die Entwicklung von dualen Studiengängen finanziell zu steuern. Die Entwicklung des Akkreditierungssystems als zentralem Steuerungsinstrument zur Qualitätssicherung dualer Studiengänge ergab sich aus der Zusammenarbeit von Kultusminister- und Hochschulrektorenkonferenz, die als interessenvertretende Gremien von Landesbildungspolitik und Hochschulen auf Bundesebene agieren. Im Berufsbildungssystem kommt dem Bund eine weitaus größere Gestaltungsfunktion bei der dualen Berufsbildung zu. Das Bundesministerium für Wirtschaft und Technologie ist als zentraler Akteur auf der Bundesebene für das Berufsbildungsgesetz und damit für die rechtliche Steuerung der Berufsausbildung verantwortlich.

Die Länder nehmen sowohl im Hochschulsystem als auch im Berufsbildungssystem eine ganz zentrale steuernde und strukturgebende Funktion ein. Zum einen werden über die Landeshochschulgesetze die gesetzlichen und finanziellen Regelungen für die Hochschulen festgelegt. Zum anderen ist das Land Entscheidungsträger bei der Implementation neuer Steuerungsinstrumente und die Bundesländer stellen den bedeutenden Teil der Ressourcen für Hochschulen zur Verfügung. Die Kultusminister der Länder haben durch die Kultusministerkonferenz ein Gremium geschaffen, das die Interessen auf Bundesebene vertritt und maßgeblich an Entscheidungsprozessen beteiligt ist oder sie (mit)bestimmt (Beispiel Deutsches Akkreditierungssystem, Kapitel 6). Auch bei der Berufsbildung nehmen sie in Form der Landesschulgesetzgebung Einfluss auf die Teilnahmepflicht am berufsschulischen Unterricht.

Die Entwicklung und Umsetzung dualer Studiengänge ist auf der Meso-Ebene zu verorten. Zuerst sind die Akkreditierungsagenturen als Organisationstypen zu nennen, die als zentrales Steuerungsinstrument dazu eingesetzt werden, die Qualität dualer Studiengänge zu sichern und zu entwickeln. Je nach Verfahren, welches die Hochschulen bzw. Berufsakademien nutzen, steht am Anfang fast jeden dualen Studiengangs die Frage nach der Akkreditierung. Der Akkreditierungsprozess und die zu erfüllenden Kriterien beeinflussen die Strukturierung, Organisation und Koordination *indirekt* in unterschiedlichem Maße; das Kriterium „Studierbarkeit" könnte zum Beispiel im Kontext dualer Studiengänge besondere Relevanz haben. Die Organisationstypen „Bildungsinstitutionen", „Unternehmen" und „Kammern" sind wesentliche Akteure bei der *direkten* Entwicklung und Umsetzung dualer Studiengänge. Die Bildungsinstitutionen als theoretisch bzw. wissenschaftlich orientierte Lernorte dualer Studiengänge orientieren sich vor dem Hintergrund ihrer Bildungsaufträge an den gesetzlichen und strukturellen Rahmenbedingun-

gen, die auf europäischer Ebene, Bundesebene und Länderebene von Hochschul-
und Berufsbildung festgelegt wurden. Studienverlaufspläne dualer Studiengänge
müssen unter Berücksichtigung von Studienordnungen, Prüfungsordnungen und
Ausbildungsrahmenlehrplänen konstituiert werden, die auch für Ausbildungen
und Regelstudiengänge grundlegend sind.

Die Berufsschulen, Bildungszentren und Lehrwerkstätten als Vertreter des Berufsbildungssystems übernehmen unterschiedliche Funktionen bei der Berufsausbildung.
Hochschulen und Berufsakademien sind zuständig für den hochschulischen Teil
der Ausbildung. Da sie sich in ihren Bildungsaufträgen und Strukturen zum Teil
stark unterscheiden, kommt es zu einer Vielfalt an möglichen dualen Studiengängen
in der deutschen Bildungslandschaft. Die Berufsakademien haben sich zusätzlich
an die Berufsakademiengesetze zu halten. Obwohl sie inzwischen zum tertiären
Sektor zählen, sind sie nach wie vor nicht befugt, den Titel Master zu vergeben.

Die Unternehmen als praktische Lernorte der dualen Berufsausbildung im
Berufsbildungssystem haben einerseits das Berufsbildungs- und Betriebsverfas-
sungsgesetz mit den dazugehörigen Handwerks- und Ausbildungsordnungen zu
befolgen. Als Teile des Wirtschaftssystems orientieren sich die Unternehmen in ihrer
Personalpolitik an den vom Markt bestimmten Veränderungen und erhöhen die
Erwartungen an ihre Mitarbeiter/innen erheblich. Aufgrund der soziostrukturellen
Entwicklungen werden Fachkräfteentwicklung und -sicherung immer wichtiger.
Vertragliche Regelungen mit dual Studierenden versuchen die Unternehmen unter
Berücksichtigung der bestehenden gesetzlichen Rahmenbedingungen an die eigenen
Interessen anzupassen. Bei dualen Studiengängen gibt es sowohl die Möglichkeit
Praktikanten- bzw. Studienverträge als auch Ausbildungsverträge abzuschließen.
Die Integration der dual Studierenden in die betrieblichen Abläufe muss in Ab-
stimmung mit den Bildungsinstitutionen erfolgen und die zeitliche Straffung durch
die Verzahnung zweier Ausbildungswege kompensiert werden.

Die Kammern als Organisationstypen übernehmen bei dualen Studiengängen
eine doppelte Funktion. Zum einen sind sie die zentralen Interessenvertretungen der Unternehmen, zum anderen stellen sie die prüfenden Instanzen bei der
Abschlussprüfung im Ausbildungsberuf auf Grundlage von Handwerks- und
Ausbildungsordnungen.

In den und für die beteiligten Organisationen, den sog. Meso-Akteuren, sind
Personen, die sog. Mikro-Akteure, tätig, die die eigene Organisation und deren
Umwelt beobachten und / oder beeinflussen, die mit anderen Organisationen als
Vertreter der eigenen Organisation verhandeln oder in der eigenen Organisation
als Vertreter eines aktuellen oder geplanten dualen Studiengangs Verhandlungen
führen. In der Entstehungsphase der Studiengänge geht es um den Einstieg in
die Akteurskonstellation. Nach der Sammlung von Erfahrungen auf Seiten der

Bildungsinstitutionen, der Unternehmen, Kammern und der Studierenden kann es auch um den Ausstieg aus der Akteurskonstellation gehen. Wir werden in den folgenden Kapiteln auch, obwohl dies nicht der Schwerpunkt der Untersuchung gewesen ist, Hinweise auf die Eingriffe und Entscheidungen von Personen in wichtigen Positionen der beteiligten Organisationen zusammenstellen und analysieren. Besonders wichtig erscheint uns vor dem Hintergrund der Heterogenität der beteiligten Organisationen der Akteurstyp des Boundary-Spanners zu sein, der unterschiedliche Perspektiven miteinander vermitteln und verbinden kann.

Die bisher beschriebenen Strukturen und relevanten Akteure auf den unterschiedlichen Ebenen der Systeme machen deutlich, dass die betrachteten Akteure im Kontext dualer Studiengänge eigenen Regelsystemen folgen, die nicht miteinander verbunden sind. Vor diesem Hintergrund ist interessant, welchen Einfluss diese Akteure auf duale Studiengänge nehmen, ob sich neue Regelsysteme zwischen den beteiligten Akteuren herausbilden, welche Akteurskonstellationen sich entwickeln und wie diese dann eingehalten werden. Da es sich bei der Konzeption dualer Studiengänge in den meisten Fällen (manche Konzepte sind durch Förderprogramme oder durch die Entwicklung gesetzlicher Rahmenbedingungen politisch gewollt) um freiwillige Zusammenschlüsse in Form von Kollektiven bzw. Netzwerken handelt, ist zu fragen, was die auslösenden Bedingungen ihrer Entwicklung sind, inwieweit Akteurskonstellationen überhaupt handlungsfähig im Hinblick auf die Organisation dualer Studiengänge sind und wo Konflikte auftreten. Zentral ist auch, wie Verhandlungsprozesse ablaufen, sich bestimmte Kooperationsformen herausbilden und welche Instrumente zur Problembewältigung entwickelt werden. Dann ist natürlich auch noch die Frage, wie eine möglicherweise sich daraus ergebende Selbststeuerung wiederum die politischen Strukturen beeinflusst.

Die zentrale Frage für die Organisation von dualen Studiengängen ist sicherlich, zu schauen, „wie das gemeinsam Gewollte auch umgesetzt wird" (Fürst 2004: 48), welche Strukturen maßgeblichen Einfluss haben und welche Interessen bei der Planung auch vor dem Hintergrund der bestehenden Strukturen überhaupt durchgesetzt werden können.

Literatur

Aldrich, H. / Herker, D. (1977): Boundary Spanning Roles and Organization Structure. In: The Academy of Management Review. Vol. 2, No. 2 (Apr., 1977). 217-230.

Benz, A. / Lütz, S. / Schimank, U. / Simonis, G. (Hrsg.) (2007): Handbuch Governance. Theoretische Grundlagen und empirische Anwendungsfelder. Wiesbaden.

Bogumil, J. / Burgi, M. / Heinze, R. G. / Gerber, S. / Gräf, I.-D. / Jochheim, L. / Schickentanz, M. / Wannöffel, M. (2013): Modernisierung der Universitäten. Umsetzungsstand und Wirkungen neuer Steuerungsinstrumente. Berlin.

Bogumil, J. / Burgi, M. / Heinze, R. G. / Gerber, S. / Gräf, I.-D. / Jochheim, L. / Schickentanz, M. (2013a): Zwischen Selbstverwaltungs- und Managementmodell. In: Grande, E. / Jansen, D. / Jarren, O. / Rip, A. / Schimank, U. / Weingart, P. (Hrsg.): Neue Governance in der Wissenschaft. Bielefeld.

Clement, U. (2007): Educational Governance an der Schnittstelle zweier Systeme – Das Beispiel der beruflichen Bildung. In: Altrichter, H. / Brüsemeister, T. / Wissinger, J. (Hrsg.): Educational Governance: Handlungskoordination und Steuerung im Bildungssystem. Wiesbaden. 207-230

Elias, N. (1986): Was ist Soziologie? 5. Aufl. Weinheim, München.

Endruweit, G. / Trommsdorff, G. / Burzan, N. (2014): Wörterbuch der Soziologie. 3. völlig überarbeitete Auflage. Konstanz und München.

Fend, Helmut (2006): Neue Theorie der Schule. Einführung in das Verstehen von Bildungssystemen. Wiesbaden.

Fürst, D. (2004): Regional Governance. In: Benz, A. (Hrsg.): Governance – Regieren in komplexen Regelsystemen. Eine Einführung. Wiesbaden. 45-64.

Franz, C. (2011): Bildungsprofile von Führungskräften – Vielfalt statt Verdrängung. In: Voss-Dahm, D. / Mühge, G. / Schmierl, K. / Struck, O. (Hrsg.): Qualifizierte Facharbeit im Spannungsfeld von Flexibilität und Stabilität. Wiesbaden. 187-209.

Franz, C. / Voss-Dahm, D. (2011): Ohne Studium (k)eine Führungsposition? Nach wie vor starke Bedeutung von beruflichen Bildungsabschlüssen bei Führungskräften in der Privatwirtschaft. IAQ-Report 2011-02. Duisburg.

Graf, L. (2013): The Hybridization of Vocational Training and Higher Education in Austria, Germany, and Switzerland. Opladen, Berlin & Toronto.

Habermas, J. (1988): Theorie des kommunikativen Handelns. Zweiter Band. Frankfurt (Main).

Hegel, G. W. F. (1968): Grundlinien der Philosophie des Rechts oder Naturrecht und Staatswissenschaft im Grundrisse. Studienausgabe Bd. II. Frankfurt(Main) und Hamburg.

Heinrichs, Werner (2010): Hochschulmanagement. München.

Helmstädter, E. (2002): Der tertiäre Sektor in der Wissensgesellschaft. In: Bosch, G. / Hennicke, P. / Hilbert, J. / Kristof, K. / Scherhorn, G. (Hrsg.): Die Zukunft von Dienstleistungen: ihre Auswirkung auf Arbeit, Umwelt und Lebensqualität. Frankfurt. 116-139.

Hirschman, A. O. (1970): Exit, Voice and Loyalty. Responses to Decline in Firms, Organizations and States. Cambridge, Mass. and London.

Jansen, D. / Wald, A. (2007): Netzwerktheorien. In: Benz et al. 188-199.

Kaufmann, B, (2012): Akkreditierung als Mikropolitik. Zur Wirkung neuer Steuerungsinstrumente an deutschen Hochschulen. Springer VS. Wiesbaden.

Keller, R. / Holland, W. (1975): Boundary-Spanning Roles in a Research and Development Organization: An Empirical Investigation. Academy of Management Journal. Vol. 18 (1975). 388-393.

Kopetz, H. (2002): Forschung und Lehre. Die Idee der Universität bei Humboldt, Jaspers, Schelsky und Mittelstraß. Wien.

Kreckel, Reinhard (2010): Zwischen Spitzenforschung und Breitenausbildung. Strukturelle Differenzierungen an deutschen Hochschulen im internationalen Vergleich. In. Krüger, H. H. u. a. (Hrsg.): Bildungsungleichheit revisited. Wiesbaden. 235-258.

Krone, S. / Mill, U. (2012): Dual studieren im Blick: Das ausbildungsintegrierende Studium aus der Perspektive der Studierenden. IAQ-Report 2012-3. Duisburg.

Kruse, W. / Strauß, J. / Braun, F. / Müller, M. (2009): Rahmenbedingungen der Weiterentwicklung des Dualen Systems beruflicher Bildung. Hans-Böckler-Stiftung. Arbeitspapier 167. Düsseldorf.

Kuda, E. / Kaßebaum, B. (2012): Bologna- und Kopenhagen-Prozess: Auf dem Weg zu einem neuen Verhältnis von beruflicher und akademischer Bildung? In: Kuda et al. 68-95.

Kuda, E. / Strauß, J. / Spöttl, G. / Kaßebaum, B. (Hrsg.) (2012): Akademisierung der Arbeitswelt? Zur Zukunft der beruflichen Bildung. Hamburg.

Kussau, J. / Brüsemeister, T. (2007): Educational Governance: Zur Analyse der Handlungskoordination im Mehrebenensystem der Schule. In: Altrichter, H. / Brüsemeister, T. / Wissinger, J. (Hrsg.): Educational Governance: Handlungskoordination und Steuerung im Bildungssystem. Wiesbaden. 15-54.

Lange, S. / Schimank, U. (Hrsg.) (2004): Governance und gesellschaftliche Integration. Wiesbaden.

Luhmann, N. (1964): Funktionen und Folgen formaler Organisationen. Berlin.

Mayntz, R. (2009): Governancetheorie: Erkenntnisinteresse und offene Fragen. In: Grande, E ./ May, S. (Hrsg.): Perspektiven der Governance-Forschung. 9-21.

Meister, M. (2011): Soziale Koordination durch Boundary Objects am Beispiel des heterogenen Feldes der Servicerobotik. Dissertation. Berlin.

Mill, U. / Weißbach, H.-J. (1992): Vernetzungswirtschaft. Ursachen, Funktionsprinzipien, Funktionsprobleme. In: Malsch, T. / Mill, U. (Hrsg.): ArBYTE. Modernisierung der Industriesoziologie? Berlin. 315-342.

Parsons, Talcott, 1980: Über den Begriff „Einfluß". In: Jensen, Stefan (Hrsg.): Talcott Parsons. Zur Theorie der sozialen Interaktionsmedien. Opladen. 138-182.

Rauner, F. (2009): Steuerung der beruflichen Bildung im internationalen Vergleich. Gütersloh.

Scharpf, F. W. (1997): Games Real Actors Play. Actor-Centered Institutionalism in Policy Research. Boulder.

Schimank, U. (2007): Elementare Mechanismen. In: Benz et al. (Hrsg.): 29-45.

Schimank, U. (2010): Handeln und Strukturen. Einführung in die akteurtheoretische Soziologie. Juventa. Weinheim und München.

Türk, K. (1995): Die Organisation der Welt. Herrschaft durch Organisation in der modernen Gesellschaft. Opladen.

Statistisches Bundesamt (Hrsg.) (2012): Prüfungen an Hochschulen. Fachserie 11, Reihe 4.2. Wiesbaden.

Ulrich, J. G. (2005): Probleme bei der Bestimmung von Ausbildungsplatznachfrage und Ausbildungsplatzangebot. Definitionen, Operationalisierungen, Messprobleme. In: Bundesinstitut für Berufsbildung (Hrsg.): Der Ausbildungsmarkt und seine Einflussfaktoren. Ergebnisse des Experten-Workshops vom 1. und 2. Juli 2004 in Bonn. Bonn. 5-36.

Weber, M (1980): Wirtschaft und Gesellschaft. Grundriss der verstehenden Soziologie. 5., rev. Auflage. Tübingen.

Windeler, A. (2001): Unternehmensnetzwerke. Konstitution und Strukturation. Wiesbaden.

Zündorf, L. (1986): Macht, Einfluß, Vertrauen und Verständigung. Zum Problem der Handlungskoordinierung in Arbeitsorganisationen. In: Seltz, R. / Mill, U. / Hildebrandt, E. (Hrsg.) (1986): Organisation als soziales System. Kontrolle und Kommunikationstechnologien in Arbeitsorganisationen. Berlin.

Internetquelle

http://www.kmk.org

Die Entstehung dualer Studiengänge: Auf der Suche nach einer neuen Governance 5

Ulrich Mill

In der Entstehungsphase der ausbildungsintegrierenden dualen Studiengänge bilden sich Akteurskonstellationen heraus, die für das in die Segmente der beruflichen Bildung und der hochschulischen Bildung geteilte deutsche Bildungswesen ungewöhnlich sind. Diese Konstellationen konstituieren die Studiengänge, werden im Lauf der weiteren Entwicklung jedoch gelegentlich verändert.

5.1 Das ausbildungsintegrierende duale Studium: Akteurskonstellationen ihrer Entstehung

Welche kooperativen und korporativen Akteure benötigt man mindestens für die Entstehung eines ausbildungsintegrierenden dualen Studiums? Nach den Ergebnissen unserer Untersuchung sind das die folgenden:

- Hochschulen
- Unternehmen
- Industrie- und Handelskammern bzw. Handwerkskammern.

Obwohl es sich bei den von uns untersuchten dualen Studiengängen um ausbildungsintegrierende handelt, sind die berufsbildenden Schulen nur in sieben unserer 20 Untersuchungsfälle beteiligt. Sie gehören also nicht zum Kernbestand der Akteurskonstellation bei ausbildungsintegrierenden dualen Studiengängen. Nur in einem einzigen Untersuchungsfall zählte eine berufsbildende Schule auch zu den Initiatoren eines dualen Studiengangs. Ohne Hochschulen gibt es keinen Studiengang, ohne Unternehmen und auch ohne Industrie- und Handelskammern bzw. Handwerkskammern gibt es keine anerkannte abgeschlossene Ausbildung.

Die IHK bzw. HWK sind für die Anerkennung der beruflichen Abschlüsse über die Kammerprüfung zuständig.

Sowohl die beiden korporativen Akteure, die Hochschulen und die Unternehmen, als auch die kooperativen Akteure, die Kammern, treten in unserer Untersuchung als Initiatoren für ausbildungsintegrierende duale Studiengänge auf.

5.1.1 Ein einfaches Modell der Akteurskonstellationen

Um die Akteurskonstellationen in der Entstehungsphase ausbildungsintegrierender dualer Studiengänge im ersten Schritt etwas übersichtlicher zu präsentieren, stellen wir ein einfaches Modell vor. Geht man davon aus, dass jeder der beteiligten drei Meso-Akteure jeweils in einer Akteurskonstellation der Entstehung unserer Studiengänge eine distinkte Rolle einnimmt und zwar die als Initiator, Mitspieler oder nachrangiger Akteur, dann erhält man – durch einfache Permutation – die folgende Tabelle[45].

Tabelle 5.1   Einfache Akteurskonstellation

Initiator	Mitspieler	nachrangig	Fallstudienbeispiel
Hochschule	Unternehmen	Kammern	Fall B
Unternehmen	Kammern	Hochschule	Fall S[46]
Kammern	Hochschule	Unternehmen	Fall G
Unternehmen	Hochschule	Kammern	Fall J
Hochschule	Kammern	Unternehmen	nicht besetzt
Kammern	Unternehmen	Hochschule	nicht besetzt

Diese drei Rollen in der Entstehung eines dualen Studiengangs sind anhand unserer Empirie in der Regel gut zu unterscheiden. Ein oder mehrere Meso-Akteure treten als Initiatoren auf, die sich dann – in der Phase der Akquisition – Mitspieler

---

45   Bei einer Permutation werden die Positionen der Elemente einer Reihe vertauscht. Bei einer Permutation ohne Wiederholung gibt es genau n! Möglichkeiten des Positionstauschs, bei drei Elementen wie in unserem Fall also 3!=3*2*1=6.

46   Der Fall S eignet sich zur Darstellung einer einfachen Akteurskonstellation. Tatsächlich ist er komplexer und gehört zu den erweiterten Akteurskonstellationen (s. u.). Es gibt aber kein anderes Beispiel für eine einfache Akteurskonstellation dieses Typs in unserem Sample.

suchen. Mitspieler spielen eine aktive Rolle in der Entstehung, haben aber selbst nicht die Initiative ergriffen. Nachrangig sind diejenigen Akteure, die zwar für das Zustandekommen der Akteurskonstellation notwendig sind, deren Handlungsbeitrag aber nicht sehr aktiv ist, denen ein Platz in der Akteurskonstellation zugewiesen wird, die auf Wunsch etwas bestätigen, die einen Ausbildungsplatz einräumen, aber die nicht andere Teilnehmer für den Studiengang akquirieren oder sich an seiner Entwicklung umfassend beteiligen.

5.1.1.1 Motive

Nicht nur *wer* sich mit *wem* in *welcher Rolle* zusammenfindet, ist für die Entstehung dualer Studiengänge kennzeichnend, sondern auch die *Motive* dieses Interdependenzaufbaus. Motive sind hoch standardisiert. Mills hatte schon in *Situated Actions and Vocabularies of Motive (1940)* herausgearbeitet, dass zu institutionell unterschiedenen Situationen unterschiedliche Vokabularien von Motiven gehören. Diese Einsicht wird in unserer Empirie nicht dementiert. Auch wenn wir hier Motive zusammenfassend darstellen, so ist das nicht eine graue Abstraktion der bunten Vielfalt der vorgebrachten Motive, sondern die interviewten Vertreter von korporativen und kollektiven Akteuren bedienen sich doch aus einem sehr begrenzten Vokabular. Uns interessiert sowohl die Konvergenz der Vokabularien als auch deren Divergenz.

Situated Actions: Hochschulen, Unternehmen und Industrie- und Handelskammern sowie Handwerkskammern, also die Akteure, die unabdingbar zu einem ausbildungsintegrierenden dualen Studiengang gehören, sind Mitglieder unterschiedlicher Typen von zusammengesetzten Akteuren oder Organisationen. Diese Organisationen eint, dass sie allesamt Bildungsanbieter sind, allerdings ist dies bei den Hochschulen die Hauptaufgabe und bei Unternehmen und Kammern eine wichtige Nebenaufgabe. 17 Hochschulen in unserem Sample sind staatlich, drei dagegen private, staatlich anerkannte Hochschulen. Staatliche Hochschulen als Bildungsanbieter erwirtschaften ihre Ressourcen nicht, sondern werden von den Bundesländern finanziert. Die drei privaten Hochschulen wiederum werden von ihren Mitgliedsunternehmen finanziert. Ähnlich die Situation der Kammern, die von ihren Mitgliedsunternehmen finanziert werden, wenn auch die Mitgliedschaft der Industrie-, Handels oder Handwerksunternehmen in der jeweils zuständigen Kammer nicht freiwillig ist, sondern aufgrund gesetzlicher Verpflichtung besteht. Alle drei Meso-Akteure gehören dem Governancetyp der Hierarchie an, jedoch ist nur die Reproduktion des Meso-Akteurs Unternehmen marktabhängig. Wir können also davon ausgehen, dass der Handlungsraum, die *situated actions,* der drei Meso-Akteure prinzipiell unterschiedlich ist.

Motive können, analytisch gesehen, auf dreierlei Beziehungsprobleme im Handlungsraum referieren. Da ist zunächst die Beziehung auf sich selbst, die wir als

Reproduktionsproblem bezeichnen wollen. Zweitens die Beziehung zu anderen Meso-Akteuren, die wir als *Leistung* bezeichnen und drittens die Orientierung an der Gesellschaft, die wir *Funktion* nennen wollen. Erkennbar sind diese Unterscheidungen von Luhmanns „Dreifalt von Beziehungsmöglichkeiten" gesellschaftlicher Teilsysteme beeinflusst, die bei ihm Reflexion, Leistung und Funktion heißen (s. z. B. Luhmann 1992: 635). Da wir seiner Engführung von Sozialität auf Kommunikation nicht folgen können, wählen wir Reproduktion anstatt Reflexion als Problembezug für das Handeln der Akteure innerhalb eines Meso-Akteurs und mit Bezug auf diesen.

Auf die *Vocabularies of Motive* der drei wichtigsten Meso-Akteure werden wir weiter unten anhand unserer empirischen Ergebnisse eingehen.

5.1.1.2   Phasen der Entstehung der Akteurskonstellation

Die Entstehung der Akteurskonstellation lässt sich in drei Phasen unterteilen:

- Beobachtung
- Akquisition
- Konstituierung.

Beobachtung wird in diesem Buch, wie bei Schimank (2007 u. 2010), als Mechanismus der Interdependenzbewältigung verstanden. Dies ist auch an dieser Stelle nicht anders, jedoch kommt hinzu, dass Beobachtung einen zeitlichen Index erhält, also als erste Phase im Aufbau der Akteurskonstellation vorgestellt wird. Die beiden anderen Phasen – Akquisition und Konstituierung – werden im Folgenden nicht als Verzeitlichung von basalen Mechanismen der Interdependenzbewältigung verstanden, sondern in diesen Phasen kommen oft mehrere Mechanismen der Interdependenzbewältigung zum Einsatz.

5.1.1.2.1 Beobachtung

In der Governanceliteratur hat insbesondere Schimank die Handlungswirksamkeit von Beobachtungen herausgearbeitet (Schimank 2007; Schimank 2010: 226).[47] In diesem Kontext hat „Beobachtung" eine weite Bedeutung, ist nicht auf die visuelle Komponente von Beobachtung beschränkt, sondern lässt sich mit der luhmannschen Kurzformel als Unterscheiden-und-Bezeichnen verstehen (Luhmann 1992: 73). Beobachtung ist die Voraussetzung dafür, dass die Interdependenz zwischen den Akteuren der Meso-Ebene entsteht. Beobachtung lässt sich in *Fremd-* und *Selbstbe-*

---

47   Für die Techniksoziologie hat Meister diesen Ansatz fruchtbar gemacht (2011). In der Soziologie der letzten Jahrzehnte haben unterschiedliche konstruktivistische Ansätze dem Beobachtungsbegriff eine prominente Rolle zugewiesen (vgl. Mill 1998: 42 ff.).

obachtung unterscheiden. Da es sich bei den Meso-Akteuren um zusammengesetzte Akteure handelt, spielt die Selbstbeobachtung eine große Rolle. So fließen bspw. in die Selbstbeobachtung eines Unternehmens durch das Personalmanagement die Motive *bestimmter Anderer* im Unternehmen ein, etwa die des Abteilungsleiters Systementwicklung und des Abteilungsleiters Anwendungsentwicklung. Mit Fremdbeobachtung ist an dieser Stelle die Beobachtung von anderen Akteuren und Ereignissen außerhalb der eigenen Organisation oder von gesellschaftlichen Entwicklungen gemeint.

Tabelle 5.2 Beobachtung: Hochschule als Initiator

Initiator	Mitspieler	nachrangig	Fallstudienbeispiel
Hochschule	Unternehmen	Kammern	Fall B

Im Fall B, in dem die Akteurskonstellation von der Hochschule aufgebaut wird, beobachtete die Hochschule einen dramatischen Einbruch der Bewerberzahlen im Ingenieurstudium als Nachwirkung der Transformation von technischen Hochschulen der DDR zu Fachhochschulen westdeutschen Typs und des wirtschaftlichen Einbruchs im Transformationsprozess. Die Fremdbeobachtung der sozialen Umwelt der Hochschule stellt gleichzeitig fest, dass es für die Absolventen des Ingenieurstudiums wenig Nachfrage gab. Damit waren die Ressourcen der Hochschule im Ingenieurbereich, wie etwa die Mittel für Stellen und Ausstattung, kurzfristig und mittelfristig bedroht.

Diese negativen Entwicklungen führten aber deshalb nicht zur Resignation, weil eine andere Fremdbeobachtung Handlungsmöglichkeiten eröffnete. Ein kompetenter Beobachter – kompetent im Sinne von *zuständig, befähigt* und *bereit* (vgl. Pfadenhauer 2010: 154 f.) – in der Hochschule identifizierte eine erfolgreiche *Abweichung*[48] im Segment der hochschulischen Bildung:

> *„Wir haben uns da orientiert an den Erfahrungen der Fachhochschule Niederrhein in Krefeld, die ja als erste Hochschule die dualen Studiengänge in den tertiären Bereich überführt hat." (B, Hochschule, § 14)*

Diese Handlungsmöglichkeit führte zur Entscheidung, in die nächste Phase überzugehen: *Akquisition*.

---

48   Vgl. dazu Schimanks Überlegungen zur „Abweichungsverstärkung" im Zusammenhang seiner Diskussion von „Beobachtungskonstellationen" (2010: 240 ff.).

Motive: Im Fall B trieben die Hochschulen nach den Angaben der interviewten Hochschulvertreter zwei Motive an: ein *Reproduktionsmotiv,* das sich auf den Erhalt der Ressourcen der Hochschule im Ingenieurbereich richtete, und ein *Leistungsmotiv,* das sich auf den Erhalt der Profession der Ingenieure[49] richtete:

> *„Die Etablierung von KIA-Studiengängen[50] sollte dagegen Studiengänge bieten, wo das Studium von Anfang an durch eine Firma finanziell abgesichert war und der Berufseinstieg gesichert war. Damit sollte das Vertrauen in eine Berufsperspektive durch das Ingenieurstudium wiederhergestellt werden."* (B, HS, § 65)

Tabelle 5.3 Beobachtung: Unternehmen als Initiator

Initiator	Mitspieler	nachrangig	Fallstudienbeispiel
Unternehmen	Kammern	Hochschule	Fall S

Fall S: Dass die Hochschulen ein für die Entstehungsphase nachrangiger Akteur sind, ist untypisch für unser Sample, aber nicht untypisch für die Rolle von Hochschulen bei der Entstehung dualer Studiengänge nach dem *teilseparierten Modell der Studiengangorganisation* (vgl. dazu ausführlich: Kapitel 6). Im Fall S entsteht die Akteurskonstellation auf Initiative von Unternehmen aus dem Bankwesen. Beobachtet wurden Veränderungen in der Umwelt: *„die wirtschaftlichen Themen werden ja immer komplexer und die Gesetzgebungen werden immer schneller"* (S, Betrieb A, § 40). Um diesen Veränderungen zu begegnen, standen aus Sicht der Bank nicht genügend kompetente Mitarbeiter zur Verfügung. Eine zweite Beobachtung kam hinzu:

> *„Die Abiturienten waren eigentlich ohne ein Verbundstudium in den letzten Jahren auch gar nicht mehr ins Haus zu holen, weil die einfach auch breiter aufgestellt wollen, werden, sollen, sind für die Zukunft und gesagt haben, nur*

---

49 Manche Vertreter soziologischer Systemtheorie halten, ganz im Gegensatz zu Talcott Parsons (Parsons/Platt 1990: 338), „Ingenieur" nicht für eine Profession (Kurtz 2005: 163 f.), weil sie nicht wissen, für welches Funktionssystem diese denn zuständig sein sollte. Aus anderer Sicht dürfte der Schutz der deutschen Berufsbezeichnung „Ingenieur" durch Ländergesetze, also eine rechtliche Monopolisierung, eine soziale Tatsache sein, die ausreichend ist, um von einer Profession im soziologischen Sinn zu sprechen.

50 Kooperatives Studium mit integrierter Ausbildung, also: ausbildungsintegrierendes duales Studium.

eine Bankausbildung reicht mir nicht, dann gehe ich lieber nur ins Studium.
Entweder beides oder nur ein Studium."
Interviewer: „Also es war auch ganz klar orientiert an der Nachfrage der
potenziellen Bewerber?
Befragte: „Genau." (S, Betrieb A, §§41 ff.)

Die Beobachtung der Nachfrageoptionen der Bewerberinnen mit einer Studien-
berechtigung, die die Banken rekrutieren wollen, war eine weitere Voraussetzung
für die Entscheidung, die bisherige Qualifizierungsstrategie (duale Ausbildung
plus bankspezifische Aufstiegsfortbildung wie den Bankfachwirt und den Bank-
betriebswirt unterhalb des Bachelorabschlusses) um die Qualifizierungsoption
Verbundstudium (=ausbildungsintegrierendes duales Studium) zu erweitern.

Motive: Es sind also *Reproduktionsmotive,* die das Unternehmen A dazu bewegt
haben, im Fall S die Initiative zu ergreifen. Das Motiv des *Kompetenzbedarfs* ergab sich aus der Selbstbeobachtung der eigenen Geschäftsprozesse, das Motiv des
Abiturientenangebots aus der Beobachtung der Nachfrage.

Tabelle 5.4   Beobachtung: Kammern als Initiatoren

Initiator	Mitspieler	nachrangig	Fallstudienbeispiel
Kammern	Hochschule	Unternehmen	Fall G

Fall G ist dadurch charakterisiert, dass in diesem Fall mehrere Kammern die Initiative übernehmen und sich dann im zweiten Schritt der Hochschule als Mitspieler
versichern.

„Ist halt eine Gemeinschaftsinitiative der Kammern und man hat sich dann
mit der Fachhochschule zusammengesetzt und hat überlegt oder hat sich die
Ausbildungsinhalte angeschaut." (G, HWK § 4)

Allerdings haben die Kammern dadurch, dass sie als kooperative Akteure verfasst
sind, in ihrer Selbstbeobachtung die Interessen ihrer Mitgliedsunternehmen im
Auge. Die Mitgliedsunternehmen sehen den *beruflich-akademischen Bildungstyp*
(Voss-Dahm 2011; Franz 2011) positiv, monieren aber die lange Ausbildungszeit
bei getrennter Ausbildung:

„Die Ausbildung dauert zu lange, weil man macht jetzt Berufsausbildung, dreieinhalb Jahre, Studium vier Jahre. Siebeneinhalb Jahre bis dann (…) die junge Fachkraft dem Markt zur Verfügung steht." (G, HWK § 4)

Motive: Im Fall G liegt ein *Leistungsmotiv* vor, die Kammern wollen mit ihrer Initiative die Verfügbarkeit von praktisch fundierten hochqualifizierten Arbeitskräften für ihre Mitgliedsunternehmen verbessern. Dieses Motiv selbst nennen wir das Motiv der *integrierten Dualität.* Nach einem Argument von Rauner / Wittig (2009) ist jede Berufsausbildung dual: die berufsqualifizierende Hochschulausbildung benötigt zur Vollendung der Berufsausbildung eine nachgeschaltete Einarbeitungsphase im Unternehmen oder der Behörde oder Anstalt. Dies nennen die Autoren „alternierende Dualität". Im Modell der integrierten Dualität ist – wie bei der dualen beruflichen Ausbildung und dem ausbildungsintegrierenden dualen Studium – die Einarbeitung in den Beruf bereits Bestandteil der Ausbildung.

Tabelle 5.5 Beobachtung: Unternehmen als Initiator

Initiator	Mitspieler	nachrangig	Fallstudienbeispiel
Unternehmen	Hochschule	Kammern	Fall J

Das Unternehmen A stellte in der Selbstbeobachtung fest, dass bis zum Jahr 2020 vierzig Prozent der Ingenieure das Unternehmen aus Altersgründen verlassen werden. Aus technologischen Gründen ist es auf eine bestimmte Ingenieurdisziplin angewiesen. Die Beobachtung der Hochschulen durch das Unternehmen ergab, dass das Ausbildungsangebot für diese Ingenieurdisziplin zurückging. Positive Erfahrungen mit einem dualen Studium nach dem Krefelder Modell in einer anderen Ingenieurdisziplin lagen vor. Deshalb wurde eine isomorphe Qualifizierung angestrebt. Für die gewünschte Ingenieurdisziplin wurde ein normales Bachelorstudium an einer Hochschule in der Region angeboten. Es gab positive Kooperationserfahrungen in der Forschung mit diesem Ingenieurfachgebiet.

Motive: Das drängendste Motiv des Unternehmens A im Fall J ist das *Reproduktionsmotiv.* Das Unternehmen hat einen dringenden Bedarf an einer Kernkompetenz (*Kompetenzbedarf*), deren Fehlen sich auf dem Arbeitsmarkt abzeichnet (*Fachkräftemangel*). In unserem Sample haben wir zwei Studiengänge, die sich auf Kernkompetenzen innerhalb der jeweiligen Branche richten, die in den letzten Jahrzehnten von einer starken Schrumpfung (Unternehmen, Betriebsstätten, Arbeitsplätze) in Deutschland und einer weiterhin großen Bedeutung auf dem Weltmarkt charakterisiert waren. Das Motivvokabular des Unternehmens A hat in diesem Zusammenhang einen *Leistungsaspekt*, denn es sieht sich auf einen schrumpfenden Kern von Bildungsanbietern angewiesen, bei denen es auch noch die Marginalisierung der vom Unternehmen nachgefragten Ingenieurkompetenz befürchtet.

Tabelle 5.6   Fehlende Akteurskonstellationen

Initiator	Mitspieler	nachrangig	Fallstudienbeispiel
Hochschule	Kammern	Unternehmen	nicht besetzt
Kammern	Unternehmen	Hochschule	nicht besetzt

Dass die Rollen der Meso-Akteure in den Akteurskonstellationen nicht so unabhängig voneinander sind, wie es das einfache Permutationsmodell unterstellt, zeigt sich daran, dass wir keinen Fall gefunden haben, in dem eine Hochschule mit einer Kammer einen Studiengang initiiert hat. Eine Kammer hat als kooperativer Akteur, der seine Mitgliedsunternehmen vertritt, einen engen Kontakt zu den Unternehmen des Kammerbezirks. Aus dieser Stellvertreterfunktion heraus verstehen sich die Kontakte und Initiativen der Kammern in Richtung Politik und z. B. auch in Richtung der Bildungsbereiche. Kammern werden also typischerweise als Vertreter ihrer Zwangsmitglieder, der Unternehmen, agieren und erst im Benehmen mit diesen auf dem eher fremden Terrain der höheren Bildung aktiv werden, wie im Fall D.

Erstaunlicherweise ergab auch unsere Zufallsauswahl von Studiengängen keine Studiengänge, die von einer Kammer zusammen mit Unternehmen initiiert worden sind.

5.1.1.2.2 Akquisition

Der nächste Schritt bei der Entstehung ausbildungsintegrierender dualer Studiengänge ist die Akquisition. Zunächst brauchen die Initiatoren die entscheidenden oder den entscheidenden Mitspieler, um die Option duales Studium näher zur Umsetzung zu bringen. Bei der Akquisition gewinnt der Interdepenzaufbau zwischen den Akteuren an größerer Verbindlichkeit. Man beobachtet nicht nur und richtet mit Hilfe der Beobachtungen und deren Interpretation sein Handeln aus, sondern der Akquisiteur versucht, Andere aktiv zu einem Handeln in seinem Sinne zu bewegen. Im Anschluss an Schimanks *Elementare Mechanismen* von Governance (2007) müsste man hier von einer Kombination von Verhandeln und Beeinflussung reden. Wenn man sich von der Schimankschen formalen Soziologie mit der Engführung auf *Prozesse* der Interdepenzbewältigung etwas löst, dann kann man von *verständigungsorientiertem* und *beeinflussendem* Handeln reden, wobei wir auch *machtvermitteltes* Handeln zum beeinflussenden Handeln zählen (vgl. Kapitel 4).

Tabelle 5.7 Akquisition: Hochschule als Initiator

Initiator	Mitspieler	nachrangig	Fallstudienbeispiel
Hochschule	Unternehmen	Kammern	Fall B

Die Hochschule im Fall B akquirierte zuerst ein internationales Großunternehmen und dann andere, auch kleinere, auch nur regional ausgerichtete Unternehmen. Obwohl wir zum Akquisitionsprozess keine Daten haben, können wir davon ausgehen, dass die akquirierenden Initiatoren des Studiengangs die Unternehmen weder durch *Geld* noch durch *Macht* zur Beteiligung motivieren konnten. Die Akquisition musste sich auf den Aufbau eines *Netzwerkes* richten, die Governanceformen *Markt* und *Hierarchie* standen nicht zur Verfügung. In der Akquisition musste *Einfluss im engeren Sinne* eingesetzt werden. Unter *Einfluss im engeren Sinne* wird hier mit Zündorff (1986: 47) die „Herbeiführung von Konsens in Verhandlungen durch Überzeugungsleistungen auf der Grundlage von Wissen und Überzeugungskraft" verstanden. Es muss durch die Vertreter der akquirierenden Hochschule bei den Unternehmen die Überzeugung geweckt werden, dass sich die Investition von Geld und Personal in das ausbildungsintegrierende Studium für die Unternehmen lohnt. In der Zeit der Erstakquisition sahen sich Unternehmen in den neuen Bundesländern von der Politik in die Pflicht genommen, als Beitrag zur Bekämpfung der Jugendarbeitslosigkeit auch über ihren Bedarf hinaus auszubilden. Dies taten einige der zuerst akquirierten Unternehmen, nach Angaben der Hochschule, auch in Bezug auf die Ausbildung im Rahmen des dualen Studiums. Letztlich ging es aber beim Aufbau dieses Netzwerkes nicht um gute Absichten und Taten, sondern um den Aufbau von beiderseitig nützlichen Transaktionen. Leistung und Gegenleistung sind dabei in unterschiedlichem Ausmaß bestimmt. So bietet die Hochschule curricular definierte Ausbildungsleistungen an, deren Erbringung sie aufgrund des grundständigen Ingenieurstudiums glaubhaft machen kann. Schwieriger wird es bei den Leistungen der beruflichen Ausbildung, die in der normalen dualen Berufsausbildung von der Berufsschule erbracht würden, und die bei diesem Studiengang von der Hochschule erbracht werden: *„Wir agieren als sonstige Bildungseinrichtung im Sinne des Berufsbildungsgesetzes."* (B, Hochschule, § 73) Diese Leistung musste dann auch bei der Umsetzung mehrfach angepasst werden. Bei der Gegenleistung der Unternehmen geht es um einen finanziellen Beitrag für den Zusatzaufwand in der Kooperation und vor allem darum, wie viele Studierende sie dem Studiengang liefern. Diese Leistung ist in der Entstehungsphase unbestimmt und ist durch Absichtserklärungen hinterlegt. Betrachtet man die Akquisitionsphase des beginnenden Netzwerkes als Tausch, dann ist es offensichtlich ein *ungleicher Tausch*. Jedenfalls waren die Transaktionskosten für die Hochschule B in dieser Phase hoch: „*Vorher mussten wir über Land fahren, unser Arbeitsnachweis war das Fahrtenbuch.*" *(B, Hochschule, § 68)*

Tabelle 5.8 Akquisition: Unternehmen als Initiator

Initiator	Mitspieler	nachrangig	Fallstudienbeispiel
Unternehmen	Kammern	Hochschule	Fall S

Die Initiative für den dualen Studiengang im Fall S ging vom Unternehmen und dessen Unternehmensverband aus. Dieser bayerische Unternehmensverband hatte eine klare Qualifizierungsstrategie: Die Ausbildung im Rahmen des dualen Studiums sollte in der jeweiligen Region angeboten werden. Die für den Fall S zuständige IHK erforderte keinen großen Akquisitionsaufwand, weil sie die regionale Ausrichtung unterstützte. Allerdings war das Verhältnis zwischen IHK und Hochschule nicht unbelastet: „*die Gesprächsbasis war da aus der Historie einfach ein bisschen schwieriger, weil wir früher einen anderen Ansatz hatten*" (S, IHK, § 48). Der andere Ansatz war die Initiative der Kammern gewesen, in Bayern Berufsakademien nach baden-württembergischen Vorbild zu etablieren, was die Vertreter der bayerischen Fachhochschulen als Bedrohung auffassten und verhinderten. Trotz dieses Problems organisierten Unternehmen und Unternehmensverband mit der Kammer und Vertretern der Hochschule einen Workshop, um ein ausbildungsintegrierendes duales Studium in den Studiengang Betriebswirtschaft der Fachhochschule zu integrieren (teilsepariertes Modell). Im Unterschied zu den meisten anderen Fällen sind keine starken Netzwerkbeziehungen geknüpft worden. Eine starke Netzwerkbeziehung in Bezug auf die Ausbildung sowohl in der Akquisitionsphase als auch später in der Umsetzung des Studiengangs besteht nicht zwischen dem Unternehmen A im Fall S mit der IHK oder der Hochschule, sondern mit dem eigenen Unternehmensverband und dessen Ausbildungseinrichtung, die für die theoretischen Ausbildungsanteile im Sinne des Berufsbildungsgesetzes zuständig ist.

Tabelle 5.9 Akquisition: Kammern als Initiatoren

Initiator	Mitspieler	nachrangig	Fallstudienbeispiel
Kammern	Hochschule	Unternehmen	Fall G

Wie bereits erwähnt, sind die Unternehmen oder Organisationen der Berufsausbildung und -weiterbildung (wie berufsbildende Schulen oder Berufsakademien)
eher die natürlichen Partner der Kammern. Im Fall G war die Verbindung zwischen
der Handwerkskammer und der Hochschule jedoch schon vor der Entstehung des
dualen Studiums vorhanden: Professoren dieser Fachhochschule sind auch in der
Meisterfortbildung des Handwerks tätig (G, Hochschule, §§ 7+9). Die Akquisition des Mitspielers Hochschule war also für die Kammern und insbesondere für
die federführende Handwerkskammer am Hochschulstandort weitaus weniger
aufwendig als im Fall B (Akquisition von Unternehmen durch Hochschule, s. o.)
und im Fall J (Akquisition von Hochschule durch Unternehmen, s. u.). Aufgrund
der guten Kontakte zwischen Vertretern der Handwerkskammer und Hochschulvertretern und der gemeinsamen Beobachtung des Nachfolgeproblems bei Hand-
werksbetrieben dominierte zwischen den Akteuren von Kammer und Hochschule
verständnisorientiertes Handeln,

*„(...) dann hat man sich mal zusammengesetzt und sozusagen so was entwi-
ckelt." (G, Hochschule, § 9) „(...) und man hat sich dann mit der Fachhochschule zusammengesetzt und hat überlegt oder hat sich die Ausbildungsinhalte
angeschaut." (G, HWK, § 4).*

Die Akquisition der Unternehmen wurde ebenfalls von der Handwerkskammer
und der Hochschule durchgeführt. Auch hier gingen zum Teil persönliche Kontakte
im Rahmen beruflicher Tätigkeit der Akquisition voraus:

*„Mein Vater, der war früher Obermeister und kannte eben auch den Professor,
der das hier ins Leben gerufen hat (...)" (G, Betrieb B, § 22)*

Tabelle 5.10 Akquisition: Unternehmen als Initiator

Initiator	Mitspieler	nachrangig	Fallstudienbeispiel
Unternehmen	Hochschule	Kammern	Fall J

*„Ja, ja vier Jahre habe ich gebraucht, zu knautschen und zu kneten und zu ner-
ven.",* beschreibt die Personalverantwortliche des initiativen Unternehmens ihre
Akquisitionserfahrungen mit dem dualen Studiengang Fall J (J, Betrieb A, § 86).
Aus dem Zitat kann man bereits schließen, dass es für das Unternehmen große
Schwierigkeiten gab, die Hochschule als Mitspieler zu gewinnen. Es ist an dieser
Stelle wichtig, die vereinfachte Redeweise von der Hochschule als Akteur aufzu-

geben und ernst zu nehmen, dass es sich um einen *zusammengesetzten Akteur* handelt.[51] Relevant für die Akquisitionsphase ist die Differenzierung des Akteurs Hochschule in Fachgebiet, Fachbereich und Hochschulleitung. Außerdem ist zu berücksichtigen, dass die Hochschule in diesem Fall eine Universität ist und zwar eine mit Gesamthochschulvergangenheit.[52] Das Fachgebiet gehörte als Fachbereich zum früheren Fachhochschulsegment der Gesamthochschule. Im Zuge der Transformation der Gesamthochschule zur Universität war dieser Fachbereich von der Schließung oder der Verlagerung an eine Fachhochschule bedroht. Die Ausschreibung einer für die Aufrechterhaltung des Faches zentralen Professur wurde in diesem Zusammenhang vier Jahre verzögert. Die einzige Möglichkeit des Weiterbestands des Faches war seine Eingliederung in einen größeren Fachbereich. Gegenspieler aus dem Universitätssegment des Ingenieurwesens und aus der Universitätsleitung brachten die mit der Fachhochschulvergangenheit des Fachgebiets verknüpfte geringere Forschungstätigkeit und die Praxis- und Berufsbezogenheit des Studiengangs gegen das Fachgebiet vor. Der Vertreter des Fachgebiets setzte in diesem *Machtspiel* nahezu komplett auf die Unterstützung durch Industrie (Betrieb A und B aus unserer Fallstudie J) und Politik. Erfolgreich! Aber erst der Wechsel des Fachbereichsdekans und der Universitätsleitung ermöglichte die Ausschreibung der erwähnten Fachprofessur und schließlich auch die Entscheidung für den dualen Studiengang, der in ein neues Bachelorstudium integriert wurde. Erst dadurch wurde die *Beeinflussung auf der Basis von Machtressourcen* durch *verständigungsorientiertes* Handeln abgelöst.

Der Governancetypus der *Hierarchie* dominierte also die Akquisitionsphase im Fall J.

5.1.1.2.3 Konstitutierung

Die Entstehung dualer Studiengänge wird mit deren Konstituierung beendet. Zur Phase der Konstituierung gehört die Studiengangorganisation. Inhalte und zeitliche Verläufe der Ausbildung müssen vorliegen und im besten Fall aufeinander abgestimmt sein. Wir werden die Studiengangorganisation im sechsten Kapitel behandeln. Die Konstituierung des Studiengangs ist beendet, wenn die ersten Studierenden das Studium aufnehmen. Dann muss der Studiengang in die Praxis umgesetzt werden. Diese Umsetzung behandeln wir in den Kapiteln sechs und sieben.

Aus unseren Interviews, Gruppendiskussionen sowie der Online-Befragung der Studierenden ergeben sich keine Hinweise darauf, dass diese Phase noch eine

---

51 Scharpf (1997) hat den Ausdruck „composite actor" geprägt.
52 Eine detaillierte Fallanalyse, die sich der strategischen Organisationsanalyse von Crozier und Friedberg bediente, hat David vorgelegt (2012).

besondere Bedeutung hätte – mit Ausnahme des Falles A, der eine erweiterte Akteurskonstellation aufweist und dessen Entstehung durch den *Drittmittelmarkt* mitbestimmt wurde. Wir kommen darauf zurück. Wir wissen nicht, ob es Initiativen für den Aufbau dualer Studiengänge gegeben hat, die nach der Akquisitionsphase noch gescheitert sind, denn wir haben nur existierende Studiengänge untersucht. Auf Studiengänge, die z. B. in der Datenbank von *AusbildungsPlus* als konstituiert erschienen, aber aus unserem Zufallssample getilgt werden mussten, weil noch keine Studierenden das Studium aufgenommen hatten, sind wir allerdings durchaus gestoßen.

5.1.2   Erweiterung der Akteurskonstellationen

In manchen Konstellationen korporativer und kollektiver Akteure, die die Meso-Ebene der Governance ausbildungsintegrierender dualer Studiengänge in ihrer Entstehungsphase darstellen, waren noch andere Organisationen wichtig, namentlich die berufsbildenden Schulen (BBS) und Verbände oder Interessensgemeinschaften mit regionalwirtschaftlichem oder branchenbezogenem Fokus.

Tabelle 5.11   Erweiterte Akteurskonstellation: Beispiel

Initiator	Mitspieler	nachrangig	Fallstudienbeispiel
Hochschule, Unternehmensverband, Unternehmen	Unternehmen	BBS, Kammern	Fall A

Ein Beispiel ist die Akteurskonstellation im Fall A, bei dem hinter den aufgeführten Meso-Akteuren, denen die Initiatorenrolle zugerechnet werden kann, Personen in einflussreichen Positionen dieser Meso-Akteure stehen, die fachlich miteinander in einer *Community of Practice* verbunden sind.

Die erweiterten Akteurskonstellationen bilden die deutliche Mehrzahl unserer Fälle (n=16). Die folgende Tabelle bietet einen Überblick über die Rollen der von uns vorgefundenen Meso-Akteure bei der Entstehung der Studiengänge in *allen* 20 Akteurskonstellationen, also in den einfachen und den erweiterten.

Tabelle 5.12   Verteilung der Akteure auf Rollen in der Akteurskonstellation

Rollen Akteur	Initiator	Mitspieler	nachrangig	Summe
Hochschule	10	9	1	20
Unternehmen	9	21	14	44
Kammern	3	7	9	19
BBS	1	3	3	7
Unternehmensverband	5	0	0	5
Akademie	1	0	0	1
Lehrwerkstatt	0	1	0	1
Arbeitgeberverband	0	1	0	1
Summe	29	42	27	98

[Tabelle auf Grundlage der Interviews, die Angaben zur Entstehung des jeweiligen Studiengangs lieferten. Dies war nicht bei jedem Interview der Fall.]

Wir konnten also 29 Initiatoren, 42 Mitspieler und 27 nachrangige Meso-Akteure beobachten.

Im Vergleich aller Studiengänge unserer Untersuchung unterscheidet sich die Verteilung der Rollen von Hochschulen, Unternehmen und Kammern signifikant (p=0,014), wie man leicht sehen kann, wenn diese Verteilung prozentuiert wird:

Tabelle 5.13   Prozentuale Verteilung von Akteuren auf Rollen

	Initiator	Mitspieler	nachrangig	Summe
Hochschule	50,0	45,0	5,0	100
Unternehmen	20,5	47,7	31,8	100
Kammern	15,8	36,8	47,4	100

[Werte gerundet auf eine Nachkommastelle.]

Vereinzelte Erfahrungen bei der Vorbereitung unserer Untersuchung und Diskussionen mit Kollegen ließen vermuten, dass die Initiative bei der Entstehung dualer Studiengänge überwiegend von Unternehmen ausgeht. Das ist aber nicht der Fall. Die Hochschulen bleiben im Vergleich unserer Untersuchungsfälle dominant. Trotzdem ist die bedeutende Rolle der Unternehmen auch bei der Entstehung ausbildungsintegrierender dualer Studiengänge offensichtlich. Nicht nur Unternehmen, sondern auch Unternehmensverbände gehören zu den Initiatoren von Studiengängen.

Tabelle 5.14 Meso-Akteure als Initiatoren

Zu den Initiatoren gehören ...	in wie vielen Studiengängen?	in v. H. der Studiengänge?
Hochschulen	10	50,0
Unternehmen	7	30,5
Unternehmensverbände	5	25,0
BBS	1	5,0
Akademien	1	5,0

[Bei manchen Studiengängen gab es mehrere Initiatoren.]

Auf die Rolle von Unternehmensverbänden und BBS für die Entstehung ausbildungsintegrierender dualer Studiengänge werden wir noch zurückkommen.

5.1.2.1 Motive von Hochschulen, Unternehmen und Kammern

Nicht nur die Rollen in den Akteurskonstellationen, sondern auch die Problembezüge der Motive unterscheiden sich signifikant, vergleicht man die drei wichtigsten Meso-Akteure über alle Untersuchungsfälle.

Tabelle 5.15 Verteilung der Motive

Motive Akteure	Reproduktion (in v. H.)	Leistung (in v. H.)	Funktion (in v. H.)	Summe
Hochschulen	48,9	48,9	2,2	100
Unternehmen	91,4	7,5	1,1	100
Kammern	15,4	80,8	3,8	100

[Werte gerundet auf eine Nachkommastelle.]

Wenn man die Ergebnisse der Klassifizierung der Motive von Unternehmen und Kammern, die sie dazu bewegen, an der Entstehung von ausbildungsintegrierenden dualen Studiengängen teilzunehmen, pointiert zusammenfasst, dann muss man sagen: Die Motive der Unternehmen konzentrieren sich auf sich selbst, die der Kammern konzentrieren sich auf die Unternehmen. Das Vokabular der Motive von Kammern und Unternehmen hat eine große Schnittmenge. Vertreter beider Organisationstypen bringen Motive vor, die wir als *Fachkräftebindung, Fachkräfte-*

mangel, integrierte Dualität und *Abiturientenangebot* bezeichnet haben. Außerdem gibt es eine Schnittmenge zwischen den Leistungsmotiven der Hochschulen und denen der anderen Meso-Akteure.

Ausführlicher wird auf die Motive der Unternehmen, sich an einem ausbildungsintegrierenden dualen Studiengang zu beteiligen, im Kapitel 3 eingegangen. An dieser Stelle soll nur noch im Überblick die Unterschiedlichkeit und die Kompatibilität der Motive der drei Meso-Akteure dargestellt werden:

Tabelle 5.16 Vokabular der Motive

Motive Akteure	Reproduktion	Leistung	Funktion
Hoch- schulen	• Vervielfältigung des Bildungsangebots (n=6) • Wachstum der Organisation (n=5) • leistungsstarke Studierende (n=5) • Selbsterhaltung der Organisation (n=3) • Etablierung der Organisation (n=2) • kein großer Mehraufwand (n=1)	• Bildungsangebot für „die Wirtschaft", die Gesellschafter, die Partnerunternehmen, für Unternehmensnachfolge (n=9) • Bildungsangebot für die Wirtschaftsregion (n=4) • Bildungsangebot für die Profession (n=3) • … und andere …	• Beitrag zur Landespolitik (n=1)
Unter- nehmen	• fachlich-methodische Kompetenzen (n=21) • Fachkräftebindung (n=16) • integrierte Dualität (n=13) • personale Kompetenzen (n=10) • sozial-kommunikative Kompetenzen (n=6) • Fachkräftemangel (n=6) • … und andere	• Fachkräftebindung in der Region (n=4) • Leistungen des Studiums für die Branche (n=3)	• öffentlicher Auftrag (n=1)
Kammern	• Erweiterung des Service-Angebotes (n=6) • Selbsterhaltung (n=1) • eigene Kompetenz (n=1)	• Fachkräftebindung (n=8) • integrierte Dualität (n=8) • Fachkräftemangel (n=4) • Dienstleistungen für Mitgliedsunternehmen (n=4) • Dienstleistungen für Hochschulen/Akademien (n=4) • Abiturientenangebot (n=3) • … und andere	• Durchlässigkeit der Bildungssegmente (n=1) • Hüter der dualen Berufsausbildung (n=1)

Die Unternehmen sind, wie bereits dargestellt, auf die Bedürfnisse der Reproduktion der eigenen Organisation fokussiert, also hier auf die Rekrutierung, Qualifizierung und Positionierung ihres Fachkräftenachwuchses. Nur sieben Unternehmen haben Motive der Leistung für Andere (Fachkräftebindung für die Region / Ausbildungsleistung für Branche) angegeben.

Die Motivstruktur der Hochschule ist dagegen bifokal. Die Hochschulen fokussieren sowohl auf die eigene Reproduktion als auch auf Leistung für Andere. Wenn die eigene Reproduktion im Mittelpunkt steht, dann geht es um die Etablierung, die Selbsterhaltung und das Wachstum der Hochschule oder einer Organisationseinheit der Hochschule (etwa eines Fachgebietes). Oder das Thema ist die Differenzierung / Erweiterung des Bildungsangebotes. Schließlich freuen sich Hochschulen aufgrund von Erfahrungen mit ausbildungsintegrierenden dualen Studiengängen auf besonders leistungsstarke Studierende (s. o. „personale Kompetenz") – fünf Hochschulen hoben diesen Aspekt hervor.

Der Leistungsgesichtspunkt und der Reproduktionsgesichtspunkt sind in mehreren Fällen eng gekoppelt. So beim Reproduktionsmotiv der Etablierung der Organisation. Hier handelt es sich um zwei private, staatlich anerkannte Hochschulen, die eine Vorgeschichte als Berufsakademien haben. Sie mussten sich nach dieser Transformation als *akademische* Bildungsanbieter etablieren. Jeder akkreditierte akademische Studiengang, wie die von uns untersuchten dualen Studiengänge, trägt zur Etablierung der Organisation als akademischer Bildungsanbieter bei. Diese Hochschulen sind nun wiederum eng mit ihren Gesellschaftern (Unternehmen) verbunden. Für diese Unternehmen bieten sie die dualen Studiengänge als Dienstleistung an. In einem anderen Fall ist die Etablierung der Organisation – in diesem Fall die Etablierung eines neuen Hochschulstandortes   eng mit den Motiven der Leistung für die Wirtschaftsregion und für die Ausbildung von bestimmten, für diese Region bedeutsamen, Kompetenzen verknüpft. Drei Hochschulen gaben Selbsterhaltung als Motiv für die Entstehung dualer Studiengänge an. Dazu gehören die Fälle B und J, die wir bereits skizziert haben. Die Selbsterhaltung der Hochschuleinheiten wird motivisch von den Hochschulakteuren mit der Selbsterhaltung der Profession verknüpft. Im Fall J kämpfen sie gegen die Marginalisierung einer bestimmten fachlichen Ingenieurkompetenz und im Fall B um das „Vertrauen in eine Berufsperspektive durch das Ingenieurstudium" in den neuen Bundesländern. Fünf Reproduktionsmotive und sechs Leistungsmotive sind eng gekoppelt. Die übrigen 17 Reproduktionsmotive und 16 Leistungsmotive jedoch nicht.

Am stärksten sehen sich die Hochschulen als Bildungsanbieter „für die Wirtschaft" motiviert (n=9, darunter auch „für die Mitgliedsunternehmen [Gesellschafter]", „für Partnerunternehmen", „für Unternehmensnachfolge") und „für die Wirtschaftsregion" (n=4). Dann folgt die Leistung „für die Profession" (n=3).

5.1.2.2 Die Rollen und Motive der berufsbildenden Schulen und Unternehmensverbände

Wir führen im Folgenden nur noch die Rollen der in der Erweiterung der Akteurs-konstellationen neu hinzugekommenen wichtigen Meso-Akteure ein.

5.1.2.2.1 Berufsbildende Schulen (BBS):

Nur in sieben der 20 Untersuchungsfälle waren berufsbildende Schulen Teil der Akteurskonstellation. Dies ist natürlich deshalb besonders bemerkenswert, weil die deutsche berufliche Ausbildung der „integrierten Dualität" (Rauner / Wittig 2009) geradezu durch die beiden Lernorte Betrieb und Berufsschule definiert wird. Die Begründungen für den Ausschluss der BBS sind unterschiedlich. Hauptsächlich wird die Schwierigkeit der zeitlichen Integration des Berufsschulunterrichts in das ausbildungsintegrierende Studium hervorgehoben. Außerdem: Für die Verdich-tung des Berufsschulstoffes, die aus zeitlichen Gründen und aus pädagogischen Gründen (um die dual Studierenden nicht zu langweilen) erforderlich ist, benötigt man eigene Berufsschulklassen, für die nicht immer die notwendige Klassenstärke zustande kommt. Und schließlich gab es auch in einigen Fällen Zweifel an der Kompetenz der BBS.

In einem Fall (T) gehört eine BBS sogar zu den Initiatoren des Studiengangs. Hier trat eine Vertreterin einer BBS an die Hochschule mit dem Anliegen heran, *„ob es nicht möglich ist, Leistungen der Berufsschule auf das Hochschulstudium anzurechnen." (T, Hochschule, Gruppendiskussion § 18)*

In der Regel werden aber die BBS von anderen Akteuren ins Spiel gebracht. So im Fall U, wo der Initiator, ein Großunternehmen, bei der BBS nachfragte: *„Wie ist das mit der Beschulung? Könnt ihr das leisten? Und wie könnte das Ganze aussehen?" (U, BBS, § 2)* Oder im Fall Q, in dem die Hochschule die Mitarbeit der BBS für wichtig hielt. Eine andere BBS bringt schon seit Jahren bei dualen Studiengängen selbstbewusst ihre Kompetenz als regionaler Bildungsdienstleister ins Spiel (Fall H) und hat dies auch in einem Kooperationsvertrag mit der Hochschule festgeschrieben.

Im Fall A wurde die nachrangige Mitarbeit der BBS über ein Unternehmen ge-regelt, das als Mitspieler an der Entstehung des Studiengangs beteiligt war. Ebenso im Fall C. Im Fall D wurde die BBS vom Initiator IHK in die Akteurskonstellation geholt und bekam ein Zeitbudget zugewiesen, in dem sie den komprimierten Lernstoff unterbringen musste.

5.1.2.2.2 Unternehmensverbände

Zu den fünf Unternehmensverbänden, die einen dualen Studiengang initiiert haben, gehören drei Bankenverbände, die auf Länderebene organisiert sind. In den Fällen S und T ist es sogar derselbe Bankenverband, der initiativ geworden ist. Im Fall R wird als Motiv referiert:

> *„Nach vier Jahren, also das ist jetzt ungefähr so fünf bis sechs Jahre her, kam dann die Frage, wie sieht es denn aus mit ausbildungsintegrierenden Studiengängen, weil die [Banken] eben gesehen haben, dass es zunehmend schwieriger für sie wird, gute Auszubildende zu akquirieren und in diesem Zuge kam dann eben die Idee auf, hier auch diesen Studiengang ausbildungsintegrierend aufzubauen."*

So berichtet ein Hochschullehrer über die Anfrage des Unternehmensverbandes (R, Hochschule, § 4). Ebenso sieht es der Unternehmensverband, der in den Fällen S und T zu den Initiatoren gehört:

> *„Zu den Motiven noch, weil sie danach fragten, natürlich ist es auch ein Kampf um die besten Köpfe. Dass man sagt, wenn ich heute Abitur gemacht habe, entscheide ich mich vielleicht für eine Ausbildung, vielleicht für ein Studium, die Entscheidung habe ich ja zu treffen und ich nehme schon wahr, ich glaube, dass der Bolognaprozess damit etwas zu tun hat, dass es ein Hang gibt zur akademischen Ausbildungsform, weil die Grenze niedrigschwelliger ist."* *(S, Unternehmensverband, § 53)*

Die Unternehmen, die zu diesen Unternehmensverbänden gehören, sind natürlich autonome Akteure, die sich gegen duale Studiengänge oder gegen die regionale Anbindung dieser Studiengänge entscheiden können, aber die Unternehmensverbände haben – nach Diskussionen mit ihren Mitgliedsunternehmen – einen Rahmen geschaffen. Diese Institution ist im Unternehmensverband der Fälle S und T mit einer landesweiten Koordinationsstelle ausgestattet, die Kontakt zu allen Hochschulen hält, die im Bundesland duale Studiengänge anbieten, die das Wissen über diese Ausbildungsform speichert und organisiert. Außerdem wird durch die Unternehmensverbände bzw. deren Ausbildungseinrichtungen der berufsschulische Anteil organisiert – in Form von Seminaren in den Akademien der Unternehmensverbände und durch auf den IHK-Abschluss zugeschnittene E-Learning-Programme. Das führt dann im Untersuchungsfall T dazu, dass die Studierenden in diesem Studiengang, die aus dem Bankenbereich kommen, den berufsschulischen Anteil über die Unternehmensverbandsakademie und die E-Learning-Kurse macht, während

die meisten Studierenden (*„Die große Masse sind aber meine Industriekaufleute.",*
T, Hochschule, Gruppendiskussion § 40) in die Berufsschule gehen.

Eine ähnliche, aber nur auf eine Hochschule bezogene Initiativ- und Koordinationsfunktion wie die zwei Unternehmensverbände im Bankenbereich hat ein –
rechtlich als Verein organisiertes – regionales Industrienetzwerk. Der Studiengang
ist – aus Anlass einer Landesinitiative – in enger Kooperation eines Professors der
Hochschule mit dem Industrienetzwerk entworfen worden. Mit der Entstehung
des Studiengangs wurde zugleich ein zusätzlicher Standort der Hochschule eingerichtet, der sich in ca. 30 km Entfernung in einer anderen Region befindet. Um
den Studiengang passend für die regionale Wirtschaftsstruktur zu entwickeln,
wurden seitens der Hochschule und dem regionalen Industrienetzwerk verschiedene
Workshops angeboten, die die Fachbereiche der Hochschule und 15 Unternehmen
aus verschiedenen Branchen, vertreten durch die Geschäftsführer, Personalleiter
oder Entwicklungsleiter, zusammen gebracht haben. Es wurde ausgelotet wie der
Studiengang inhaltlich gestaltet werden soll, um einerseits spezialisierte Fachkräfte
zu erhalten, die die regionalen Bedarfe erfüllen können und um andererseits auch
eine breite und fundierte Basisausbildung eines Ingenieurstudiums zu integrieren.

Fall A: Das deutschlandweit größte Unternehmensnetzwerk für eine produkti-
onsnahe Dienstleistung hat sich aus einem regionalen Kern entwickelt. Zwischen
akademischen Bildungseinrichtungen, Forschungsinstituten und Unternehmen
gibt es Beziehungen von Personen in einflussreichen Positionen (*soziales Kapital*).

„Parallel zu diesen Aktivitäten haben wir uns im Verein dann überlegt, was
müsste denn jemand, der in diesem Bereich arbeitet, an Lehrbausteinen
kennen. Und ein erstes Curriculum entworfen. Das war so ein ideales Curri-
culum, wussten wir auch von vornherein, dass das nicht umsetzbar war." (A,
Hochschule II, § 6)

5.2   Geld und Recht: Rahmensteuerung im Mehrebenensystem

Bislang haben wir bei der Behandlung der Entstehung ausbildungsintegrierender
dualer Studiengänge die für viele dieser Studiengänge wichtige *politische Rah-*
mensteuerung über *Geld* und *Recht* außer Acht gelassen. Hier konnten wir zwei
unterschiedliche Steuerungsstrategien identifizieren: den *Drittmittelmarkt* und die
landesrechtliche Institutionalisierung.

5.2.1 Drittmittelmarkt

„Also gut, bei uns war es eher eine externe Triggerung. Der Anlass war das Fachhochschulausbauprogramm in [Bundesland X], wo ja die Landesregierung neue Studienplätze zur Verfügung stellen wollte und da sollte eben das Schwergewicht auf die Kombination aus beruflicher Ausbildung und Studium gelegt werden. (…) Man muss sagen, locken tat natürlich die Tatsache, dass da zusätzliche Stellen angeboten wurden. Also Professorenstellen, inklusive Mitarbeiterstellen (…)" (Q, Hochschule, § 6)

Vier unserer 20 Untersuchungsfälle sind aus Anlass von zwei Ausschreibungen durch zwei Landesregierungen entstanden. Die eine Ausschreibung stammte von einem Wissenschaftsministerium und war Teil eines umfangreicheren Programms zum Aufbau und Ausbau von Fachhochschulen. In dem anderen Bundesland hatte das Wirtschaftsministerium die Ausschreibung zur Förderung dualer Studiengänge generiert und stellte es in den Kontext der KMU-Förderung. Zur Besonderheit dieser Ausschreibung gehörte, das *Bildungsdienstleister des freien Marktes (M, Ministerium, § 9)* zwingend zum Anbieterkreis gehören sollten.

Tabelle 5.17 Vom Drittmittelmarkt gesteuerte Akteurskonstellationen

Initiator	Mitspieler	nachrangig	Fallstudienbeispiel
Hochschule, Unternehmensverband, Unternehmen	Unternehmen	BBS, Kammern	Fall A
Unternehmensverband, Hochschule	Lehrwerkstatt, Unternehmen	Kammer	Fall F
Akademie[201]	Hochschule, Unternehmen	Unternehmen	Fall M
Hochschule	Kammer, BBS	Unternehmen	Fall Q

Diese Ausschreibungen sind Wettbewerbsverfahren, als deren Ergebnis der Tausch von Haushaltsmittelversprechen der Landesregierung gegen Leistungsversprechen der Teilnehmer stattfindet. Die Teilnahme am Wettbewerb ist limitiert. Die gegebenenfalls Wettbewerbsteilnehmern zugesprochenen Fördermittel sind nicht frei

---

53 Mit „Akademie" meinen wir hier einen Bildungsdienstleister, der nicht-akademische Weiterbildungs- und Studienangebote macht

verfügbar, sondern an Budgettitel, etwa für Personal, gebunden. Förderzusagen sind *hierarchische Dokumente* im Sinne von Stinchcombe (1990: 194 ff., insbes. 223 ff.), weil sie in die Dispositionsmöglichkeiten der Hochschulen eingreifen. Auch wird die Entscheidung der Landesregierung über die Angebote der Wettbewerber nicht nach reinen bildungsökonomischen Gesichtspunkten, sondern auch nach landespolitischen Fördergesichtspunkten getroffen. In diesem Drittmittelmarkt zur Studienganggründung finden wir also eine Mischung von *marktlichen* und *hierarchischen Governanceformen.*

Wie das obige Zitat aus der Hochschule Q zeigt, kann ein derartiger Wettbewerb für Hochschulen tatsächlich einen bildungsökonomischen Anreiz setzen, um im Sinne der Landesregierung zu handeln. Im weiter oben anhand von Beispielen skizzierten Feld der *Beobachtung* taucht die Möglichkeit auf, mit der Errichtung dualer Studiengänge gleichzeitig Ressourcen für die Organisation Hochschule zu generieren. Dadurch würde sich das bildungsökonomische Investitionsrisiko der Hochschulen verringern. Im Fall A war die Abweichung von der Routine, das duale Studium, schon länger im Blick, denn zum Zeitpunkt der Ausschreibung gab es schon Entwürfe für duale Studiengänge in einem Fachgebiet, das mehrere kompetente Beobachter in und außerhalb der Hochschule weiter entwickeln wollten. Ebenso war im Fall F schon das Vorbild dualer Studiengang an der Hochschule vorhanden und es gab Planspiele zwischen einem Hochschulvertreter und dem industriellen Netzwerk zur Etablierung dualer Studiengänge an einem neuen regionalen Hochschulstandort. Im Fall M war die Akademie der aufmerksame Beobachter der Ausschreibung und als *Bildungsdienstleister des freien Marktes (M, Ministerium, § 9)* durch diese Ausschreibung auch besonders angesprochen.

Zunächst jedoch müssen aus Beobachtern der Ausschreibung Teilnehmer am Wettbewerb werden. Dadurch werden sie dazu gebracht, ein Spiel um knappe Ressourcen zu spielen, das sich an Leistungsmerkmalen orientiert und dessen Regeln die Wettbewerbsteilnehmer nicht entwickelt haben und die ihnen auferlegt werden (diese Spielform wird *Agon* genannt; Neuberger 1988: 68 ff.). Akteure müssen sich zu Initiatoren erklären und die Phase der *Akquisition* eröffnen.

„Also die Ausschreibung war relativ kurzfristig, wie das meistens so ist. Und wir hatten insgesamt zwei Monate Zeit, uns was einfallen zu lassen, innerhalb der [Akademie] (hatten wir) nur 14 Tage gebraucht, um uns dafür zu entscheiden und da ging es eigentlich auch schon los, dass die ersten Gespräche geführt wurden mit der [Hochschule] und dann hatten wir die konkrete Ausgestaltung der Inhalte, die Verteilung der Studieninhalte bzw. Auswahl von Modulen und so und Zusatzqualifikationen, worüber wir uns dann noch verständigt haben."
(M, Hochschule/Akademie, § 9)

Die Akademie hat die Hochschule akquiriert und unter Zeitdruck – *wie das meistens so ist* – wurde dann das Angebot entwickelt. In der Akquisitionsphase kann es allerdings nicht bei dem Akteur (Fall A und Q) oder bei den Akteuren (Fall F und M) bleiben, der den Studiengang entwickelt bzw. die den Studiengang entwickeln, sondern bei beiden Ausschreibungen waren auch Letters of Intent von Unternehmen einzureichen, die im Rahmen des vorgeschlagenen dualen Studiengangs Ausbildungsplätze zur Verfügung stellen wollten. In diesen Fällen dominiert in der Akquisitionsphase *verständigungsorientiertes* und *beeinflussendes* Handeln. *Konstituiert* werden die Studiengänge nach dem Förderbescheid der Landesregierung. Im Fall A wurde daraus eine besondere Konstituierungsphase. Das Wettbewerbsangebot der Fachhochschule war nicht erfolgreich.

„Daraufhin hat das Rektorat beschlossen – hat gesagt, wir wollen das Segment der dualen Studiengänge auch hier an der FH haben und hat einen internen Topf gebildet, mit dem zunächst drei duale Studiengänge entwickelt werden sollten. Das ist auch gemacht worden." (A, Hochschule I, § 8)

Hier wirkt die *hierarchische* Steuerung in der Organisation durch die Hochschulspitze, die für die Durchsetzung der dualen Studiengänge an dieser FH wichtig ist, denn es gibt im Rahmen der *akademischen Selbststeuerung* – offenbar schon bei der Entstehung der dualen Studiengänge – an der FH Widerstand gegen duale Studiengänge, der mit der Befürchtung einer Schmalspurausbildung („*z. B. das Argument dualer Studiengang ist Teufelszeug, dient nur den Unternehmen, um möglichst reibungslos Schmalspurakademiker zu qualifizieren.*" A, Hochschule I, § 32) und dem höheren Ressourcenbedarf dualer Studiengänge („*Die Argumente: die dualen Studiengänge sind zu teuer.*" A, Hochschule I, § 38) begründet werden.

Im Fall F war die Konstituierungsphase dadurch aufwändig, dass mit der Konstituierung des dualen Studienganges gleichzeitig ein zweiter Campus der Hochschule aufgebaut werden musste. Dieser ist heute noch provisorisch und befindet sich in einem Gebäude eines Unternehmens, das an dem dualen Studiengang beteiligt ist.

Abschließend ist zu sagen, dass die ökonomischen Anreize des Drittmittelmarktes für die Entstehung der Studiengänge in den Fällen M und Q entscheidend waren. In den Fällen A und F ist die Entstehung der Studiengänge viel stärker mit der Selbstbeobachtung der Unternehmensverbände und der durch sie vermittelten wirtschaftlichen Interessen verknüpft. Die formelle (Fall A) oder die informelle (Fall F) Zugehörigkeit von Hochschulvertretern zu den beiden Unternehmensnetzwerken war eine wichtige Voraussetzung für das Zustandekommen der Studiengänge.

5.2.2   Landesrechtliche Institutionalisierung

Zwei Bundesländer haben einen rechtlichen Rahmen für alle dualen Studiengänge geschaffen. Baden-Württemberg hat die Berufsakademien und deren duale Studiengänge zur Dualen Hochschulen Baden-Württemberg zusammengefasst und dieser Hochschule den Status einer Fachhochschule gegeben. Wir haben mit Verantwortlichen der DHBW Interviews geführt, sie aber aus der vergleichenden Untersuchung der ausbildungsintegrierenden dualen Studiengänge ausgespart, weil die DHBW sich auf die praxisintegrierenden dualen Studiengänge konzentriert. Die zweite umfassende landesrechtliche Institutionalisierung ist die bayrische Konstruktion einer Hochschule DUAL als „Dachmarke" aller bayrischen dualen Studiengänge, also auch der ausbildungsintegrierenden Studiengänge, die unter dem Titel „Verbundstudium" laufen.[54]

Wir haben weiter oben darauf hingewiesen, dass die dualen Studiengänge in Baden-Württemberg in 18 von 20 Fallstudien von Befragten als Referenz genannt wurden, wenn auch nicht durchweg als positiver Bezugspunkt. In Bayern war dadurch ein Konflikt zwischen den Industrie- und Handelskammern und den Fachhochschulen entstanden, weil die Kammern sich für die Einführung von Berufsakademien einsetzten – gegen den Widerstand der Fachhochschulen, die dies als Angriff auf ihre Ressourcen interpretierten. In dieser bildungspolitischen Auseinandersetzung haben sich die Fachhochschulen durchgesetzt[55]:

„Ursprung der Initiative ist ein politischer Beschluss gewesen, der eben lautete, (…) nein keine Berufsakademien, sondern man baut das duale Studium einfach ganz gezielt an den Hochschulen für angewandte Wissenschaften weiter aus" *(E, Hochschule II, § 4)*

Die „Dachmarke" Hochschule DUAL wird vom bayerischen Staatsministerium für Wissenschaft, Forschung und Kunst finanziert. Eine zusätzliche Finanzierung stammt von den nachträglich hinzu gewonnenen „Förderpartnern": der Arbeitsgemeinschaft der bayerischen Handwerkskammern, den bayerischen Industrie-

---

54   In Hessen gibt es seit 2008 die – so der offizielle Ausdruck – „Kampagne" Duales Studium Hessen. Durch einen „Kriterienkatalog" im September 2010 wurden Anforderungen an ein duales Studium bestimmt. Seit August 2013 sind die hessischen IHK mit dieser „Kampagne" institutionell verbunden (http://www.dualesstudium-hessen.de/hintergrundinfos/)

55   Einzelheiten wurden uns nur bei ausgeschaltetem Aufnahmegerät erzählt.

und Handelskammern sowie dem Verband der bayerischen Wirtschaft (vbw).[56] Es handelt sich aber sicher nicht um eine Public-private-Partnership, in der diese Wirtschaftsverbände durch Investition und Stimme gleichberechtigt wären. Die Hochschule DUAL wird von der Hochschulpolitik und dem Verband der Hochschulen für angewandte Wissenschaften (Fachhochschulen) gesteuert. In München gibt es eine zentrale Geschäftsstelle und in den Fachhochschulen wird die Hochschule DUAL durch Koordinatoren vertreten.

Aus Governancesicht ist der Unterschied zur Rahmensteuerung durch Wettbewerbe, also durch den Drittmittelmarkt, erheblich. Vergleichbar mit der offenen Methode der Koordinierung der EU-Kommission (Heidenreich / Bischoff 2008) ermöglicht diese landesrechtliche Institutionalisierung eine landesweite *Beobachtung* der Angebote von dualen Studiengängen. Durch diese verbesserte Beobachtung, die die Angebote für Studierwillige und Unternehmen transparenter macht, wird natürlich der Wettbewerb zwischen den Fachhochschulen gefördert. Und da der Verband der Hochschulen für angewandte Wissenschaften die Initiative gestartet hat, ist es *„auch wie so eine Art Selbstverpflichtung immer verstärkter mit den Unternehmen in der Wirtschaft einfach Modelle [dualer Studiengänge] zu entwickeln."* *(E, Hochschule II, § 4)* Jedoch machen sich nicht alle Hochschulen diese Selbstverpflichtung zu eigen und – hier ist wieder zu berücksichtigen, dass Hochschulen *zusammengesetzte Akteure* sind – vor allem hebt das nicht die *„starke und dezentrale Position"* der Fakultäten *(E, Hochschule DUAL, § 37)* und auch der einzelnen Professoren auf.[57]

Tabelle 5.18 Durch landesrechtliche Institutionalisierung gesteuerte
           Akteurskonstellationen

Initiator	Mitspieler	nachrangig	Fälle
Kammer	Hochschulen, Unternehmen		Fall E
Unternehmensverband, Unternehmen	Kammern	Hochschule	Fall S
Unternehmensverband, BBS	Hochschule, Unternehmen, Kammer		Fall T

56 s. http://www.hochschule-dual.de/ueber-uns/foerderpartner/foerderpartner.html (Zugriff: 07/2014)

57 Die Erhebung eines Untersuchungsfalles scheiterte z. B. daran, dass zwar die Hochschule DUAL-Koordinatorin die Erhebung unterstützte, der Studiengangleiter (Professor) aber nicht.

Während ein Förderprogramm mit Wettbewerbsinstrumenten durch die Entscheidung zwischen verschiedenen Angeboten und durch die Verknüpfung der Förderung mit zahlreichen Auflagen durchaus in die Autonomie der Hochschule und der Fakultät eingreift, an der der Studiengang durchgeführt werden soll, versucht die landesrechtliche Institutionalisierung eher Lernprozesse der Hochschulorganisationen durch wechselseitige Beobachtung in einem beschränkten Themenfeld zu provozieren. Ein nicht unwesentlicher Unterschied zur Rahmensteuerung durch den Drittmittelmarkt ist auch, dass die Steuerung durch Geld eher nachrangig ist:

„einmal kam das noch, da kam ein Schreiben vom damaligen Ministerpräsidenten (…), der dann sagte, wir müssen irgendwas entwickeln in Konkurrenz zu den Berufsakademien in Sachsen und in Baden-Württemberg, aber es darf kein Geld kosten." (T, BBS, Gruppendiskussion, § 273).

Es fehlt also der bildungsökonomische Anreiz, eine gegebenenfalls vorhandene Skepsis gegenüber dualen Studiengängen in den Hochschulen zu überwinden. Die Anzahl dualer Studiengänge konnte aber in Bayern in den letzten Jahren erheblich vermehrt werden.

5.3   Boundary-spanning: die Mikro-Ebene

„Die Initiative kam von uns, sprich von mir persönlich." (D, IHK, § 6) In diesem Kapitel haben wir bislang die Organisationen, die an der Entstehung eines ausbildungsintegrierenden dualen Studiengangs beteiligt sind, wie Hochschulen, Unternehmen, Kammern, berufsbildende Schulen, als Meso-Akteure in einer Akteurskonstellation behandelt. Das deckt sich mit der Redeweise unserer Interviewpartner, wenn sie von der eigenen Organisation als handelndem Akteur sprechen. Dies ist aber nicht durchgängig der Fall, wie das angeführte Zitat zeigt. Die besondere Rolle von Personen für die Studienganggenese wurde in den Interviews öfter hervorgehoben.[58]Es

---

58 Eine Auszählung der Nennung von Personen mit wichtiger Rolle im Entstehungsprozess ist hier nicht sinnvoll, denn viele Aussagen dazu sind lückenhaft oder vage. Das ist kein Wunder, wenn z. B. das Interview 2012 eine Situation im Jahr 2005 thematisiert, an der die beiden Interviewten nicht teilnehmen konnten, weil sie noch gar nicht in der Organisation beschäftigt waren. *„Wir haben halt beide das Problem, dass wir bei dem Prozess nicht live dabei waren, deshalb kennen wir das nur aus Erzählungen." (S, Unternehmensverband, § 37)*

sind Personen, die einen erkennbaren eigenen Beitrag zur Strukturierung des Handlungsfeldes leisten.[59]

Diese Personen können wir als Boundary-Spanner bezeichnen, weil und soweit sie über die Grenzen der eigenen Organisation hinaus greifen und dadurch das Handlungsfeld verändern. Wir hatten die Figur des Boundary-Spanners im vierten Kapitel eingeführt. Dessen Existenz ist für ausbildungsintegrierende duale Studiengänge unabdingbar. Für die Koordination von diesen Studiengängen sind Boundary-spanning-Kompetenzen notwendig, wie im siebten Kapitel gezeigt wird, jedoch sind diese Kompetenzen auch für die Entstehung dieser Studiengänge wichtig.

Obwohl die Darstellung der Mikro-Ebene in der Entstehungsphase der Studiengänge aufgrund der prekären Datenlage stärker hypothetisch ist als bei der Darstellung der Meso-Ebene, lassen sich verschiedene Aspekte der Boundary-Spanner-Rolle empirisch belegen. Wir werden uns der Rolle der Boundary-Spanner für die Entstehung dualer Studiengänge anhand der Mechanismen der Handlungskoordination vergewissern, mit denen wir die Bewältigung der Interdependenz von Akteuren analysieren.

5.3.1 Beobachtung

Bereits Aldrich und Herker (1977) hatten in ihrem Versuch, die Rolle von Boundary-Spanner zu systematisieren (s. Kapitel 4), die Informationsverarbeitung als eine von zwei Grundfunktionen herausgestellt, die Boundary-Spanner für Organisationen erfüllen. Wenn wir Beobachtung, wie im vierten Kapitel, als Unterscheiden und Bezeichnen verstehen, dann stellen Boundary-Spanner in der Umwelt einer Organisation Unterschiede fest (Neuerungen, etwas was in der Organisation noch nicht bekannt ist) und bezeichnen die Relevanz dieser Unterschiede für die Organisation. Durch dieses Bezeichnen haben wir schon einen fließenden Übergang zum Koordinationsmechanismus der Beeinflussung.

Beispielsweise identifizierte im Fall B (s. o. § 5.1.1) in der Hochschule ein Boundary-Spanner eine erfolgreiche *Abweichung* im Segment der hochschulischen Bildung:

> *„Wir haben uns da orientiert an den Erfahrungen der Fachhochschule Niederrhein in Krefeld, die ja als erste Hochschule die dualen Studiengänge in den tertiären Bereich überführt hat." (B, Hochschule, § 14)*

---

59 In Anlehnung an Friedberg formuliert (vgl. Friedberg 1995: 203).

Dieser Boundary-Spanner war Professor X.

„Der Vater der KIA-Studiengänge war sicherlich Professor X, der hatte Kontakte zur Fachhochschule Niederrhein. Professor X hatte damals die Position des Prorektors für Bildung und konnte von da aus auch durch Überrumpelung die KIA-Studiengänge ins Leben rufen." (B, Hochschule, § 70)

Die an dieser Stelle wichtigen Stichworte lauten: *Kontakte* und *Position*. Der Boundary-Spanner beobachtet nicht voraussetzungslos. Er kann sich die ihm selbst nicht zugängliche Umwelt über *Verbreitungsmedien* oder über *Personen* erschließen und dadurch gleichzeitig seine Umweltinformationen kanalisieren. Professor X hätte also von dualen Studiengängen an Fachhochschulen aus der Zeitung, dem Rundfunk, dem Internet oder aus Fachpublikationen erfahren können, hat aber offenbar sein *soziales Kapital* benutzt. Mit sozialem Kapital meinen wir, Bourdieu folgend, *„die Summe der aktuellen und virtuellen Ressourcen, die einem Individuum oder einer Gruppe aufgrund der Tatsache zukommen, dass sie über ein dauerhaftes Netz von Beziehungen, einer – mehr oder weniger institutionalisierten – wechselseitigen Kenntnis und Anerkenntnis verfügen"* (Bourdieu in Bourdieu / Wacquant 2006: 151 f.).
Gut wird das im folgenden Zitat veranschaulicht, das die Funktion privater Kontakte für berufliche Zwecke aufzeigt:

„Dann halt durch persönliche Beziehungen zwischen dem Rektor dieser FH und dem Professor Y von der Universität und auch Herrn K, die haben sich dann irgendwann mal in Brasilien getroffen zu gemeinsamen Aktivitäten. Hat man sich dann darauf vereinbart, da die Industrie es auch wollte, dass es ein sehr praxisnaher Studiengang ist, dass man idealerweise so einen dualen Studiengang einrichtet und da bietet sich dann natürlich eine FH an, weil die ist ja, vom Prinzip her, näher an der Praxis. Und so ist quasi die Idee für diesen Studiengang entstanden." (A, Hochschule II, § 6)

Den Begriff des sozialen Kapitals haben wir auch deshalb herangezogen, weil er erlaubt – wieder mit Verweis auf die Analysebegriffe von Bourdieu – einen weiteren Zugang zur voraussetzungsvollen Beobachtung der Umwelt einzuführen und vom sozialen Kapital abzugrenzen: auch *inkorporiertes kulturelles Kapital* scheint eine wichtige Rolle bei einigen Boundary-Spanner in unseren Untersuchungsfällen zu spielen.

„*Ich hab das (Gespräche für den Aufbau eines dualen Studiengangs zu führen; UM) auch deswegen getan, weil ich vorab fünf bis sechs Jahre in [Ortsname] eine private Berufsakademie geleitet habe. (…) Das war damals eine Berufsakademie in [Bundesland]. Da war eine Landschaft am Entstehen, an privaten Berufsakademien, mit der Zuordnung auch zum tertiären Bereich, mit eigenem Gesetz im Land. (…) Deswegen lag mir das Thema dualer Studiengänge natürlich und war mir bekannt und dann kam ich hier nach [D]und fand eigentlich nichts vor. Das war eigentlich der Ausgangsgedanke hier auch was zu machen.*" (D, IHK, § 6)

Die Beobachtung eines Mangels, der Abwesenheit von dualen Studiengängen, in der Region für die die IHK zuständig war, die der Interviewte vertrat, war der Ausgangspunkt für die Entstehung eines ausbildungsintegrierenden dualen Studiengangs. Die Voraussetzung für diese Beobachtung wiederum war eine berufsbiografische Erfahrung, aus der ein Wissen (*„war mir bekannt"*) hervorging, welches habitualisiert wurde (*„lag mir das Thema dualer Studiengänge natürlich"*) – dies fällt bei Bourdieu unter den Begriff des inkorporierten kulturellen Kapitals (Bourdieu 1983: 186 ff.).

Mehrere Interviewpartner verwiesen auf kulturelles Kapital, das sich dem Erwerb beruflicher Erfahrungen verdankt, die jenseits der Grenzen der eigenen Organisation gemacht wurden. Zu ihnen gehörten einige, die zur Entstehung der Studiengänge einen wichtigen Beitrag leisteten.

„*Ich bin ja auch nicht so der typische Hochschulmann. Ich bin ja erst mit meinen fast 60 hier in die Hochschule eingestiegen und war früher in der Industrie tätig (…), im internationalen Beratungsgeschäft tätig (…).*" (A, Hochschule I, § 52)

„*Das hängt auch noch damit zusammen, dass ich noch nicht so lange an der Universität bin. Ich bin erst seit 2007 hier Professor und (…) ich habe also den größten Teil meines beruflichen Lebens in der Industrie verbracht (…); ich bin durch ein anderes Denken halt geprägt und letztendlich meine ich, können Universitäten gar nicht an dualen Studiengängen vorbeigehen (…).*" (J, Hochschule II, § 5)

Wir haben, angestoßen durch das Stichwort Kontakte, zwei mögliche Voraussetzungen für die Beobachtung durch Boundary-Spanner in unserem Untersuchungssample gefunden: Soziales Kapital und inkorporiertes kulturelles Kapital.

Auch das Stichwort Position führt weiter. In einer detaillierten Rekonstruktion eines unserer Untersuchungsfälle hat David (2012: 66 ff.) die Unterscheidung von

Routine- und *Innovationsspielen* verwendet, die auf Ortmann et al. (1990: 464 ff.) zurückgeht. Kurz gefasst meinen Ortmann u.a. mit Routinespielen in Organisationen das Handeln nach den etablierten Spielregeln und Ressourcenverteilungen, während ein Innovationsspiel „die alten Spielstrukturen tangiert und vielleicht gerade zerstören, jedenfalls verändern soll" (Ortmann et al. 2000: 334). Vor dem Hintergrund dieser Unterscheidung sind viele unserer Fälle als Innovationsspiele zu sehen, die mit neuen Spielregeln und Ressourcenverteilungen einhergehen.

Je mehr sich aber duale Studiengänge in Berufsakademien und Hochschulen etablieren, desto mehr *Organisationspositionen* werden *als Boundary-Spanner institutionalisiert,* zu deren Stellenbeschreibung eine die Bildungssegmente der beruflichen und der hochschulischen Bildung übergreifende Tätigkeit gehört. In diesen Kontexten gehören Boundary-Spanner mehr und mehr zum Routinespiel der betreffenden Organisationen. Das sind z.B. Koordinationsstellen an den Hochschulen und der Geschäftsstelle der Hochschule DUAL in Bayern, Studiengangleiter in Fachbereichen, Koordinatoren in Stabstellen der Hochschulleitung. Diese institutionalisierten Boundary-Spanner sind an fast allen Hochschulen und Akademien unserer Fallstudien in irgendeiner Weise etabliert, aber nicht auf dieses Bildungssegment beschränkt. Es gibt auch Koordinationsstellen in Unternehmensverbänden, von denen aus die Entstehung neuer Studiengänge vorangetrieben wird (z.B. in den Fällen S und T).

> *„Und das ist auch schon ein bayerisches Modell, weil es wirklich auf die Regionen setzt, also dass ich wirklich in der Region studieren kann, teilhaben kann am ganz normalen Studentenleben und parallel die Praxis kriege und auch einen IHK Abschluss erwerbe."* (S, Unternehmensverband, § 39)

Aufgrund dieser Setzung gehört es zu den Aufgaben der dafür im Verband zuständigen Stellen, dafür zu sorgen, dass den Bewerbern für einen ausbildungsintegrierenden dualen Studiengang bei einer zum Unternehmensverband gehörenden Bank auch ein Studiengang in der jeweiligen Region des flächenmäßig größten deutschen Bundeslandes angeboten werden kann. Die institutionalisierten Boundary-Spanner beobachten in der Entstehungsphase dualer Studiengänge einen Mangel, die Abwesenheit von dualen Studiengängen bei einer Hochschule und werden dann aktiv:

> *„(…) das war im Grunde das Jahr 2004, wo es eine Initiative [des Unternehmensverbandes] gab, dieses Programm bayernweit zu etablieren und dann saßen wir zusammen, Kammer, Berufsschule und haben uns das mal angeschaut."* (T, Gruppendiskussion, § 16)

Das Stichwort Position führt aber nicht nur zu diesen institutionalisierten Boundary-Spanner mit dem Aufgabenbereich duale Studiengänge. Andere wurden aufgrund ihrer allgemeinen Zuständigkeit für das Thema Bildung oder Ausbildung zur Bildungssegment übergreifenden Initiative veranlasst. Beispielsweise der oben erwähnte Professor (Fallstudie B), der „die Position des Prorektors für Bildung" innehatte oder die Leiterin der Berufsbildung eines Unternehmens (Fall J).

Die institutionalisierten Boundary-Spanner handeln per Definition mit Auftrag, das gilt auch z. b. für die erwähnte Leiterin der Berufsbildung, die per Auftrag des Personalgeschäftsführers zum Boundary-spanning im Rahmen eines Innovationsspiels eingesetzt wurde. Bei anderen ist das keineswegs immer der Fall. Professor X (Fallstudie B) oder der Vertreter der IHK in der Fallstudie D handelten offenbar ohne konkreten Auftrag.

In der oben erwähnten Boundary-Spanner-Gruppe (Fall A) hatte nur der Rektor der FH eine Position mit Zuständigkeit für die Einführung neuer Studiengänge, der Universitätsprofessor Y war seit längerer Zeit an einem Studiengang in diesem Fachgebiet interessiert und verfügte über das Fachwissen und die Kontakte. Der Dritte im Bunde, Herr K., war als Netzwerker zwischen Bildung, Forschung und Industrie-Consulting ausgewiesen. Y und K erfüllten die Voraussetzung des inkorporierten kulturellen Kapitals, alle drei die des sozialen Kapitals und der Rektor verfügte über die entscheidende Organisationsposition. Man kann also auch ohne für die sich herausbildende Akteurskonstellation relevante Position eine Rolle bei der Entstehung dualer Studiengänge spielen, wenn man qua sozialem Kapital mit relevanten Entscheidungsträgern verbunden ist.

5.3.2 Beeinflussung

Beobachtung und Beeinflussung gehen fließend ineinander über und zwar dann, wenn eine vom Boundary-Spanner getroffene Unterscheidung für Andere relevant gemacht wird, denn das ist Beeinflussung. Beeinflussung stützt sich auf Einflusspotenziale, wie wir bereits im vierten Kapitel mit Schimank (2007) argumentiert haben. Wir haben die Einflusspotenziale der Boundary-Spanner bereits bei der Behandlung des Handlungskoordinationsmechanismus Beobachtung kennengelernt. Boundary-Spanner nutzen ihr soziales Kapital, ihr inkorporiertes kulturelles Kapital und/oder ihre Organisationsposition, um andere Akteure zu beeinflussen. Zu diesen Einflusspotenzialen kommt noch das Potenzial mikropolitischen Handelns hinzu.

Mikropolitisches Handeln ist eine Sonderform der Nutzung sozialen Kapitals für organisationspolitische Zwecke.[60] Oftmals greift der Mikropolitiker auf organisationsexterne Beziehungen zurück, um sie für organisationsinterne Ziele zu nutzen. Im Fall J kämpft ein Akteur um den Erhalt einer Hochschuleinheit und gegen die Marginalisierung einer bestimmten fachlichen Ingenieurkompetenz in der technikwissenschaftlichen Ausbildung.

„Na gut, ein entsprechender Geschäftsführer von [Internationales Unternehmen] oder der entsprechende (…)Direktor von [deutsches Unternehmen vor Ort] oder ein entsprechender leitender Mann von [deutsches Großunternehmen vor Ort], wenn der dann in der Hochschule mal auftaucht, dann hat das schon Gewicht, wenn da entsprechend was getan wird. Der zweite Punkt ist, diese Leute hatten natürlich auch politisch gute Verbindungen. Wir haben dann den Bundestagsabgeordneten der [XYZPartei], (…) der hat sich sehr für uns eingesetzt. (…). Wir haben da versucht alle Strippen zu ziehen, die gehen, anders wäre das nicht gegangen." (J, Hochschule II, § 18)

Wie man sieht, überschreitet dieser Boundary-Spanner die Organisationsgrenzen seiner Hochschule aufgrund von professionellen Kontakten, die sich aus seiner Hochschullehre, aus Forschungskontakten und aus der Tätigkeit in Organisationen von technikwissenschaftlichen Professionals ergeben haben, und auch mit Hilfe von politischen Kontakten, die wiederum über sein professionelles Beziehungsnetz vermittelt worden sind. Dieses einzige Beispiel einer dezidierten mikropolitischen Beeinflussung in der Entstehung dualer Studiengänge, das in unseren Interviews dokumentiert ist, gehört allerdings zunächst zur Vorgeschichte der Entstehung, denn die mikropolitische Mobilisierung der Fürsprecher, die das Rektorat der Hochschule und die Organe der Selbstverwaltung bei den Technikwissenschaften der Hochschule beeinflussen sollten, war zunächst rein defensiv, Verteidigung eines Routinespiels, nämlich der traditionsreichen technischen Ausbildung im Fachgebiet. Diese Verteidigung war aber die Voraussetzung für das Innovationsspiel, das durch die Initiative des Unternehmens eingeleitet wurde (s. o.). Denn das duale Studium

---

60   Mikropolitik soll die Nutzung der Chance, die Ungewissheitsquellen für die Handlungsanschlüsse in Organisationen und der unabdingbare Zugang von Organisationsmitgliedern zu Organisationsressourcen sowie die Angewiesenheit der Organisation auf externe Ressourcen bieten, für persönliche Interessen von Organisationsmitgliedern heißen. Persönliche Interessen können, müssen aber nicht egoistisch motiviert sein, sie können an Werten wie Solidarität, Elitenbildung u. a. orientiert sein, wenn sie sich von den „offiziellen" Zielen und Werten der Organisation unterscheiden. Vgl. dazu Burns 1961; Ortmann 1988.

hätte ohne das grundständige Bachelor- und Masterstudium des Fachgebiets nicht gestartet werden können. Das mikropolitische Geschick des Boundary-Spanners erwies sich dann auch im Innovationsspiel als wertvoll.

5.3.3 Verständigung

Die Einflussnahme zielt darauf ab, Akteure zum Handeln für die Entstehung dualer Studiengänge zu bewegen, durch *Verständigung* binden die Akteure ihr Handeln aneinander. In allen Fällen, in denen mehrere Organisationen zu den Initiatoren gehören, sind Akteure als Repräsentanten der Organisationen an der Entstehung intensiv beteiligt und oft auch, wenn auch nicht ganz zu Beginn, die Vertreter der „Mitspieler". Da die Zusammenarbeit der Repräsentanten der zusammengesetzten Meso-Akteure in der Entstehungsphase nicht durch Zwangsmittel zustande kommt, können wir verständigungsorientiertes Handeln unterstellen.
Verständigung im anspruchsvollen Sinne als

„einvernehmliche Koordinierung von Handlungsplänen durch sprachliche Verständigung auf der Grundlage gemeinsamer Situationsdefinitionen und Hintergrundüberzeugungen" (Zündorf 1986: 48)

spielt eine wichtige Rolle für die Zusammenarbeit von Boundary-Spanner in der Entstehungsphase. Wir reden an dieser Stelle von kleinen Gruppen, beginnend mit zwei Personen *(„Im Prinzip Herr X. und Herr G, das war ein Pärchen." D, Betrieb A, § 33)*. Wir gehen davon aus, dass die Zusammenarbeit von Boundary- Spanner aus verschiedenen Organisationen und auch Bildungssegmenten häufig nicht nur in der Umsetzungsphase von dualen Studiengängen (s. Kapitel 7), sondern auch in der Entstehungsphase vorkommt, können dies jedoch nur lückenhaft belegen. Bei immerhin 10 unserer 20 Fälle ist jedoch die Existenz von Kooperation im Hinblick auf die Entstehung nicht nur von Meso-Akteuren, sondern auch von Personen nachweisbar.
Ein Beispiel ist die gemeinsame Entwicklung der Grundidee für einen dualen Studiengang an der Fachhochschule A (s. o.) durch drei Personen, von denen zwei nicht zur Fachhochschule gehörten. Im Fall A basierte die Zusammenarbeit auf persönlichen Kontakten, die allerdings fachlich geprägt waren. Diese persönliche Kontaktbasis ist in den anderen Fällen nicht die Grundlage der Zusammenarbeit. So verhielt es sich im Fall H.

„(...) wie immer, wenn wir Studiengänge entwickeln, machen wir Arbeitsgruppen zusammen mit den Firmen. Also das ist jetzt, wir machen häufig Vorschläge der Fachhochschule, die aber auch von den Firmen aufgenommen, diskutiert werden und es kommen auch Gegenvorschläge. Das sind eigentlich so integrative Prozesse." (H, Hochschule, § 13)

Sowohl der verantwortliche Professor, der aus der Industrie kam, als auch ein Unternehmensvertreter können als Boundary-Spanner identifiziert werden.

„Namentlich der damalige [Firmenname I]-Personalvorstand [Personenname], heute ein bekannter Spieler auf der Personalbühne, heute Personalvorstand der [Firmenname II]. [Personenname] selbst war auf einer Berufsakademie (...)."(H, Hochschule, § 13)

Bei den zehn Fällen, für die wir keine Boundary-Spanner-Gruppe in der Entstehungsphase nachweisen können, handelt es sich meistens um fehlende Daten – die Befragten reden nur von den Meso-Akteuren, nicht aber von den Personen oder haben Wissenslücken, die Entstehung des Studiengangs betreffend. Man kann aber nicht unterstellen, dass in jedem dieser Fälle eine Boundary-Spanner-Gruppe an der Einführung des dualen Studiengangs gearbeitet hat. Denn in einem Fall, dem Fall L, wurde die Existenz einer solchen Gruppe ausdrücklich dementiert.

Interviewerin: Gab es da so eine Art Arbeitsgruppe?
Hochschule: Nein das ist vom Kopf [Rektorat] aus gemacht worden und die Professoren wurden natürlich mit eingebunden.
Interviewerin: Vielleicht eine kleine Arbeitsgruppe zwischen Vertretern aus Unternehmen, des Dekanats(...)?
Hochschule: Es gab keine Arbeitsgruppe für das duale Studium, das läuft im Rahmen, wir haben eine Studienreformkommission, wir haben permanent Besprechungen, da sind alle zusammen und da wird es besprochen. (L, Hochschule I, §§ 31-34)

5.4   Fazit

Schwerpunkt der Untersuchung der Entstehung von ausbildungsintegrierenden dualen Studiengängen war die *Meso-Ebene* der *Akteurskonstellationen*. Es konnte gezeigt werden, dass ausbildungsintegrierende duale Studiengänge auf der Basis einer Akteurskonstellation von drei unterschiedlich gesteuerten Meso-Akteuren (Hochschule, Unternehmen, Kammern) entwickelt werden können. Eher typisch für unser Untersuchungssample ist jedoch eine erweiterte Akteurskonstellation, bei denen vor allem berufsbildende Schulen und Unternehmensverbände hinzukommen. Unter Governancegesichtspunkten handelt es sich bei diesen Akteurskonstellationen um *Netzwerke*, nicht um *Hierarchien*. Allerdings haben die Meso-Akteure in diesen Netzwerken eine unterschiedliche Relevanz für die Entstehung der Studiengänge. In der Hälfte der Untersuchungsfälle haben Hochschulen die Studiengänge initiiert oder mit initiiert, in 30,5 Prozent der Fälle gehören Unternehmen zu den Initiatoren. Die Beteiligung von Unternehmen (als Initiatoren oder Mitspieler) an der Entstehung der Studiengänge ist trotzdem in ihrem Umfang sehr bemerkenswert, denn sie beteiligen sich damit an einer Hochschulaufgabe. Sowohl für Hochschulen (s. Fall B) als auch für Unternehmen (s. Fall J) können hohe Transaktionskosten anfallen, wenn sie initiativ werden. Dies gilt natürlich besonders dann, wenn die Entstehung, wie in den meisten Fällen, als Innovationsspiel anzusehen ist.

Die Schwierigkeiten der Netzwerkknüpfung zeigen sich auch in der unterschiedlichen Motivstruktur der Meso-Akteure. Die Hochschulen, auch die privaten, in unserem Sample sind nicht am wirtschaftlichen Wettbewerb orientiert und werden deshalb nicht von Reproduktionsmotiven dominiert, wie die Unternehmen. Die Leistungsmotive der Hochschulen und der Kammern lassen sich aber inhaltlich oftmals mit den Reproduktionsmotiven der Unternehmen vereinbaren. Es ist zu vermuten, dass die Reproduktionsmotive im Routinespiel von Hochschulen zu den Hinderungsgründen bei der Entstehung von dualen Studiengängen zählen.

Wenn die Entstehung der Studiengänge sich auch auf der Meso-Ebene konstruieren lässt, so sind doch fallübergreifende Rahmungen durch unsere Beobachtungen auffällig geworden. So ist ein und derselbe Unternehmensverband in zwei Fällen (Fall S und Fall T) initiativ geworden. Zusammen mit jeweils einem lokalen Mitgliedsunternehmen werden Ansprüche an die Hochschulen formuliert und für die angesprochenen Hochschulen Verfahrens-Know-how und Ansprechpartner bereitgestellt. Was auch immer die Hochschulen daraus machen, ignorieren können sie das Ansinnen nicht so einfach. Ähnliche fallübergreifende Rahmungen können wir bei Großunternehmen vermuten, die sich an ihren zahlreichen Betriebsstandorten für duale Studiengänge einsetzen und dann im Einzelfall auch Erfahrungen mit diesen Studiengängen und Kenntnisse über ihre Gestaltung besitzen, über die die lokale Hochschule nicht verfügt (Fall U). Die politische Rahmensteuerung durch Landesregierungen (in sieben Fällen) rundet das Bild fallübergreifender Governance ab. Die Modelle der Rahmensteuerung durch den *Drittmittelmarkt* bzw. durch die *landesrechtliche Institutionalisierung* unterscheiden sich erheblich. Die Organisationen, die mit Hilfe des Drittmittelmarktes duale Studiengänge aufbauen wollen, sind als Wettbewerber um knappe Ressourcen aufgestellt, sie spielen ein *agonistisches Spiel* (vgl. Neuberger 1988). Die Landesregierungen üben über *hierarchische Dokumente* einen starken Einfluss aus, bei dem formale Macht zu den wichtigsten Einflusspotenzialen gehört. Die landesrechtliche Institutionalisierung dagegen institutionalisiert Beobachtungsstrukturen auf Landes- und Hochschulebene und übt Einfluss über kulturelles Kapital aus, dem sich Hochschuleinheiten und zuständige Personen durchaus entziehen können.

Die Interdependenzbewältigung zwischen den Organisationen, das Aufgreifen von Steuerungsimpulsen aus der Politik usw. benötigt das Handeln von Personen, die eingefahrene Handlungsabläufe (Routinespiele) verändern wollen und können. Wir haben den Beitrag dieser Personen auf der Folie der Figur des Boundary-Spanners analysiert. Soziales Kapital, inkorporiertes kulturelles Kapital, Grenzpositionen in Organisationen, formale Macht qua Position und informelle als mikropolitische Nutzung des sozialen Kapitals sind Voraussetzungen für Beobachtung und Beeinflussung durch diese Boundary-Spanner. In kleinen Gruppen treiben sie die Entstehung dualer Studiengänge voran.

In der Entstehungsphase zeichnen sich also Umrisse einer Mehrebenenarchitektur ausbildungsintegrierender dualer Studiengänge ab. Diese Architektur, die Ausbalancierung der Motive der beteiligten Akteure, entwickelt und festigt sich jedoch erst richtig im Ernstfall der Umsetzung der Studiengänge. Dann werden Studiengangmodelle umgesetzt, angepasst und ggfs. verworfen, dann wird die Kooperation der Akteure auf Dauer gestellt oder scheitert, dann kommen die Studierenden als neue Akteursgruppe hinzu, die die Studiengänge und sich selbst testen.

Literatur

Aldrich, H. / Herker, D. (1977): Boundary spanning roles and organization structure. In: The Academy of Management review: AMR 2 (2). 217-230.
Bourdieu, P. (1983): Ökonomisches Kapital, kulturelles Kapital, soziales Kapital. In: Krekel, R. (Hrsg.): Soziale Ungleichheiten. (Soziale Welt. Sonderheft, 2). 183-198.

Bourdieu, P. / Wacquant, L. J. D. / Beister, H. (2006): Reflexive Anthropologie. 1. Aufl. (Suhrkamp Taschenbuch Wissenschaft, 1793). Frankfurt am Main.

Burns, T. (1961): Micropolitics: mechanisms of institutional change. In: Administrative science quarterly: ASQ. 257-281.

Crozier, M. / Friedberg, E. (1979): Macht und Organisation. Die Zwänge kollektiven Handelns. In: Sozialwissenschaft und Praxis, 3. Königstein/Ts.

David, M. (2012): Dualer Studiengang und Universität. Analyse von Umsetzungsprozessen und Handlungsorientierungen der Akteure. Eine Fallrekonstruktion am Beispiel der Implementierung eines dualen Studiengangs an einer Universität. Diplomarbeit. Essen.

Franz, C. (2011): Bildungsprofile von Führungskräften – Vielfalt statt Verdrängung. In: Voss-Dahm, D / Mühge, G. / Schmierl, K. / Struck, O. (Hrsg.): Qualifizierte Facharbeit im Spannungsfeld von Flexibilität und Stabilität. 1. Aufl. Wiesbaden.187-210.

Friedberg, E. (1995): Ordnung und Macht. Dynamiken organisierten Handelns. In: Wohlfahrtspolitik und Sozialforschung, 3. Frankfurt am Main.

Heidenreich, M. / Bischoff, G. (2008): The open method of co-ordination. A way to the Europeanization of social and employment policies? In: Journal of Common Market Studies. Volume 46. Number 3. 497-532.

Kurtz, T. (2005): Die Berufsform der Gesellschaft. 1. Aufl. Weilerswist: Velbrück Wissenschaft.

Luhmann, N. (1992): Die Wissenschaft der Gesellschaft. Frankfurt am Main: Frankfurt am Main: Suhrkamp (1001).

Meister, M. (2011): Soziale Koordination durch Boundary Objects am Beispiel des heterogenen Feldes der Servicerobotik (Boundary Objects as a Means of Social Coordination. The Case of the Heterogeneous Field of Service Robotics).

Mill, U. (1998): Technik und Zeichen. Über semiotische Aktivität im technischen Kotext. Baden-Baden: Nomos (Nomos-Universitätsschriften: Soziologie, 2).

Mills, C. W. (1940): Situated Actions and Vocabularies of Motive. In: American Sociological Review, Vol. 5, No. 6, Dec., 1940. 904-913.

Neuberger, O. (1988): Spiele in Organisationen, Organisationen als Spiele. In: Küpper, W. / Ortmann, G. (1988) (Hrsg.): Mikropolitik. Rationalität, Macht und Spiele in Organisationen. Wiesbaden: Springer Fachmedien. 53-86.

Ortmann, G. (1988): Macht, Spiel, Konsens. In: Küpper, W. / Ortmann, G. (1988) (Hrsg.): Mikropolitik. Rationalität, Macht und Spiele in Organisationen. Wiesbaden: Springer Fachmedien. 13-26.

Ortmann, G. / Windeler, A. / Becker, A. / Schulz, H.-J. (1990): Computer und Macht in Organisationen. Mikropolitische Analysen. Opladen: Westdt. Verl (Sozialverträgliche Technikgestaltung, 15).

Ortmann, G. / Sydow, J. / Windeler, A. (2000): Organisation als reflexive Strukturation. In: Ortmann, G. / Sydow, J. / Türk, K. (Hrsg.): Theorien der Organisation. Die Rückkehr der Gesellschaft. 2., durchges. Auflage. Wiesbaden: Westdt. Verl. 315-354.

Parsons, T. / Platt, G. M. (1990): Die amerikanische Universität. Ein Beitrag zur Soziologie der Erkenntnis. 1. Aufl. Frankfurt am Main: Suhrkamp.

Pfadenhauer, M. (2010): Kompetenz als Qualität sozialen Handelns. In: Kurtz, T. / Pfadenhauer, M. (Hrsg.): Soziologie der Kompetenz. Wiesbaden: VS Verlag für Sozialwissenschaften / GWV Fachverlage GmbH, Wiesbaden (SpringerLink : Bücher). 149-172.

Rauner, F. / Wittig, W. A. (2009): Steuerung der beruflichen Bildung im internationalen Vergleich. Gütersloh: Verl. Bertelsmann-Stiftung.

Scharpf, F. W. (1997): Games real actors play. Actor-centered institutionalism in policy research. Boulder, Colo.: Westview Press (Theoretical lenses on public policy).

Schimank, U. (2007): Elementare Mechanismen. In: Benz, A. / Lütz, S. / Schimank, U. / Simonis, G. (Hrsg.): Handbuch Governance. Theoretische Grundlagen und empirische Anwendungsfelder. 1. Aufl. Wiesbaden: VS, Verl. für Sozialwissenschaften. 29-45.

Schimank, U. (2010): Handeln und Strukturen. Einführung in die akteurtheoretische Soziologie. 4., völlig überarbeitete Auflage. Weinheim, München: Juventa-Verlag (Grundlagentexte Soziologie).

Stinchcombe, A.L. (1990): Information and Organizations. Berkeley, Los Angeles, Oxford: University of California Press.

Voss-Dahm, D. (2011): Die Bedeutung beruflicher Bildungsabschlüsse für die Karriere im Betrieb. In: Voss-Dahm, D / Mühge, G. / Schmierl, K. / Struck, O. (Hrsg.): Qualifizierte Facharbeit im Spannungsfeld von Flexibilität und Stabilität. 1. Aufl. Wiesbaden: VS, Verl. für Sozialwiss. 163-185.

Zündorf, L. (1986): Macht, Einfluß, Vertrauen und Verständigung. Zum Problem der Handlungskoordination in Arbeitsorganisationen. In: Seltz, R. / Mill, U. / Hildebrandt, E. (Hrsg.): Organisation als soziales System. Kontrolle und Kommunikationstechnologie in Arbeitsorganisationen. Berlin: sigma. 33-56.

Internetquellen

http://www.dualesstudium-hessen.de
http://www.hochschule-dual.de

Verzahnung von akademischen und betrieblich-beruflichen Lerninhalten und -orten

6

Monique Ratermann

Die im Feld vorgefundenen wirtschafts- und ingenieurwissenschaftlich geprägten ausbildungsintegrierenden dualen Studiengänge, die sowohl einen Berufsabschluss als auch einen Hochschulabschluss beinhalten, unterscheiden sich in ihren inhaltlichen und zeitlichen Abläufen und der Beteiligung der verschiedenen Partner. Für ihre Konzeption sind Gesetze, Verordnungen und Ausbildungs- bzw. Studienrahmenpläne der unterschiedlichen Fachrichtungen relevant. Diese werden sowohl von Akteuren auf der Makro-Ebene des Berufsbildungs- als auch von Akteuren auf der Makro-Ebene des Hochschulsystems formuliert, um die Qualität beider (Aus-) Bildungswege zu sichern (vgl. Kapitel 4). Lernorte und Lerninhalte müssen auf Basis dieser Rahmenbedingungen beim Umsetzungsprozess miteinander abgestimmt werden. Insbesondere der erste Studienabschnitt stellt bei der Organisation dualer Studiengänge für die beteiligten Akteure eine spezielle Herausforderung dar, weil hier die zeitliche und inhaltliche Verzahnung von Berufsausbildung und Studium am stärksten ausgeprägt ist. Das führt dazu, dass sowohl der praktische Anteil der Ausbildung und die berufsschulischen Lerninhalte als auch studienrelevante Aspekte in die Planung einbezogen werden müssen. So steht bei der zeitlichen Organisation die Vereinbarung von Prüfungs- und Klausurterminen im Vordergrund. Inhaltlich wird versucht, Synergieeffekte zu nutzen, indem theoretisch erlerntes Wissen je nach Studienmodell unterschiedlich zeitnah praxisorientiert angewendet werden kann und inhaltliche Überschneidungen bei der Wissensvermittlung angepasst werden. Diejenigen Akteure, die an der Mitgestaltung dualer Studiengänge direkt beteiligt sind, koordinieren ihr Handeln durch Verhandlungs- bzw. Verständigungsprozesse (z. B. in Form von Gremienarbeit) und arbeiten gemeinsam Vereinbarungen (z. B. in Form von Kooperationsverträgen) aus. (vgl. Benz/Dose 2004; Kussau/Brüsemeister 2007; Schimank 2010; Hirschman 1970; vgl. Kapitel 4 und Kapitel 7 dieses Buches) Verständigungsgrundlage ist die Festlegung des zeitlichen Ablaufs und die Gewährleistung inhaltlicher Qualitätsstandards. Bei der Gestaltung des organisatorischen Ablaufs verfolgen die Akteure unterschiedliche Interessen. Während die Betriebe eine starke Integration in die eigenen Arbeitsabläufe fordern und die Bedingungen der Ausbildungsrahmenpläne gewährleisten müssen, steht für die Hochschulen und Berufsakademien die Erfüllung der Rahmenlehrpläne durch die Einbindung dualer Studiengänge im Vordergrund. Berufsschulen, Lehrwerkstätten und Bildungszentren sind in dualen Studienkonzepten nicht immer vorgesehen. Vorrangig haben sie Interesse daran, sich als Lernort zu etablieren. Bei einer Beteiligung sind sie dafür verantwortlich, berufsbildende Inhalte zu vermitteln.

6.1   Akkreditierung dualer Studiengänge

Seit seiner Einführung ist die Akkreditierung von Studiengängen zentrales Steuerungsinstrument zur Qualitätssicherung und -entwicklung von Bachelor- und Masterstudiengängen im deutschen Hochschulsystem. Als Schnittstelle zwischen Ministerien und Hochschulen/Berufsakademien ist das Akkreditierungssystem für die Qualitätssicherung von Studium und Lehre im Zuge der Umwälzung des deutschen Hochschulsystems zwischengeschaltet worden und beinhaltet als wesentliches Steuerungsinstrument neben anderen staatlichen Regulierungen effektive Governancestrukturen, die anhand eines Expertentums (Gutachtergruppen der Akkreditierungsagenturen) die Qualität von Studienstrukturen und letztendlich des gesamten Hochschulsystems im Sinne der Ministerien durch Begutachtung überprüft und bewertet (vgl. Kaufmann 2012: 24). Zudem soll es eine Transparenz der deutschen Hochschul- und Studienlandschaft schaffen (vgl. Kaufmann 2012: 81) Vor dem Hintergrund seines Auftrags wirkt das deutsche Akkreditierungssystem unmittelbar auf die Akteurskonstellationen dualer Studiengänge ein. Akkreditierungsprozesse sind mit der Einhaltung von Kriterien, Verfahrens- und Entscheidungsregeln verbunden, die innerhalb des Zusammenschlusses von Kultusminister- und Hochschulrektorenkonferenz entstanden sind. Für duale Studiengänge gelten einige Sonderregelungen bei der Akkreditierung, da sie als Studiengänge *mit besonderem Profilanspruch* eingestuft werden (vgl. Kap 4.2.2). Zeitliche und inhaltliche Abläufe dualer Studiengänge müssen bestimmten Anforderungen, was Studienstruktur, Studieninhalte und Modularisierung betrifft, entsprechen und eine gewisse Qualität gewährleisten. Nach ländergemeinsamen Vorgaben dürfen die Hochschulen bzw. Berufsakademien nur bei erfolgreicher Akkreditierung Bachelor- bzw. Masterabschlüsse vergeben. Damit hat der Akkreditierungsprozess *direkten* Einfluss auf den zeitlichen und inhaltlichen Studienverlauf. Duale Studienmodelle müssen so konzipiert sein, dass sie den Kriterien entsprechen. Da

die Entscheidung der KMK und HRK auf Konsensbildung beruht und die Länder
in ihrem Akkreditierungsverhalten voneinander abweichen können, konnte kein
bundeseinheitliches Vorgehen bei der Akkreditierung erreicht werden. Auch bei der
Untersuchung konnten unterschiedliche Entwicklungsstände bei der Akkreditierung
dualer Studiengänge beobachtet werden. Es gibt zwei wesentliche Verfahren, die bei
den betrachteten Fällen eingesetzt wurden[61]: Programmakkreditierung und Systemakkreditierung. Die Programmakkreditierung wurde bereits 1998 als staatliches
Qualitätssicherungsinstrument eingeführt. Bei der Programmakkreditierung werden
duale Bachelor- und Masterstudiengänge an staatlichen und staatlich anerkannten
Hochschulen bzw. Berufsakademien durch Akkreditierungsagenturen geprüft.[62] Die
Systemakkreditierung wurde als zusätzliches Verfahren im Jahr 2008 eingeführt.
Bei der Systemakkreditierung steht nicht ein einzelner Studiengang, sondern das
Qualitätssicherungssystem für Studium und Lehre der gesamten Hochschule im
Fokus des Interesses. Durch diese systembedingte Akkreditierung sind automatisch
alle Studiengänge einer Hochschule bzw. Berufsakademie akkreditiert, die das interne
Qualitätssicherungssystem durchlaufen haben. Der Einfluss der Akkreditierung
als strukturschaffendes Instrument auf die Studienganggestaltung wurde von den
befragten Interviewpartnern unterschiedlich bewertet. Die beiden beschriebenen
Verfahrensarten stellen unterschiedliche Anforderungen an die Hochschulen und
die Umsetzung der einzelnen dualen Studiengänge.[63] Aufgrund des Beschlusses des
Akkreditierungsrates für Studiengänge *mit besonderem Profilanspruch* (vgl. Akkreditierungsrat 2010) ergeben sich für duale Studiengänge einige zusätzliche Kriterien
und Verfahrens- bzw. Entscheidungsregeln, die im Vergleich zur Akkreditierung
von Regelstudiengängen beachtet werden müssen. Es muss ein Bericht angefertigt
werden, der eine genaue Beschreibung des Curriculums, die Besonderheiten des
dualen Studiengangs und Informationen über die Entstehungsgeschichte beinhaltet.
Außerdem müssen die besonderen Zugangsvoraussetzungen für dual Studierende
aufgrund der Auswahl durch die Unternehmen dokumentiert und lernortübergreifende Maßnahmen sowie die Organisation der Theorie- und Praxisphasen
transparent gemacht werden (vgl. Kapitel 4.2.2).
    Bei unserer Untersuchung zeigte sich nach Aussagen der diesbezüglich befragten
Hochschulvertreter, dass sowohl die Verfahrensarten als auch die Entwicklungs-

---

61   Vgl. www.akkreditierungsrat.de.
62   Akkreditierung von einzelnen Studiengängen, Akkreditierung von Kombinations-
      studiengängen, Bündelakkreditierung, Akkreditierung von Intensivstudiengängen,
      Akkreditierung von Joint Programms und Konzeptakkreditierung.
63   vgl. http://www.akkreditierungsrat.de/fileadmin/Seiteninhalte/AR/Beschluesse/AR_
      Regeln_Studiengaenge_aktuell.pdf: 12.11.2014, 12:00 Uhr

stände der Akkreditierungen zwischen den Fällen zum Teil stark variieren. Einige duale Studiengänge hatten die Akkreditierung bereits abgeschlossen, anderen stand diese noch bevor. Schon lange bestehende Studiengänge befanden sich während der Befragung bereits im Re-Akkreditierungsprozess. Im Folgenden sollen einige Beispielfälle verdeutlichen, wie verschiedene Hochschulen die Akkreditierung als letztendlich verpflichtendes – auf der Makro-Ebene geschaffenes – Qualitätssicherungsinstrument wahrnehmen.

6.1.1 Fallbeispiele dualer Studiengänge bei der Programmakkreditierung

Einige Fälle von dualen Studiengängen befanden sich zum Erhebungszeitpunkt mitten im Programmakkreditierungsprozess, wobei ja gezielt ein dualer Studiengang im Fokus steht. Als besonders vorteilhaft empfanden die befragten Hochschulvertreter/innen es, wenn sie auf Erfahrungswerte mit anderen dualen Studiengängen zurückgreifen konnten, wie ein Interviewpartner treffend formuliert:

„Der duale Studiengang Elektrotechnik ist noch im laufenden Akkreditierungsprozess und dies auch bereits seit längerer Zeit. (…) Unser Vorteil dabei ist, dass wir ja durch den bereits seit 2002 bestehenden dualen Studiengang, der bereits akkreditiert ist und nun in die Re-Akkreditierung kommt, wissen, wie das Verfahren funktioniert und welche Kriterien zu erfüllen sind." (Fall C, Hochschule)

Bei einem Fall wurde eine Programmakkreditierung von ingenieurswissenschaftlich geprägten dualen Studiengängen in geclusterter Form durchgefuhrt. Dieses Verfahren ist immer dann sinnvoll, wenn eine Hochschule mehrere duale Studiengänge mit der Zugehörigkeit zu einer Fächerkultur entwickelt hat und eine fachliche Nähe der einzelnen (Teil-)Studiengänge besteht. Es wurde das Verfahren der Bündelakkreditierung[64] genutzt, bei dem alle beteiligten Studiengänge begutachtet werden. Besonderheit bei diesem Fall ist, dass er nach wie vor sowohl Diplom- als auch Bachelorabschlüsse produziert.[65] Für die Vorbereitung auf den

---

64 vgl. http://www.akkreditierungsrat.de/fileadmin/Seiteninhalte/AR/Beschluesse/AR_Regeln_Studiengaenge_aktuell.pdf, 24.06.2014, 11:01 Uhr

65 In einem Beschluss des Akkreditierungsrates vom 08.06.2011 wurde festgestellt, dass die optionale Vergabe eines Bachelor-/Mastergrades und eines Diplomgrades in einem Studiengang den ländergemeinsamen Vorgaben widerspricht und die Akkreditierung zu entziehen ist. Daher ist davon auszugehen, dass diese Option nur noch begrenzte Zeit

Akkreditierungsprozess mussten beide Studiengänge im ersten Studienabschnitt aneinander angepasst und die Diplomstudiengänge nach Bologna-Kriterien modularisiert werden. Der erste Studienabschnitt ist daher zwar identisch, aber die Fachanteile im Hauptstudium unterscheiden sich. An diesem Fall wird deutlich, dass sowohl die Umstellung von Diplom- auf Bachelorstudiengänge als auch die Akkreditierung strukturelle Veränderungen bei der Planung des Studiengangs mit sich gebracht haben.

„2006 wurde der Bachelorabschluss an der Hochschule XY eingeführt, rückwirkend für die KIA-Matrikel des Jahrgangs 2005. 2010 wurde dann mit der ASIIN eine Clusterakkreditierung der KIA-Studiengänge durchgeführt. Ohne Probleme. Auch alte Diplomstudiengänge sind nicht einfach weitergeführt worden, auch sie sind nach den Bologna Kriterien modularisiert worden. In den ersten Semestern ist das Studium für Bachelorstudierende und Diplomstudenten dasselbe, sie studieren gemeinsam. Im Grundstudium können wir nichts wegnehmen, wir haben die Fachanteile im Hauptstudium verändert." (Fall B, Hochschule)

6.1.2   Fallbeispiele dualer Studiengänge bei der Systemakkreditierung

Ein duales Studienkonzept sollte durch die Systemakkreditierung der gesamten Hochschule legitimiert werden und die Hochschule bereitete sich zum Erhebungszeitpunkt gerade auf dieses Verfahren vor. Ein zentraler Grund für die Entscheidung, eine Systemakkreditierung durchzuführen, ist sicherlich, dass sie finanziell gesehen für die Hochschule deutlich attraktiver als die Programmakkreditierung ist, da nicht die Akkreditierung eines Studiengangs, sondern aller Studiengänge einer Hochschule im Vordergrund steht (vgl. Kaufmann 2012: 99).

Im Wesentlichen geht es um die hochschulinterne Steuerung in Studium und Lehre, Berichtssysteme, Datenerhebungen und Dokumentationen, sowie Zuständigkeiten und Kooperationen mit außeruniversitären Partnern. Da das Verfahren erst 2007/2008[66] eingeführt wurde, stellte sich nur für neuere duale Studiengänge die Frage, welches Akkreditierungsverfahren sinnvoll ist. Der untersuchte duale

---

besteht. vgl. http://www.akkreditierungsrat.de/fileadmin/Seiteninhalte/AR/Beschluesse/AR_Akkreditierung_Diplom.pdf: 12.11.2014, 12:05 Uhr

66   http://www.akkreditierungsrat.de/fileadmin/Seiteninhalte/KMK/Sonstige/KMK_System_Systemakkreditierung_Einfuehrung_I.pdf: 12.11.2014, 12:05 Uhr

Studiengang war zur Zeit der Erhebung nicht akkreditiert, hatte aber trotzdem die
Berechtigung, Bachelorabschlüsse zu vergeben, was als eine Folge der unterschiedlichen Akkreditierungspraktiken der Länder zu sehen ist. Denn *die Akkreditierung
wird in den ländergemeinsamen Vorgaben der KMK verbindlich vorgeschrieben
und in den einzelnen Hochschulgesetzen der Länder auf unterschiedliche Weise als
Voraussetzung für die staatliche Genehmigung eingefordert."*[67] Die folgende Aussage
verdeutlicht, dass dieses Akkreditierungsverfahren eine gewisse Unsicherheit bei
den für den dualen Studiengang zuständigen Hochschulvertretern mit sich brachte:

*„Also der Studiengang ist nicht akkreditiert. (...). Aber die Hochschule strebt so
eine Systemakkreditierung an. Also man kann praktisch die gesamte Hochschule
akkreditieren, da sind dann alle Studiengänge drunter. Das geht, aber wie es
geht, das ist noch nicht richtig klar."* (Fall M, Hochschule)

Ein weiterer Hochschulakteur eines anderen Falles, der bereits den Abschluss einer
Systemakkreditierung verfolgt hat, bewertete die Systemakkreditierung als sehr
positiv, weil dieses Verfahren keinen großen Aufwand für die einzelnen dualen
Studiengänge beinhaltet. Diese werden nach erfolgreicher Systemakkreditierung
im hochschulinternen Qualitätssicherungsprozess überprüft und damit auch
gleichzeitig akkreditiert:

*„Also die FH XY war die erste Hochschule in Nordrhein-Westfalen, die dieses
Systemakkreditierungsverfahren durchbekommen hat und dadurch ist die gesamte Akkreditierung nur noch hochschulintern. Man muss bestimmte formale
Randbedingungen erfüllen und es ist jetzt nur so, dass der duale Studiengang
aufgrund dieser Tatsache der Systemakkreditierung zunächst mal noch nicht
unmittelbar in die Akkreditierung kommen musste."* (Fall Q, Hochschule)

6.1.3   Fallbeispiel eines dualen Studiengangs ohne gesondertes Akkreditierungsverfahren

Bei einem Fall war *keine* gesonderte Akkreditierung notwendig, da das duale Studium
in den bestehenden Regelstudiengang integriert worden ist. Diese Handlungsoption
ist für Hochschulen und Berufsakademien allerdings nur bei einer Modellform
mehr oder weniger sinnvoll möglich – dem teilseparierten Modell –, auf das im

---

67   vgl. direkten Wortlaut: www.akkreditierungsrat.de/index.php?id=programmakkredi-
     tierung&L=%271&size=%27: 12.11.2014, 12:06 Uhr

Buchbeitrag an späterer Stelle näher eingegangen wird (vgl. Kapitel 6.3.3). Da eine Integration in einen Regelstudiengang keine neue Studien- und Prüfungsordnung erfordert und bestehende Strukturen, Curricula und Studienverläufe genutzt werden können, *erspart* sich die Hochschule eine separate Akkreditierung, wie die Koordinatorin einer Hochschule feststellt:

> *„Das hat sich die Hochschule ganz leicht gemacht und zwar, es musste nichts akkreditiert werden, weil die Studienprüfungsordnung nicht verändert worden ist. (…) Was sich verändert hat, es ist einzig und allein um das Studium eine Ausbildung außen rum gebaut worden, mehr nicht. (…) Von den Inhalten ist da kein Unterschied, die laufen ja auch nicht in separaten Klassen, die gehen in die ganz normalen Vorlesungen mit rein, d. h., die Studiengänge waren ja schon akkreditiert, d. h., man musste nichts machen, nur wir in dem Sinne die IHK und die Unternehmen haben geschaut, wie sie die Ausbildung außen rum aufbauen können."* (Fall E, Koordinatorin duale Studiengänge, Hochschule)

6.1.4   Der Einfluss des Akkreditierungsprozesses auf die Umsetzung dualer Studiengänge

Die Akkreditierungsagenturen und ihre Gutachtergruppen als ausführende Akteure auf der Meso-Ebene überprüfen innerhalb des Akkreditierungsprozesses, ob die auf Bundesebene festgelegten Kriterien für Studiengänge auch umgesetzt wurden. So wird durch das Akkreditierungssystem *„formale Macht"* (vgl. Schimank 2010) auf Hochschulen und Berufsakademien ausgeübt. Der Akteur Akkreditierungsagentur beeinflusst bei der Begutachtung dualer Studiengänge die Handlungsoptionen von Hochschulen und Berufsakademien im Hinblick auf Studienstruktur und -dauer, Studiengangprofile oder Modularisierung zum Teil stark.

Berufsakademien werden bei der Akkreditierung besonders gefordert, weil sie als neuer Akteur im tertiären Bereich die qualitativen Ansprüche des Hochschulsystems bedienen müssen. Das ist mit extremen strukturellen und personellen Veränderungen verbunden. So werden sie beispielsweise bei der Bereitstellung von Lehrpersonal vor besondere Herausforderungen gestellt, wie die Mitarbeiterin der Berufsakademie treffend formuliert:

> *„(…) bei uns war es so, dass wir letztendlich in allen Bereichen im Rahmen der vorherrschenden Gesetzgebung offenlegen mussten, dass wir in der Lage sind diese Qualität, was die Lehrbeauftragten anbelangt, die haben ja natürlich etwas abweichende Vorgaben im Vergleich zu einer Universität. Also*

*ursprünglich mussten wir 20 % festangestellte professorale Lehre haben, wenn
wir aber im Vergleich der KMK halt standhalten wollen haben wir das, und
das halten wir auch ein, 40 % festangestellte Lehre die wir hier im Studium
leisten. (...). Wir haben die Gleiche wie die Fachhochschulen auch haben."
(Fall N, Berufsakademie)*

Abschließend ist festzuhalten, dass die Einführung des deutschen Akkreditierungssystems als Kontrollmechanismus die Einführung und Strukturen dualer
Studiengänge sowie die daraus resultierenden Akteurskonstellationen beeinflusst.
Letztendlich entscheidet die Akkreditierung darüber, ob ein dualer Studiengang
in seiner Umsetzung den qualitativen Kriterien entspricht und dazu berechtigt ist,
Hochschulabschlüsse zu vergeben. Bei dualen Studiengängen finden die berufsbildenden Anteile bei der Begutachtung nach Empfinden der Hochschulakteure
bisher keine oder nur wenig Berücksichtigung. Es sei denn, sie werden in Form
eines Praxissemesters konzipiert. Hier hat bisher anscheinend keine hinreichende
Anpassung der Makrostrukturen an die Gegebenheiten des dualen Studiums
stattgefunden. Hochschulvertreter nehmen eine eher mangelnde Berücksichtigung
des berufsschulischen Anteils und der Integration in den Lernort Unternehmen
bei der Akkreditierung wahr:

*„IP: (...) Zumal wir mit dem dualen System, gerade mit unserem dualen
System, mit der integrierten Berufsausbildung dann auch immer ein wenig
quer liegen, weil seitens der Akkreditierer z. B. jede Tätigkeit, die nicht durch
die Hochschule durchgeführt wurde oder wird, als absolut nichtig betrachtet
wird, schlicht als nicht existent." (Fall H, Hochschule)*

Die hierbei formulierten besonderen Herausforderungen, die mit der Umsetzung
dualer Studiengänge verbunden sind, werden von dem Akkreditierungsrat und den
Akkreditierungsagenturen inzwischen zwar verstärkt wahrgenommen, aber von
den Hochschulakteuren als nicht ausreichend empfunden. Das ist ein Indiz dafür,
dass auch der Beschluss des Akkreditierungsrats vom 10.12.2010[68] mit Handrei-
chungen zur Akkreditierung von Studiengängen *mit besonderem Profilanspruch*
nicht dafür gesorgt hat, dass die außerhochschulisch erworbenen Qualifikationen
und Kompetenzen bei dem Akkreditierungsprozess befriedigend berücksichtigt
werden (vgl. Kapitel 4.2.2.).

---

68   http://www.akkreditierungsrat.de/fileadmin/Seiteninhalte/AR/Beschluesse/AR_Hand-
      reichung_Profil.pdf: 12.11.2014, 12:08 Uhr

6.2 Zuständigkeiten und Kompetenzen der beteiligten Akteure bei der Studiengangorganisation

Die Organisation dualer Studiengänge erfordert aufgrund der starken Verzahnung von Theorie und Praxis eine besondere Handlungskoordination der beteiligten Akteure. Es müssen theoretische und praktische Lerninhalte durch das Zusammenwirken von Akteuren aus Hochschule, Berufsbildung und Wirtschaft aufeinander abgestimmt werden. Jeder der beteiligten Akteure erbringt hierbei Leistungen und Ressourcen, die für die Umsetzung dualer Studiengänge erforderlich sind. Hochschulen vermitteln als staatliche, staatlich anerkannte oder private Bildungsinstitutionen theoretische Lerninhalte, stellen den Lernort Hochschule zur Verfügung sowie das Lehr- und Verwaltungspersonal. Unternehmen als Akteure des Wirtschaftssystems übernehmen häufig die Studiengebühren, gewährleisten eine Ausbildungsvergütung und vermitteln als Lernort praxisrelevantes Erfahrungswissen. Berufsschulen, Bildungszentren und Lehrwerkstätten als Teile des Berufsbildungssystems sind für die theoretischen und praktischen Lerninhalte der Ausbildung verantwortlich.

Für eine erfolgreiche Organisation müssen sich Strategien der *Interdependenzbewältigung* in Akteurskonstellationen entwickeln, die ein zeitlich und inhaltlich funktionierendes duales Studienmodell hervorbringen. Die Kombination eines Studiengangs mit einer betrieblichen Ausbildung setzt eine strukturelle und inhaltliche Verzahnung der grundsätzlich sehr unterschiedlichen (Aus-)Bildungswege voraus. Die gesamte Studiengangorganisation muss gewährleisten, dass die Inhalte beider Ausbildungswege abgedeckt werden und die zu erreichenden Hochschul- und Berufsabschlüsse (Bachelor, in seltenen Fällen Diplom, Kaufmann, Facharbeiter) den ansonsten separat vergebenen Abschlüssen qualitativ gleichwertig sind. Die Integration der Studierenden in die beteiligten Lernorte muss zeitlich koordiniert werden, und ausbildungs- und studienrelevante Lerninhalte müssen aufgrund einer zeitlichen Straffung zweier eigentlich *sequenziell* verlaufender Ausbildungswege mit unterschiedlichen strukturellen Voraussetzungen und Qualifikationsanforderungen angepasst werden. Das beinhaltet einen sehr komplexen Abstimmungsprozess und setzt voraus, dass die beteiligten Akteure zeitliche und inhaltliche Vereinbarungen treffen. Aber wie lassen sich die Interessen vorher getrennt agierender Akteure miteinander verbinden und wodurch werden die Akteurskonstellationen bei der Studiengangorganisation dualer Studiengänge geprägt?

Die Vermittlung von theoretischem Wissen und praktischem Erfahrungswissen findet an bis zu drei Lern- und Erfahrungsorten statt – Unternehmen, ggfs. Berufsschulen bzw. Bildungszentren sowie Lehrwerkstätten und Hochschulen bzw. Berufsakademien. Dabei übernehmen die beteiligten Akteure als Organisationseinheiten des dualen Studiums unterschiedliche Aufgabenbereiche. Sowohl

Zuständigkeiten und Kompetenzen als auch Mitgestaltungsmöglichkeiten der
beteiligten Akteure variieren bei der Umsetzung erheblich

6.2.1 Der Akteur „Betrieb"

Die beteiligten Betriebe übernehmen bei der Studiengangorganisation unterschiedliche Funktionen. Rein organisatorisch gesehen sind sie für die zeitliche und
inhaltliche Anpassung des praktischen Teils der Ausbildung nach BBiG und HwO
an theoretische Lerninhalte der Hochschule verantwortlich. Damit übernehmen
sie die zentrale Rolle bei der Vermittlung praxisorientierten Wissens und sind als
Lernort fest in die Organisation eingebunden. Der Akteur „Betrieb" übernimmt
hierbei die praktisch ausbildende Funktion innerhalb der Akteurskonstellation
„duales Studium". Die Einflussmöglichkeiten der Betriebe bei der Gestaltung und
Umsetzung dualer Studiengänge sind nicht immer gleich und von unterschiedlichen
Faktoren abhängig. Daraus ergeben sich unterschiedliche Beteiligungsmöglichkeiten
im Abstimmungsprozess.

6.2.1.1 Regelung der betrieblichen Ausbildung

Die Ausbildung an den betrieblichen Lernorten regelt der Bund durch Ausbildungsordnungen nach dem § 4 BBiG und § 25 der HwO. Auch die Prüfungsanforderungen der Abschluss- bzw. Gesellenprüfung werden nach § 31 der HwO in der
Ausbildungsordnung festgelegt. Das betriebliche Handeln wird somit maßgeblich
von Strukturen der Makro-Ebene beeinflusst. Der Bund nimmt eine zentrale Rolle
bei der Gestaltung der Berufsausbildung ein und verfügt über *„formale Macht"* im
Sinne von Schimank (2010), indem er gesetzliche Rahmenbedingungen schafft. Bei
der Einbindung der dual Studierenden in die betrieblichen Abläufe orientieren sich
die Betriebe sowohl bei der inhaltlichen als auch bei der zeitlichen Strukturierung
an den jeweiligen Ausbildungsordnungen, die für die zu erlernenden Ausbildungsberufe maßgeblich sind.

> *„Ja, da gibt es den Ausbildungsrahmenplan, sowie für jeden Ausbildungsberuf*
> *und da sind ja die einzelnen Anforderungen drin, sachliche und zeitliche Glie-*
> *derung, wann was zu machen ist. Es gibt ja auch noch eine Zwischenprüfung*
> *wo gewisse Sachen abgefragt werden und es gibt nachher die Abschlussprüfung*
> *und bis dahin muss letztendlich alles da sein." (Fall U, Betrieb A)*

Beim dualen Studium wird in den meisten Fällen die Möglichkeit einer Verkürzung
der Ausbildungszeit genutzt. Dies führt dazu, dass die dual Studierenden zeitlich

weniger in den Lernort Betrieb eingebunden sind als reguläre Auszubildende. Diese Komprimierung des Ausbildungsanteils ist notwendig, um die Kombination der Ausbildungswege überhaupt zeitlich verkürzt anbieten zu können. Aufgrund der starken Leistungsbereitschaft der Studierenden wird dieser Vorgang von den meisten Betrieben und Studierenden zwar eher als unproblematisch angesehen, trotzdem stellt dieser Vorgang die Studierenden vor besondere Herausforderungen:

> „(…) Das ist einfach, vom Studiengang her, genau das, was wir brauchen, das konnte man gut in den ersten zwei Jahren in die Hälfte packen, ohne dass es Kollisionen mit den Studientagen gab, weil wir da immer ein bisschen Probleme haben, dass die eben zwei Tage an der Uni sind und drei Tage bei uns. Wenn das nicht klappt, dann wird das strubbelig, weil sie müssen ja, in den zwei Jahren eingedampft, den ganzen Mist vom Industriemechaniker lernen und dann haben, damit die ihre Prüfung bestehen. Das tun die zwar, aber das ist schon sportlich, was sonst in dreieinhalb Jahren vermittelt wird, mal eben in zwei Jahren einzudampfen." (Fall J, Betrieb A)

6.2.1.2 Beteiligung an der Studienganggestaltung

Die Beteiligungsmöglichkeiten der Betriebe an der Gestaltung und Umsetzung dualer Studiengänge werden durch verschiedene Aspekte bedingt. Je nach institutionellen Strukturen, Größe der Unternehmen, Dauer der Beteiligung, Ressourceneinsatz und Rolle bei der Entstehung ergeben sich ganz unterschiedliche Akteurskonstellationen und Einflussmöglichkeiten für die Betriebe. Beobachtete Faktoren sind:

- Größe des Unternehmens
- Anteile an Studierenden im dualen Studiengang
- Modellform
- Bedeutung des dualen Studiengangs für Hochschule und Betriebe
- Bildungsauftrag der Hochschulen und Berufsakademien.

Die Art der Zusammenarbeit und der organisatorische Ablauf werden häufig im Vorfeld durch Gremienarbeit und Kooperationsvereinbarungen mit den beteiligten Hochschulen formuliert. Betrachtet man die Beteiligung der Betriebe bei der Entwicklung der Studiengangorganisation in den untersuchten dualen Studiengängen, sind drei Arten von Unternehmensakteuren herauszustellen – die *Mitgestalter*, die *Skeptiker* und die *Mitmacher*. Alle drei Akteursarten weisen unterschiedliche Handlungsmöglichkeiten bei der Studienganggestaltung auf.

Die *Mitgestalter* übernehmen auch bei der Entwicklung des Studienablaufs eine gestaltende Funktion, indem sie einerseits an der Verständigung über inhaltliche

Verbindungsmöglichkeiten von Theorie und Praxis beteiligt sind und andererseits ihre Interessen bei der zeitlichen Struktur einbringen. Sie versuchen den Studienverlauf zum Teil maßgeblich zu beeinflussen. Der Beirat als Gremium bietet in diesem Kontext die zentrale Plattform des Austauschs und ermöglicht den beteiligten Unternehmen, die eigenen Interessen und Bedürfnisse bei der Studienganggestaltung einzubringen. Das folgende Zitat eines Unternehmensvertreters verdeutlicht die eigenen Mitgestaltungsmöglichkeiten:

„(...) Und unsere Intention ist es natürlich, die Hochschularbeit möglichst zielgerichtet auf unsere Unternehmensanforderungen auszurichten. (...) Wo setzt man auch inhaltliche Schwerpunkte und Akzente in der Lehre, das ist halt eine Möglichkeit, insbesondere hier in unserem Mikrokosmos XY, wo wir wirklich die Möglichkeit hatten, hier sehr eng, sehr direkt mit den Professoren auch zusammenzuarbeiten, mehr oder weniger im direkten Austausch. (...)" (Fall O, Betrieb A)

Die *Mitmacher* nehmen nur ihre Funktion als Ausbildungsbetrieb wahr und nehmen Rücksicht auf die bereits bestehende Studienstruktur bei der innerbetrieblichen Organisation des Ausbildungsverlaufs. Sie übernehmen keine gestaltende Funktion bei der Planung des Studienablaufs, sondern passen sich durch *"Beobachtung"* an die gegebenen Bedingungen und das Handeln der anderen Akteure an und nehmen weitestgehend keinen Einfluss auf die Konzeption.

„Das haben wir nicht überlegt, weil wir uns halt daran angelehnt haben und da auch bisschen drauf verlassen, dass halt Unternehmen XY Erfahrungen mit diesem Studiengang hat und da existieren halt auch noch Kontakte zwischen den Unternehmen. Und da wird das nicht notwendig, dass man noch was, da gibt es halt sozusagen schon eingefahrene Vorgaben, die sicherlich für uns eins zu eins zu übernehmen sind. Da werden wir kein Problem mit haben." (Fall J, Betrieb B)

Wie auch das Zitat sehr schön verdeutlicht, ist die Form der Beobachtung innerhalb der Akteurskonstellation für das Unternehmen eher recht praktisch und es werden keine Einflusspotenziale zur Umsetzung der eigenen Ziele benötigt. Zudem musste sich dieses Unternehmen nicht an langwierigen Verständigungsprozessen beteiligen, um die eigenen Interessen zu verwirklichen (Hirschman 1970; Kussau / Brüsemseister 2007; Schimank 2010: 227; vgl. auch Kapitel 4.2).

Allerdings kann eine ausschließliche Beobachtungsposition eines unternehmerischen Akteurs innerhalb der Akteurskonstellation auch auf mangelnde Einflussmöglichkeiten zurückzuführen sein. Der Wunsch nach Einfluss kann sich im Verlauf der Zeit entwickeln, weil der Beobachtete anders handelt als erwartet oder das Unternehmen inzwischen in andere Akteurskonstellationen dualer Studiengänge eingebunden ist und ganz andere Strukturen beobachtet, die evtl. besser zur eigenen Unternehmensphilosophie passen. In diesem Fall entwickelt sich der *Mitmacher* nicht selten zum *Skeptiker* und wägt ab, ob die eigenen Interessen überhaupt bedient werden:

„Wir haben jetzt so n neuen Kooperationspartner aufgemacht mit der FH XY, die duale Studiengänge ausbilden, (…). Und wir sind auf ganz andere Strukturen gestoßen, was duale Studiengänge anbetrifft. Also auch wirklich ein Interesse haben mit Unternehmen zusammen zu arbeiten." (Fall H; Betrieb B)

Einige betriebliche Akteure, die der dualen Studienstruktur eher skeptisch gegenüberstehen, formulieren in ihren Äußerungen eine gewisse Unzufriedenheit bzw. Unsicherheit, weil sie entweder keinen direkten Einfluss auf den dualen Studiengang ausüben können, die verkürzte Ausbildungszeit kritisch bewerten oder noch nicht ausreichend Erfahrung mit dem Ablauf haben, weil sie noch relativ unerfahren mit dualen Studiengängen sind.

„(…) Das heißt, dass sie hochgerechnet für eine normalerweise 2,5 oder 3,5 Jahre dauernde Ausbildung zum Fluggerätemechaniker nur insgesamt 5-6 Monate im Unternehmen sind. Das 5. und 6. Semester sind Vollzeitsemester und besteht keine Möglichkeit zur Fachlichkeit. Es fehlt, das Gelernte zu konsolidieren." (Fall H, Betrieb A)

Bei der Gruppe der unzufriedenen *Skeptiker* ist zu beobachten, dass sie bei Nicht-Durchsetzung der eigenen Interessen darüber nachdenken aus der Akteurskonstellation auszusteigen. Da duale Studiengänge häufig keine verbindlichen Vereinbarungen beinhalten, besteht problemlos die Möglichkeit, sich zurückzuziehen, wenn keine Verständigung möglich ist. Bei einem Fall wurde die Kooperation zwischen Hochschule und Unternehmen aufgelöst, weil es zu keiner Einigung über die Intensität der Kooperation kam und verbindliche Vereinbarungen von der Hochschule nicht gewünscht wurden.

„Teilweise gab es Nachfragen nach Exklusivverträgen, die die Hochschule dann nur mit einem Unternehmen exklusiv abschließt und ausschließlich für dieses Unternehmen dual Studierende ausbildet. Das machen wir nicht als staatliche Institution" (Fall E, Hochschulprofessor)

Der Akteur Unternehmen stieg letztendlich aus der Akteurskonstellation aus, weil die Durchsetzung der eigenen Interessen nicht möglich war. Hierbei nutzte er die Exit-Option im Sinne Hirschmans (1970) (vgl. Kapitel 4.2) und entwickelte neue Kooperationen mit anderen Hochschulen, um den eigenen Einfluss geltend machen zu können.

6.2.1.3 Veränderte Zugangsvoraussetzungen im dualen Studium

Im Hinblick auf die Zugangsmöglichkeiten zum dualen Studium weisen die Unternehmen eine klare Selektionsfunktion auf. Während einerseits die Qualifikation „Fachhochschul- und Hochschulzugangsberechtigung", die i. d. R. in der Schule als Teil des Bildungssystems erworben wird (vgl. Hurrelmann 2006), Grundvoraussetzung für den Zugang zum dualen Studium ist, steuern Betriebe den Zugang, indem sie durch zum Teil sehr intensive Auswahlverfahren entscheiden, wer den Platz für ein duales Studium im Betrieb bekommt. Hierbei werden sowohl berufsspezifische Aspekte abgefragt als auch die so genannten *soft skills* überprüft.

> *„Wir machen ein 2-tägiges Assessmentcenter. (...) dann machen die 2-3 berufsspezifische Tests, (...) einfach so n bisschen noch Mathe, Physik und Konzentrationsfähigkeit und so was abklopfen. Und am 2. Tag müssen sie sich kurz selbst präsentieren, (...) und dann noch in 2 Gruppen arbeiten, (...) Im Anschluss daran behalten wir die besten 5 zum Vorstellungsgespräch da und das machen wir dann eben auch gleich im Anschluss, dass sie möglichst bald wissen, woran sie sind." (Fall E, Betrieb A)*

Die Auswahlverfahren der Unternehmen beim dualen Studium sind in den meisten Fällen sehr umfangreich. Ihre Gestaltung ist sicherlich auch von der Größe der Unternehmen abhängig. Während bei großen Konzernen häufig die Personalabteilungen mit der Auswahl der Bewerber betraut sind, trifft bei kleinen Unternehmen oftmals der Geschäftsführer die Entscheidung. Die Unternehmen sind sehr daran interessiert, direkt die richtigen Bewerber für ein duales Studium zu gewinnen, weil ihre Ausbildung für die Unternehmen teuer ist und jeder Abbruch eines Studierenden mit hohen Kosten verbunden ist. Bei den Auswahlverfahren wird besonders darauf geachtet, Themen und Fächer sowie überfachliche Kompetenzen zu prüfen, die auch für das Studium und die Arbeitsbereiche relevant sind.

6.2.1.4   Betriebe als Ressourcen-Geber

Neben ihrer Funktion als zentraler Lernort, bringen Betriebe bei dem Aufbau und der Durchführung dualer Studiengänge nicht selten *finanzielle Ressourcen* ein oder treten bei Hochschulen bzw. Berufsakademien in privater Trägerschaft als Gründungs- und/oder Fördermitglieder auf. Häufig planen sie die Studienstruktur von Anfang an mit. Hierbei verfolgen sie das Interesse, die personellen Bedarfe des eigenen Unternehmens optimal und qualitativ hochwertig abzudecken. Besonders stark ausgeprägt ist der finanzielle und damit auch inhaltliche Einfluss auf die institutionellen Strukturen bei privaten Fachhochschulen und Berufsakademien, weil sie nicht selten durch die Unternehmen ins Leben gerufen wurden, um im Studium einen stärkeren Praxisbezug zu gewährleisten und die eigenen Ansprüche bedarfsgerecht decken zu können. Unternehmensvertreter treten bei Berufsakademien und privaten Fachhochschulen häufig in ihrer zentralen Position als Gesellschafter auf der Mikro-Ebene auf (vgl. Kapitel 4.3.3). In einem Fall ist die private Fachhochschule in Form einer gGmbH durch die Trägerschaft finanziert, der neben öffentlichen Institutionen verschiedene Unternehmen der Region angehören:

„(...) Es gibt einen Verein, der heißt Berufsakademie XY e. V. Das ist der Verein, der letztendlich der Trägerverein ist, der Hochschule. Also die/die Mittel, die der Verein einwirbt von den Unternehmen, von den beteiligten Mitgliedern, die fließen quasi durch, direkt in die Hochschule, sodass die Mitglieder auch ein Recht *haben, über das, was die Hochschule macht, mit Einfluss zu nehmen."*
(Fall O, Betrieb B)

Des Weiteren bieten sie den Hochschulen und Berufsakademien häufig *personelle Ressourcen*, indem sie die eigenen Mitarbeiter als Lehrende entsenden. Hier findet ein Wissenstransfer zwischen Hochschulen und Unternehmen statt, der die Kopplung von praxisgebundenem und -orientiertem Wissen mit theoretischem Wissen der Hochschulen ermöglicht.

Daraus resultieren nach Schimank (2010) zwischen Hochschulen bzw. Berufsakademien und Unternehmen „*Konstellationen wechselseitiger Beeinflussung*" (Schimank 2010: 267; vgl. auch Kapitel 4.2 dieses Buches). Der Akteur Unternehmen wird dadurch aktiv in Handlungsabstimmungen einbezogen und es werden gezielt Ressourcen wie Geld oder Wissen als Einflusspotenziale eingesetzt. Die Einflussmöglichkeiten stehen dabei in engem Zusammenhang mit der Relevanz der eingebrachten Ressourcen. Wie sich zeigt, hat eine starke finanzielle Unterstützung erheblichen Einfluss auf die Handlungsmöglichkeiten und Strukturen der Hochschulen bzw. Berufsakademien.

6.2.1.5 Vertragliche Strukturen bei der Ausbildung

Verträge zwischen Betrieben und Studierenden sind neben der Hochschulzugangsberechtigung die zweite Voraussetzung für einen Studienplatz. Den Unternehmen
bieten sich zwei Möglichkeiten der Vertragsgestaltung – ein an Berufsbildungsgesetz
und Tarifrecht angelehnter Ausbildungsvertrag oder ein individuell angepasster
Praktikanten- bzw. Studienvertrag. Das Vertragsverhältnis wirkt sich insoweit
auf die Studiengangorganisation aus, als dass ein regulärer Ausbildungsvertrag
häufig an den Besuch der Berufsschule gekoppelt ist, somit ein weiterer Lernort in
die Organisation eingebunden werden muss und die Studierenden in dieser Zeit
nicht im Betrieb anwesend sein können. Damit entscheiden die Betriebe durch die
Vertragsstruktur in nicht wenigen Fällen, ob die Berufsschule beteiligt werden muss
oder nicht. Je nach Landesschulgesetz besteht für die dual Studierenden in einem
regulären Ausbildungsverhältnis zum Teil Berufsschulpflicht, und die kann häufig
nur mit einem *nicht* nach Berufsbildungsgesetz formulierten Ausbildungs- bzw.
Praktikantenvertrag ausgehebelt werden.

*„Das ist im Prinzip ein Praktikantenvertrag, weil bei der Ausbildung ist das
so, mit der Ausbildung zusammen müssen die dann zur Berufsschule gehen
und dieses Konstrukt können wir dann so nicht gewährleisten, weil die haben
praktisch dann Berufsschule, wenn die da quasi an der FH sind. Deswegen
läuft das bei uns mit einem Praktikantenvertrag, praktisch so ein bisschen
um dem Ganzen auszuweichen. Weil es im zeitlichen Rahmen einfach nicht
machbar ist." (Betrieb, Fall Q)*

Außerdem haben die vertraglichen Strukturen Auswirkungen auf die Art der
abzuleistenden beruflichen Abschlussprüfung. Bei einem Ausbildungsverhältnis
nach Berufsbildungsgesetz mit Integration der Berufsschule wird die Prüfung bei
der IHK ausbildungsintegriert durchgeführt und die Anmeldung der dual Studierenden erfolgt automatisch. Bei einem Praktikantenverhältnis gestaltet sich der
Ablauf anders. Hier kommt es zu einer externen Prüfung bei der IHK, bei der die
Studierenden selbst für ihre Anmeldung verantwortlich sind. Allerdings erfolgt
diese dann meistens entweder über die Hochschule oder die Betriebe.

*„Das ist also die freie Entscheidung des Unternehmens und beim Ausbildungs-
vertrag läuft das Prüfungsverfahren automatisch und bei der externen Zulassung
muss sich dann natürlich der Student, der Teilnehmer selber bemühen, dass
er sich dann rechtzeitig bei uns zur Prüfung anmeldet, weil wir das ja unter
Umständen nicht wissen, dass wir hier einen externen Teilnehmer haben,*

wenn die sich nicht vorher bei uns melden. Das ist eigentlich der wesentlichste Unterschied." (Fall B, Kammer)

6.2.1.6 Integration der Studierenden in die betrieblichen Abläufe

Die Integration der Studierenden in die betrieblichen Abläufe ist das besondere Plus von dualen Studiengängen, besonders Studierende und Unternehmen profitieren von dieser Integration in den Lernort „Betrieb". Die Unternehmen haben so die Möglichkeit, die Studierenden schon während des Studiums kennenzulernen und können den Bildungs- und Karriereweg schon frühzeitig mitgestalten. Die Studierenden haben einen starken Praxisbezug, entwickeln einen Betriebshabitus und können gesicherte finanzielle Strukturen schon während des Studiums aufbauen (vgl. Kapitel 3). Gleichzeitig ist die Einbindung in den Betrieb beim dualen Studium aufgrund komprimierter Ausbildungszeiten besonders schwierig. Der Einsatz im Unternehmen und die Aufgabenübertragung sind an die Anwesenheitszeiten gekoppelt. Diese sind natürlich aufgrund des höheren hochschulischen Anteils deutlich kürzer als bei der dualen Berufsausbildung. Bei der Einbindung der Studierenden in die betrieblichen Abläufe ergeben sich dadurch nicht selten auch inhaltliche Unterschiede zu regulären Auszubildenden. Aufgaben, die an Termine mit Kunden gekoppelt sind, können daher häufig weniger auf dual Studierende übertragen werden. Die Aufgabenbereiche müssen so gestaltet sein, dass zum Teil längere Abwesenheiten möglich sind und Prüfungsphasen berücksichtigt werden.

„Es ist natürlich so, dass ich diesen Auszubildenden nicht so gut in betriebliche Abläufe einbinden kann wie einen richtigen Auszubildenden. Aber nicht wegen des Zeitplans, sondern einfach weil er insgesamt weniger da ist. (...) Es ist also so, dass ich ihm weniger Aufgaben übertragen kann, wo betriebliche Termine daran stehen. Sondern eher mehr Aufgaben gebe, die nicht direkt mit den Kunden zu tun haben oder wo keine direkten Kundentermine daran stecken. (...)Es läuft halt ein bisschen anders eben wie bei den anderen Auszubildenden." (Fall M, Betrieb A)

6.2.2   Der Akteur „Hochschule bzw. Berufsakademie"

Für Studium und Lehre wurden Gesetze zur Regelung von Prüfungsordnungen, die Einbindung von Akkreditierungsagenturen, Regelstudienzeit, staatlichen Anerkennungen, Prüfungen und Leistungspunktesystemen in den Landeshochschulgesetzen formuliert, die im Wesentlichen die Ziele und Merkmale des Bologna-Prozesses beinhalten. Auch der Hochschulzugang von Studierenden kann den Landeshochschulgesetzen entnommen werden.[69] Die Verantwortung für die Qualität und die Organisation dualer Studiengänge haben die Hochschulen bzw. Berufsakademien. Sie sind dafür zuständig, duale Studienmodelle zu entwickeln und den Studienplan zu konzipieren. Sie haben Interesse daran, ihren theoretisch geprägten Bildungsauftrag auszuführen und die Qualität der Lehre zu sichern. Insbesondere der Bologna-Prozess als auf europäischer Ebene initiierte Hochschulreform hat zu einem tiefgreifenden Strukturwandel im deutschen Hochschulsystem geführt und die Länder bei der Gestaltung hochschulischer Strukturen vor neue Herausforderungen gestellt. Vier wesentliche Aspekte des Bologna-Prozesses sind für die Umsetzung dualer Studiengänge auf hochschulischer Ebene relevant – neue Abschlüsse, die veränderte Studienstruktur, die Modularisierung und das Leistungspunktesystem.

6.2.2.1 Integration eines neuen Akteurs auf dem Hochschulmarkt

Die Berufsakademien sind seit dem Beschluss der Kultusministerkonferenz vom 15.10.2004 im gesamten Bundesgebiet ebenfalls dazu berechtigt, den akademischen Titel „Bachelor" zu vergeben, und die Abschlüsse akkreditierter Bachelorausbildungsgänge an Berufsakademien sind hochschulrechtlich gleichgestellt mit Bachelorabschlüssen von Hochschulen.[70] Diese Entwicklung hat sich aus der Umstellung des deutschen Hochschulsystems auf Bachelor und Master ergeben. In ihrer inhaltlichen Ausrichtung waren die Berufsakademien schon immer stark an praxisrelevante Aspekte gekoppelt, doch sie produzierten ursprünglich keinen akademischen Titel. Durch die Aufwertung der Abschlüsse im tertiären Sektor haben die Berufsakademien am stärksten an Bedeutung gewonnen und treten inzwischen als Konkurrent von Universitäten und Fachhochschulen auf dem Bildungsmarkt auf. In der Vergangenheit wurde von Unternehmen häufig kritisiert, dass der Berufsakademien-Abschluss keine *formale Gleichwertigkeit* mit den Hochschulabschlüssen beinhaltete. Das war häufig ein großer Nachteil:

„In Niedersachsen war das ja nicht möglich und da wurde nur Betriebswirt (BA) vergeben und klar in Baden-Württemberg und einigen anderen Bundesländern, da gab es dann den Diplom-Betriebswirt. Und das hat das eine oder andere Unternehmen möglicherweise auch dazu bewogen, seine Studenten dann da

---

69   Vergleiche dazu die jeweiligen Landeshochschulgesetze der Bundesländer.

70   Vergleiche. hierzu: „Einordnung der Bachelorausbildungsgänge an Berufsakademien in die konsekutive Studienstruktur": http://www.kmk.org/fileadmin/veroeffentlichungen_beschluesse/2004/2004_10_15-Bachelor-Berufsakademie-Studienstruktur.pdf: 12.11.2014, 12:08 Uhr

hin zu schicken. Aber seitdem jetzt dieser BA-Abschluss möglich ist und eine Akkreditierung da erfolgt ist, sieht es also deutlich besser aus." (Fall N, IHK)

Mit der Aufwertung mussten die Berufsakademien ihre institutionellen Strukturen an die Strukturen des Hochschulsystems anpassen und Qualitätssteigerungen der angebotenen Studiengänge waren erforderlich. Nach dem Empfinden einer Unternehmensvertreterin sind der Schwierigkeitsgrad des Studiums und der Druck für die Studierenden mit Einführung des Bachelorabschlusses deutlich gestiegen.

„Ich selbst hab eben das Studium durchlaufen, als das noch Betriebswirt(BA) als Abschluss gab. (...) Die Prüfungsordnung besagte, okay du musst die Hälfte der Klausuren bestehen, um dann letztendlich die Befähigung fürs Hauptstudium zu haben, und dann musst du noch deine IHK-Prüfung bestehen. Heute ist es so, du musst jede Klausur bestehen, um die Credit Points zu kriegen, um dann überhaupt nen Bachelor-Abschluss zu kriegen. Das heißt, die Anforderungen sind mit Sicherheit gestiegen, (...). Das heißt, die Garantie, dass jemand ein gewisses Minimalwissen in jedem Fach des BWL-Studiums hat, ist dadurch, denk ich mal, schon eher gewährleistet als vorher." (Fall N, Betrieb A)

6.2.2.2 Umstellung von Diplom auf Bachelor und Master

Die Neustrukturierung des Studiums in zwei Studienabschnitte durch die Einführung von Bachelor- und Masterabschlüssen brachte sicherlich die extremste Veränderung des deutschen Hochschulsystems mit sich. Dieser Prozess hatte große Auswirkungen auf die Konzeption und den Ablauf dualer Studiengänge. Während der Feldphase des Projekts „Duales Studium" waren noch nicht alle dualen Studiengänge vollständig auf das Bachelor- und Mastersystem umgestellt, weil eine mangelnde Akzeptanz bei den Studierenden zu bemerken war. Bei zwei Hochschulen bestand die Möglichkeit, zwischen den Abschlussarten „Diplom" oder „Bachelor" zu wählen. Einige Hochschulen nutzten die Option, weiterhin das Diplom vergeben zu können, um die eigenen dualen Studiengänge für Studierende besonders interessant zu machen. Da sich eine dieser Hochschulen in einer Randregion befindet, hatte sie vor Einführung dualer Studiengänge mit einem Studierendenrückgang zu kämpfen und sah in der Vergabe von Diplom-Titeln eine Attraktivitätssteigerung gegenüber anderen Anbietern:

„Wir bieten das Diplom auch weiterhin an! Die Studierenden können nach einer Art Y Modell in den Diplomstudiengang übernommen werden. Das Land XY hat das Diplom nicht wie viele andere Bundesländer abgeschafft, sondern

garantiert den Fortbestand des Diploms. (...) Allerdings, wie gesagt, sind die
jungen Leute nach wie vor auf das Diplom orientiert." (Fall B, Hochschule)

Einige Hochschulen vergaben aufgrund der positiven Resonanz der Studierenden
und Unternehmen den Diplom-Abschluss solange wie gesetzlich möglich. Da die
Länder sehr unterschiedlich in ihren Regelungen zur Vergabe von Abschlüssen
agieren, nutzen diese Hochschulen die Möglichkeit, Diplomabschlüsse länger
vergeben zu können als Hochschulen aus anderen Bundesländern.

„(...) Umstellung ist im Prinzip vollzogen. Es gab aber insbesondere von den
Betriebswirten oder bei den Betriebswirten den Wunsch, den Diplom-Abschluss
solange zu erwerben, wie es gesetzlich erlaubt ist, Diplom noch zu vergeben"
(Fall O, Hochschule)

Zentral sind neben der Vergabe neuer Abschlüsse natürlich die Neuerungen im
Studienverlauf. Die Umstellung brachte eine deutliche zeitliche Verkürzung des
Studienablaufs bis zum ersten berufsqualifizierenden Hochschulabschluss mit
sich. Häufig wird die Verkürzung der Ausbildungszeit dadurch kompensiert, dass
der berufsbildende Teil verringert wurde.

„Wir haben zum einen den Studiengang von acht auf sieben Semester gekürzt
von Diplom auf Bachelor, sieben Semester. Haben die Theoriephasen ausgeweitet
von 10 auf 12 Wochen, so, wie es da jetzt drin ist. Das heißt also, für alle Betriebe
nachvollziehbar und da waren diese Koordinierungsgruppen-Gespräche, sehr
intensiv und sehr lang."(Fall O, Hochschule)

Während der frühere Diplom-Abschluss in den meisten Studiengängen eine Regelstudienzeit von acht bis zehn Semestern betrug (je nach Hochschulart variierend)
und das Vordiplom dabei kein berufsqualifizierendes Zertifikat darstellte, darf
die Regelstudienzeit für den Bachelor höchstens vier Jahre, für den Master zwei
Jahre betragen. Damit sind die Organisatoren bestehender dualer Studiengänge
seit der Einführung des neuen Abschlusssystems damit konfrontiert, die Berufsausbildung und das Studium in einen noch kürzeren zeitlichen Rahmen zu fassen.
Das war für alle beteiligten Akteure ein intensiver Prozess der Abstimmung,
um eine gemeinsame Schnittmenge zu finden. Nicht immer sind alle Interessen
miteinander zu vereinbaren. Die beteiligten Akteure sind bei Widerspruch dazu
aufgefordert, über Verständigung das gemeinsam gewollte Ziel *„funktionierender*
dualer Studiengang" durchzusetzen. Nicht alle beteiligten Akteure hatten die

gleichen Einflussmöglichkeiten bei der Umstellung von Diplom auf Bachelor und sind sich dessen auch bewusst.

> *„Mit dem Wechsel zum Bachelor hat man doch arg geknappt an Inhalt und Qualität. (...) In 2005 hatten wir noch nicht das eine richtig inhaltlich curricular auf dem Schirm. Und 2008 mit dem Wechsel zum BA Studiengang wurden schon wieder neue Veränderungen eingeleitet, die auch nicht wirklich das widerspiegelten, was wir uns vorgestellt haben. Wir haben mehrfach ja Gespräche geführt mit der Hochschulleitung um curriculare Änderungen und Anpassungen auch in unserem Sinne vorzunehmen. Aber auch da gibt es immer einen kleinsten gemeinsamen Nenner und eine Schnittmenge und meine Kollegin hat es ja auch schon gesagt, eigentlich spielen wir nur eine Randerscheinung. (Fall L, Betrieb B)*

Für Unternehmen und Studierende dualer Studiengänge bedeutet es zudem, dass die Gliederung des Studiums in zwei Zyklen, nach dem Bachelorabschluss automatisch die Frage nach der Weiterqualifizierung durch ein Masterstudium mit sich bringt. Während die Studierenden aufgrund ihrer hohen Leistungsbereitschaft daran interessiert sind, den Master anzuschließen, empfinden die Unternehmen es nicht unbedingt als notwendig, weil die Studierenden ihnen für einen weiteren Zeitraum nicht zur Verfügung stehen, sie keine weiteren Ausbildungskosten mit finanzieren wollen oder die berufliche Qualifikation des Bachelors für die zu besetzenden Positionen völlig ausreichend ist. Außerdem hat die Umstellung auf modularisierte Stoffgebiete eine veränderte zeitliche und thematische Gliederung des Studiums mit sich gebracht und Studienverlaufspläne mussten an diese neuen Strukturen mit dem Einverständnis aller beteiligten Akteure angepasst werden. Hierbei müssen die verschiedenen Interessen, Strukturen und Regelsysteme berücksichtigt werden.

> *„Die Umstellungsphase ging nicht ganz ohne Schmerzen über die Bühne. Wir hatten eben die Firmen wie immer, wenn wir Studiengänge entwickeln, machen wir Arbeitsgruppen zusammen mit den Firmen. Also das ist jetzt wir machen häufig Vorschläge der Fachhochschule, die aber auch von den Firmen aufgenommen diskutiert werden und es kommen auch Gegenvorschläge. Das sind eigentlich so integrative Prozesse. In diesem integrativen Prozess war nun die Industrie sehr stark involviert." (Fall H, Hochschule)*

Da jedes Modul mit einer Prüfung abgeschlossen werden muss, haben die Prüfungstermine innerhalb eines Studiums deutlich zugenommen. Das erfordert eine neue Koordination bei der Abstimmung von Prüfungen der Berufsausbildung mit denen des Studiums und beinhaltet eine starke inhaltliche bzw. zeitliche Rahmung des gesamten hochschulischen Teils. Bei der Studiengangorganisation dualer Studiengänge ist eine inhaltliche Abstimmung mit praxisrelevanten Lerninhalten und außeruniversitären Akteuren notwendig, weshalb die Einbindung von Praxisphasen je nach strukturellen Rahmenbedingungen der Institutionen stark variieren kann. Ist die Berufsschule an einem dualen Studienmodell nicht beteiligt, übernehmen Hochschulen und Berufsakademien als Lernort neben ihrer wissenschaftlich geprägten Lehrtätigkeit häufig die Vermittlung des nötigen berufsschulischen *Know-how* und das erwarten die Unternehmen auch ein Stück weit:

„Bei Hochschule XY ist das so, (…) dass die sagen, wir sind verantwortlich für den theoretischen Teil und zwar auch für den theoretischen Teil der Berufsausbildung und das ist für mich der entscheidende Faktor, die bieten im Prinzip ein extra Fach an, d. h. Berufsspezifik und in dieser Berufsspezifik werden die Inhalte vermittelt, die für die schriftliche IHK-Prüfung notwendig sind." (Fall B, Betrieb B)

Eine zweite Variante ist, dass die Berufsschullehrer ihren Unterricht an den Lernort Hochschule verlagern. Berufsschulische Lerninhalte werden auf die theoretischen Lerninhalte mit den Kammern und den Berufsschulen abgestimmt. So können sich die Berufsschullehrer nebenberuflich engagieren und die Vermittlung der berufsbildenden Lerninhalte ist gewährleistet.

6.2.2.3 Einbindung dualer Studienangebote in die institutionellen Strukturen der Hochschulen

Die Einbindung dualer Studienangebote in die institutionellen Strukturen von Hochschulen bzw. Berufsakademien ist unterschiedlich zu bewerten und die Akzeptanz innerhalb der Institutionen ganz klar vom Verständnis des eigenen Bildungsauftrags abhängig (vgl. Kapitel 4.3.2). Auffällig ist, dass es bei den untersuchten Fällen nur zwei Universitäten gibt, die duale Studienmodelle in das eigene Angebot aufgenommen haben. Der Entwickler eines dualen Studiengangs hatte sowohl bei der Hochschulleitung als auch beim Fakultätsrat große Probleme dieses sehr praxisorientierte Konzept durchzusetzen:

„Man will keine dualen Studiengänge an einer Universität. (…) Das riecht zu sehr nach Praxis! Das ist Fachhochschule." (Fall J; Hochschule)

Außerdem ist die Implementierung mit besonderen Anforderungen verbunden, weil die Hochschulen nicht als alleiniger Lernort auftreten und bei der Gestaltung dualer Studiengänge zwar als dominanter Akteur aktiv sind, aber dennoch Rücksicht auf die Interessen und Bedürfnisse aller an der Akteurskonstellation Beteiligten nehmen müssen.

Wenn bei dualen Studiengängen eine zentrale Organisation durch eine fachbereichs- und studiengangübergreifend geschaffene Position stattfindet, bleibt diese auf übergeordneter Ebene. In einigen Fällen bieten übergeordnete Koordinierungsstellen den einzelnen Fachbereichen bei der Organisation und Integration dualer Studiengänge Unterstützung an, z. B., indem sie die Studiengänge nach außen hin repräsentieren, Leitfäden für Qualitätsstandards anbieten oder Muster für Kooperationsvereinbarungen vorbereiten. Zudem übernehmen sie oftmals die Schnittstellenfunktion zwischen Unternehmen und Hochschulen und treten als *Boundary-Spanner* innerhalb der Akteurskonstellation duales Studium auf (vgl. 4.4.3). Diese Koordinatoren müssen eine hohe Kommunikations- und Organisationsfähigkeit aufweisen, weil sie häufig als Netzwerker zwischen den beteiligten Akteuren vermitteln (vgl. Kapitel 7):

„Herr P ist für uns ein Glücksgriff. Für solche Studiengänge ist der Einfluss der Person sehr wichtig. Es muss eine Person da sein, die die Kommunikationsfähigkeiten hat, die Ausstrahlung und die Ausdauer." (Fall B, Hochschule)

Sie schaffen Anreize, duale Studiengänge zu entwickeln und dienen als Ansprechpartner bei der Umsetzung. Die eigentliche Studiengangorganisation können sie dadurch allerdings nur bedingt beeinflussen. Sie bleibt im Regelfall den zuständigen Fachbereichsangehörigen und Dekanen vorbehalten. Zum Teil werden hier zusätzliche Koordinierungsstellen auf Fachbereichsebene geschaffen, zum Teil übernehmen diese Aufgabe die Studiendekane der jeweiligen Fachbereiche und treten in Kontakt mit weiteren relevanten Akteuren für eine sinnvolle Studienganggestaltung:

„(…), und das wird auch jetzt noch so praktiziert, dass sich mit den einzelnen Dekanen und Fachschaften hingesetzt wird und in diesen Gesprächen geklärt wird, A welche Ausbildungsberufe würden für welche Fakultäten evtl. in Frage kommen. Und dann wird eben, wenn der eine sich die Studieninhalte ansieht und der andere sich die Lerninhalte der Ausbildungsordnungen ansieht, Vergleiche und Gespräche geführt und dann ergeben sich einfach zwangsläufig die am besten passenden Ausbildungsberufe." (Fall E, IHK)

Die Studiengangplaner sind sowohl für die inhaltliche als auch für die zeitliche Abstimmung von Theorie und Praxis im Studium verantwortlich und stehen meistens in direktem Kontakt mit den außerhochschulischen Partnern. Bei der Umsetzung

sind immer die staatlichen Regulierungen in Form von Studienordnungen und
Landeshochschulgesetzen zu berücksichtigen (vgl. Kapitel 4.3.2)

In einigen beobachteten Fällen findet keine spezifische Organisation dualer
Studiengänge statt. Manche Modelle sind so konzipiert, dass die beteiligten Akteure
Theorie- und Praxisinhalte weitestgehend unabhängig voneinander vermitteln
können (vgl. Kapitel 6.3.3). Es kommt in diesem Fall häufig zu der Einbindung
dual Studierender in bestehende Studienangebote. Das hat den Vorteil, dass die
Hochschulen bestehende Studienstrukturen überhaupt nicht verändern müssen
und Lehrveranstaltungen für *alle* Studierenden angeboten werden können. Man
benötigt keine neuen zeitlichen Abläufe oder personelle und damit auch finanzielle
Ressourcen, um einen dualen Studiengang zu implementieren.

Insgesamt treten Hochschulen und Berufsakademien als *dominante* Akteure
innerhalb der Akteurskonstellation duales Studium auf. Als zentrale Akteure
übernehmen Hochschulen die gesamte Gestaltung der zeitlichen Abläufe, die sich
in den Studienmodellen und den inhaltlichen Studienverlaufsplänen ausdrückt.

6.2.3   Der Akteur „Bildungseinrichtung der beruflichen Bildung"

Die Berufsschulen übernehmen den theoretischen Teil der Berufsausbildung
und werden hierfür vom Land in Errichtung und Ausstattung finanziert. Ihr
Bildungsauftrag orientiert sich an den Landesschulgesetzen[71] und dem BBiG (vgl.
Kapitel 4.4). Die Rahmenlehrpläne für den berufsbezogenen Unterricht werden
von der Kultusministerkonferenz beschlossen und mit den entsprechenden Ausbildungsordnungen des Bundes für anerkannte Ausbildungsberufe abgestimmt.
Die Länder haben die Möglichkeit, die Rahmenlehrpläne der Kultusministerkonferenz sowohl unverändert zu übernehmen als auch in einen landesspezifischen
Lehrplan umzuwandeln. Die Strukturen der Rahmenlehrpläne orientieren sich
an den verschiedenen Lernfeldern (vgl. Veröffentlichung der KMK 23.09.2011).[72]
Allerdings ist die Beteiligung der Berufsschulen nicht immer gewährleistet, weil
die Berufsschulpflicht in den Bundesländern unterschiedlich geregelt ist. Damit
ist die Einbindung des berufsschulischen Teils in das duale Studium unterschied-

---

71   Vergleiche hierzu die verschiedenen Landesschulgesetze zur Regelung der Berufsschule
(Bspl: § 15 NSchG) und der Berufsschulpflicht (Bsp.: § 65 NSchG).

72   Vgl. die Handreichung für die Erarbeitung von Rahmenlehrplänen der Kultusministerkonferenz: http://www.kmk.org/fileadmin/veroeffentlichungen_beschlues-
se/2011/2011_09_23_GEP-Handreichung.pdf: 15.12.2014, 15:40 Uhr

lich festgelegt – nicht-existent, fester Bestandteil, optional – und die Kooperation abhängig von den gesetzlichen Rahmenbedingungen, der Art des Vertragsverhältnisses zwischen Betrieb und Studierenden sowie der Integration anderer Lernorte wie Lehrwerkstätten oder Bildungszentren in die bestehenden Studienmodelle. Das führt zu sehr unterschiedlichen organisatorischen Konstrukten für die Vermittlung der berufsschulischen Anteile:

- Eigene Klassen für dual Studierende mit angepassten Curricula in den Berufsschulen werden eingerichtet.
- Teilnahme oder Nichtteilnahme am bestehenden Unterricht findet statt.
- Die Lehrkräfte von Berufsschulen bieten den Hochschulen partielle Dienstleistungen, wenn die Schule nicht direkt als Institution in ein Studienmodell eingebunden ist. Berufsschullehrer nutzen hierbei eine zusätzliche nebenberufliche Einnahmequelle und vermitteln den berufsschulischen Unterricht an der Hochschule.
- Es kommt zu einer Integration des berufsschulischen Teils in andere Bildungseinrichtungen (z. B. Bildungszentren, Hochschulen).

Anhand der vorgefundenen Gegebenheiten wird deutlich, dass sich hieraus eine Besonderheit für das duale Studium ergibt, indem vermehrt andere Bildungseinrichtungen die Vermittlung von Lerninhalten übernehmen. Daraus resultiert eine Veränderung der üblichen Governancestrukturen von Berufsbildung und Hochschulbildung und die möglichen Akteurs- und Lernortkonstellationen beim dualen Studium gestalten sich häufig anders. Die Berufsschule verliert als zentraler Lernort und Akteur der dualen Berufsausbildung an Bedeutung und Hochschulen bzw. Berufsakademien übernehmen ihre Funktion. Dabei integrieren sie Berufsbildung in ihre institutionellen Strukturen, ohne dass ihre Befähigung durch das Berufsbildungs- bzw. Hochschulsystem überprüft wird. Mögliche Konsequenzen sind Qualitäts- und Organisationsprobleme bei der Gestaltung des Berufsschulunterrichts, wenn andere Bildungseinrichtungen den berufsschulischen Teil abdecken und die Leistungen nicht mehr durch die Berufsschule erbracht werden. So kann es zu Problemen bei Abstimmungen zwischen den Kooperationspartnern im Hinblick auf ausbildungsrelevante theoretische Lerninhalte kommen. Zudem ist die Anpassungsfähigkeit der ausführenden Bildungseinrichtungen nicht immer gegeben und es treten nicht selten Probleme bei der Vermittlung der berufsbildenden Inhalte auf.

„Ich kann mir aber für die Zukunft vorstellen, dass ist das ich hatte erst vor zwei Wochen mit der Berufsschule ein Meeting dazu, dass man die Berufsschule da noch mit mehr anbindet, weil man ganz ehrlich sagen muss, dass die

Berufsspezifik an einer Hochschule das niemals abdeckt was eine Berufsschule abdeckt (...)." (Fall B, Betrieb B)

Die Bildungszentren übernehmen besonders bei der Untersuchung zweier Fälle im Bundesland Sachsen nicht selten durch die Beteiligung an Programmen und Ausschreibungen sowohl Koordinierungsaufgaben als auch gestalterische Aufgaben bei der Entwicklung dualer Studiengänge. Sie vermitteln häufig auch die Lerninhalte, die für den theoretischen Teil der Ausbildung relevant sind. In einigen Bundesländern erhalten sie eine Berechtigung als staatlich anerkannte Ersatzschule. Damit ersetzen sie Aufgaben der Berufsschulen und treten als Konkurrent auf dem Bildungsmarkt auf.

Die Lehrwerkstätten werden eingesetzt, um praktische Lerninhalte der Grundausbildung zu vermitteln. Nicht jeder Betrieb ist so ausgestattet, dass er in der Lage ist, diesen Teil der Ausbildung zu gewährleisten. Besonders die kleinen und mittelständischen Unternehmen sind auf diesen Lernort angewiesen. Die Lehrwerkstätten übernehmen eine unterstützende inhaltliche Funktion.

„Diese besondere Konstruktion ermöglichte auch die KIA-Öffnung für KMU ohne eigene Lehrwerkstatt. KMU können den Berufsschulunterricht keinesfalls aus eigenen Mitteln substituieren. Sie sind auf überbetriebliche Lehrwerkstätten angewiesen, die zum Beispiel die Kammern oder der TÜV anbieten." (Fall B, Hochschule)

In einigen Fällen ist es zum Teil so, dass Betriebe ihre Auszubildenden in andere Betriebe entsenden, damit sie in deren Ausbildungs- bzw. Lehrwerkstätten Elemente der Grundausbildung vermittelt bekommen. Hierbei wird ein weiterer Akteur in die Akteurskonstellation aufgenommen, um bestehende Lücken bei der theoretischen und praktischen Wissensvermittlung überbrücken zu können.

6.2.4 Der Akteur „Kammer"

Als Einrichtungen der Wirtschaft für die Wirtschaft kommt es im Kontext dualer Studiengänge zu einer verstärkten Zusammenarbeit zwischen Industrie- und Handelskammern bzw. Handwerkskammern und Hochschulen. IHK bzw. HWK übernehmen bei dualen Studiengängen als eigenverantwortliche öffentliche Körperschaft eine Doppelrolle. Sie sind nicht direkt als zentraler Lernort in die Studiengangorganisation dualer Studiengänge eingebunden. In ihrer Rolle als Prüfungsbehörde nach BBiG sind sie für die Abnahme der praktischen Prüfung in den

Ausbildungsberufen verantwortlich und regeln die ausbildungsinternen und bei dualen Studiengängen stark expandierenden externen Prüfungen. Die Organisation der Abschlussprüfungen liegt bei den Industrie- und Handelskammern. Sie sind für den Aufbau und die Betreuung der Prüfungsausschüsse und die Bekanntgabe der Prüfungstermine verantwortlich. Des Weiteren prüfen sie, ob die Zulassungsvoraussetzungen für die Abschlussprüfungen nach § 35 ff. BBiG gegeben sind. § 45 Abs. 2 des BBiG formuliert die Zulassungsvoraussetzungen für die externen Prüfungen. Die Prüfungstermine für die Ausbildungsberufe werden von der IHK als zuständige Stelle festgelegt. Werden Abschlussprüfungen mit überregionalen Prüfungsaufgaben gestellt, müssen die Prüfungstermine einheitlich sein. Die Prüfungsanforderungen der Abschluss- bzw. Gesellenprüfung werden nach § 37 BBiG und § 31 der HwO in der Ausbildungsordnung festgelegt, die Richtlinien für die Prüfungsordnung nach § 41 ff. des BBiG und § 38 ff. HwO.[73] Diese strukturellen Rahmenbedingungen müssen in die Planung dualer Studienmodelle einbezogen werden. Hier wird eine Abstimmung von gesetzlichen Rahmenbedingungen zwischen Industrie- und Handelskammern und Hochschulen bzw. Berufsakademien notwendig, und man muss sich über die Regelung von Klausuren- und Prüfungsterminen verständigen. Der Vorgang der Abstimmung erfolgt in der Regel schon bei der Entstehung dualer Studiengänge (vgl. Kapitel 5).

6.2.5   Der Akteur „Dual Studierender"

Die Attraktivität eines dualen Studienmodells besteht für die Studierenden in der Möglichkeit, zwei ansonsten eher sequenziell verlaufende Ausbildungswege zu kombinieren (Theorie-Praxis-Transfer), sich frühzeitig an ein Unternehmen binden zu können und betriebliche Strukturen und Inhalte parallel zum Studium kennenzulernen. Die Studierenden sind als Nachfrager des Angebots „Duales Studium" an der Studiengangorganisation nur bedingt beteiligt und haben lediglich insofern Einflussmöglichkeiten, als dass sie durch die Beteiligung von Studienvertretern bei der Gremienarbeit mitentscheiden können, inwiefern bestehende Angebote in ihren organisatorischen Abläufen optimiert werden. Als Rezipienten spiegeln sie den organisierenden Akteuren die Studierbarkeit von Studienmodellen und mögliche Problemstellungen wider.

---

73   vgl. hierzu: „Richtlinien zu Prüfungsordnungen gemäß $ 41 BBiG und § 38 HwO": http://www.bibb.de/dokumente/pdf/empfehlung_001-richtlinien_f_r_die_pr_fungsordnung_782.pdf: 12.11.2014, 12:12 Uhr

Abschließend ist festzuhalten, dass in fast allen Fällen die Hochschule bzw. Berufsakademie der zentrale Akteur bei der Studiengangorganisation ist. Die Betriebe haben nur eingeschränkt Einfluss auf die Gestaltung und können ihre Interessen nur bedingt durchsetzen. Ihre Beteiligung ist von fünf wesentlichen Faktoren abhängig: 1. Größe des Unternehmens; 2. Anteil der dual Studierenden im dualen Studiengang; 3. Modellform; 4. Bedeutung des dualen Studiengangs für Unternehmen und Hochschulen bzw. Berufsakademien; 5. Bildungsauftrag der Hochschulen bzw. Berufsakademien.

6.3   Akteurskonstellationen bei der Studiengangumsetzung

In der dualen Studienlandschaft haben sich drei wesentliche Studienmodelle herauskristallisiert – integriertes Modell, Blockmodell, teilsepariertes Modell. Diese Modelle kombinieren Theorie und Praxis zeitlich unterschiedlich und sind *formaler Ausdruck* bestehender Akteurskonstellationen, an die sich die beteiligten Akteure in Zeiten und Inhalten orientieren. Der erste Studienabschnitt ist durch hohe Anpassungsanforderungen der beteiligten Akteure geprägt, da in dieser Zeit studien- und ausbildungsrelevante Lerninhalte vermittelt werden müssen. Der Teil der Berufsausbildung wird häufig durch eine zeitliche Verkürzung der Ausbildung komprimiert. Das Hauptstudium hat bei fast allen Studienmodellen Vollzeitstudiencharakter und stellt die hochschulische Ausbildung verstärkt in den Vordergrund. Die berufliche Qualifikation erfolgt weitestgehend in der vorlesungsfreien Zeit. Der hochschulische Anteil ist bei allen drei Modellen am stärksten ausgeprägt, was sicherlich auch mit der organisatorischen Funktion dieses Akteurs zusammenhängt. Hochschulen/Berufsakademien und Betriebe sind immer als Lernorte eingebunden. Die drei im Folgenden beschriebenen Studienmodelle sind idealtypisch zu sehen. Sie zeigen in ihren zeitlichen und inhaltlichen Abläufen *Formen* von Akteurskonstellationen bei dualen Studiengängen auf, die zur Verzahnung genutzt werden.

6.3.1   Das integrierte Modell

Das integrierte Modell dualer Studiengänge beinhaltet eine starke zeitliche Verzahnung von Theorie und Praxis, weil von Anfang an ein permanenter Wechsel der Lernorte innerhalb einer Woche vollzogen wird. Die Studierenden sind in der Woche sowohl im Unternehmen, als auch in der Berufsschule (optional) und in der

Hochschule. Bei den sechs untersuchten integrierten Modellen war in zwei Fällen die Berufsschule eingebunden.

Tabelle 6.1   Beispiel eines integrierten Modells

	zeitlicher Ablauf	Hochschule	Betrieb
1. Studienabschnitt	1. Semester	Lehrveranstaltungen	betriebliche Ausbildung und Berufsschule zwei Jahre bis zum IHK-Abschluss parallel zu den Lehrveranstaltungen
	2. Semester	Lehrveranstaltungen	
	3. Semester	Lehrveranstaltungen	
	4. Semester	Lehrveranstaltungen	
2. Studienabschnitt	5. Semester	Lehrveranstaltungen (VZ-Studium)	Berufliche Qualifikation in der vorlesungsfreien Zeit
	6. Semester	Lehrveranstaltungen (VZ-Studium)	
	6./7. Semester	Auslandsstudium – sechswöchiger Aufenthalt an einer Partnerhochschule	
	7. Semester	Bachelorarbeit	Großteil im Betrieb

Ein wesentlicher Vorteil dieses Modells, laut Aussagen der beteiligten Akteure, ist der permanente Austausch von Theorie und Praxis, weil die Studierenden zeitlich parallel in die Lernorte eingebunden werden und ein Lernortwechsel innerhalb einer Woche stattfindet. Allerdings beinhaltet das eine besondere strukturelle Herausforderung bei der Planung der Einsatzzeiten in den Betrieben. Die Einbindung in Lehrveranstaltungen ist leichter, weil durch die Möglichkeit zur wöchentlichen Anwesenheit Studierende an regulären Lehrveranstaltungen teilnehmen können. Der Akteur Berufsschule kann *relativ* problemlos in die Studienplanung einbezogen werden, weil die Möglichkeit des wöchentlichen Unterrichts besteht. Ein Nachteil könnte sein, dass dieses Studienmodell fast nur in Ballungszentren umsetzbar ist, weil die ständigen Lernortwechsel kurze Fahrtzeiten voraussetzen. In fünf von sechs integrierten Formen ist der Standort in Großstädten und die beteiligten Akteure sind in der Region angesiedelt. Die strukturelle Konzeption beinhaltet hohe Anpassungsanforderungen an alle beteiligten Akteure. Die gesamte Studienstruktur muss an die permanenten Praxisphasen in den Unternehmen und gegebenenfalls an Berufsschulzeiten angebunden sein.

6.3.2   Das Blockmodell

In dieser Modellform sind die Studierenden über einen gewissen Zeitraum im Unternehmen und über einen längeren Zeitraum nur in der Hochschule (z. B.: Es gibt im 2. und 3. Semester einen 14-tägigen Wechsel zwischen den Lernorten Hochschule und Unternehmen). In zwei untersuchten Studiengängen ist die Berufsschule als Lernort beteiligt. Bei zwei weiteren Blockmodellen werden alternativ Bildungszentren bzw. Lehrwerkstätten für die Vermittlung der berufsbildenden Lerninhalte in das Studienmodell eingebunden.

Tabelle 6.2 Beispiel eines Blockmodells

	zeitlicher Ablauf	Hochschule	Betrieb
1. Studienabschnitt	1. Semester	Lehrveranstaltungen	in der vorlesungsfreien Zeit im Betrieb
	2.1 Semester	Im 14-tägigen Wechsel in der Hochschule und im Betrieb (z. B. die ersten 2 Wochen im März Praxisphase im Betrieb, danach die letzten beiden Wochen im März in der Hochschule, in der vorlesungsfreien Zeit im Betrieb), IHK-Prüfung	
	2.2 Semester		
	3.1 Semester		
	3.2 Semester		
2. Studienabschnitt	4. Semester	Lehrveranstaltungen (VZ-Studium)	betriebliche Ausbildung in der vorlesungsfreien Zeit
	5. Semester	Lehrveranstaltungen (VZ-Studium)	betriebliche Ausbildung in der vorlesungsfreien Zeit
	6. Semester	Praxissemester	im Betrieb
	7. Semester	Bachelorarbeit	Großteil im Betrieb

Diese Modellform ist besonders interessant für Hochschulen bzw. Berufsakademien in Randregionen, weil sie sich im Hinblick auf die Verortung der Lernorte sehr flexibel gestalten lässt und sich auch Betriebe aus anderen Regionen beteiligen können. Als weiterer häufig benannter Vorteil ist die intensive Einbindung in die Lernorte über einen längeren Zeitraum zu sehen. So können die Studierenden je nach Zeitrahmen gut in Projekte eingeplant werden. Allerdings erfordert dieses Konzept die Anpassung des hochschulischen Lehrbetriebs an theoretische sowie praxisgebundene Blockphasen. Hierbei ist in vielen Fällen die Entwicklung eigener Lehrangebote für dual Studierende notwendig. Bei der Betrachtung des Beispiels wurde das Blockmodell zeitlich so angepasst, dass die Semester des ersten Studienabschnitts in zwei Teilsemester gedehnt werden. Das führt zu einer zeitlichen

Verlängerung des Studiums insgesamt. Für die Studierenden ist es nicht selten ein Nachteil, dass die Lernorte weit voneinander entfernt liegen, teilweise gibt es sogar bundesländerübergreifende Kooperationen zwischen Hochschulen und Unternehmen.

6.3.3 Das teilseparierte Modell

Das teilseparierte Modell zeichnet sich dadurch aus, dass ein Teil der Berufsausbildung zeitlich abgekoppelt von der hochschulischen Ausbildung absolviert wird. Somit sind die Studierenden über einen längeren Zeitraum nur im Unternehmen und über einen längeren Zeitraum nur in der Hochschule (z. B.: Die dual Studierenden sind in den ersten 2 Semestern ausschließlich im Ausbildungsbetrieb und danach ausschließlich an der Hochschule, außer in den Praxisphasen und Semesterferien) und es findet keine direkte Lernortverzahnung statt, und auch die Lerninhalte können relativ getrennt voneinander vermittelt werden. Das verringert teilweise die Anpassungsanforderungen an die beteiligten Akteure bei der inhaltlichen und zeitlichen Koordination des Studiums.

Tabelle 6.3 Beispiel eines teilseparierten Modells

	zeitlicher Ablauf	Hochschule	Betrieb
1. Studienabschnitt	1. Halbjahr		betriebliche Ausbildung
	2. Halbjahr		
	1. Semester	Lehrveranstaltungen	in der vorlesungsfreien Zeit betriebliche Ausbildung
	2. Semester	Lehrveranstaltungen	
	3. Semester	Lehrveranstaltungen	
	4. Semester	Praxissemester	betriebliche Ausbildung mit IHK-Prüfung
2. Studien-abschnitt	5. Semester	Lehrveranstaltungen	betriebliche Praxis in der vorlesungsfreien Zeit
	6. Semester	Lehrveranstaltungen	
	7. Semester	Bachelorarbeit	zu einem Großteil im Betrieb

Auch bei diesem Modell besteht für die beteiligten Akteure ein großer Vorteil darin, dass Hochschulstandort, Berufsschulstandort (optional) und Unternehmensstandort nicht in unmittelbarer Nähe zueinander sein müssen. Damit wird das Einzugsgebiet von Studierenden und Betrieben für die Beteiligung an dualen Studiengängen größer. Zudem kann es für die Planung der Hochschulen besonders vorteilhaft sein, da ein wesentlicher Teil der Berufsausbildung schon im ersten Jahr vor dem Studium vermittelt wird. In den folgenden Semestern sind die Studierenden nur in den Semesterferien in den Betrieben. Die Hochschulen können die Studienstrukturen regulärer Studiengänge weitgehend beibehalten und die dual Studierenden in diese integriert werden. Es ist nicht notwendig, eine dual geprägte Studienstruktur zu entwickeln. Für die Betriebe bedeutet das, dass sie sich an die zeitlichen Abläufe der Hochschule anpassen müssen. Die Lernorte agieren weitgehend unabhängig voneinander. Das birgt nicht selten die Gefahr, dass berufsbildende und hochschulische Lerninhalte nicht miteinander verzahnt werden und kein direkter Theorie-Praxis-Transfer stattfindet. Ähnlich wie das Blockmodell verlangt das teilseparierte Modell von den Studierenden eine hohe Mobilität, wenn die Lernorte regional voneinander weiter entfernt sind und das führt häufig zu einer Mehrbelastung.

6.3.4 Verteilungen der Studienmodelle

Die Verteilung der Studienmodelle konnte anhand der Informationen aus den qualitativen Interviews und der Dokumentenanalyse ermittelt werden. Jeder duale Studiengang wurde auf seine Akteurskonstellation beim Studienablauf überprüft. Die ermittelten drei Studienmodelle, die sich in ihrer zeitlichen Ausrichtung, in ihrer inhaltlichen Anordnung und Integration in die Lernorte unterscheiden, bringen verschiedene Voraussetzungen für die Einfluss- und Beteiligungsmöglichkeiten der Akteure mit sich. Die Verteilung der Studienmodelle, zeigt, dass es keinen klaren Trend bei der Wahl der Modellform gibt. Die verschiedenen Akteure in unseren Fallstudien betonten immer wieder, dass die Entscheidung für eine Modellform von äußeren Rahmenbedingungen abhängig ist. Dabei können sowohl regionale als auch strukturelle Faktoren entscheidend sein.

Tabelle 6.4   Verteilung der Studienmodelle

	integriertes Modell	Blockmodell	teilsepariertes Modell	Berufsschule	BZ/ Lehrwerkstatt
Fall A	X			X	
Fall B		X			X
Fall C	X				
Fall D			X	X	
Fall E			X		
Fall F	X				X
Fall G			X	X	
Fall H	X			X	
Fall I		X			
Fall J	X				
Fall L	X				
Fall M		X			X
Fall N		X			
Fall O		X			
Fall Q			X	X	
Fall R		X			
Fall S			X		
Fall T			X	X	
Fall U		X		X	
Fall V		X		X	
gesamt	6	8	6	8	3

In unseren Fallstudien wurde das Blockmodell in acht von zwanzig Fällen und damit am häufigsten für die Studiengangorganisation angewendet. Integriertes und teilsepariertes Modell sind bei der Organisation jeweils in sechs Fällen als Organisationsformen vertreten. Der Lernort Berufsschule wurde als ursprünglich zentraler Akteur des dualen Systems bei 12 dualen Studiengängen nicht in die Planung einbezogen. Bildungszentren und/oder Lehrwerkstätten kommen bei 3 dualen Studiengängen zum Einsatz. Hierbei ist auffällig, dass diese anstelle der Berufsschulen die berufsbildende Lernortfunktion übernehmen. Das Hauptstudium ist in 9 von 20 Fällen als Vollzeitstudium strukturiert, bei dem die Praxisphasen während der vorlesungsfreien Zeit absolviert werden und ggfs. ein Praxissemester in den Studienablauf integriert ist, was zum Teil auch im Ausland stattfindet. Bei 11 dualen Studiengängen sind sowohl Grund- als auch Hauptstudium in Form der beschriebenen Modelle konzipiert. Fall F bildet eine besondere Mischform. Während bei Fall F der erste Studienabschnitt als integriertes Modell entwickelt wurde, geht im Hauptstudium der zeitliche Ablauf als Blockmodell weiter.

6.4   Zufriedenheit der Studierenden mit der Verzahnung von Berufs- und Hochschulausbildung

Eine gelingende Integration und Abstimmung von Lerninhalten und -orten ist für die Studierenden als Rezipienten dualer Studiengänge besonders wichtig, weil sie zwischen verschiedenen Lernorten hin- und herpendeln und theoretische Lerninhalte aus Berufsausbildung und Hochschulausbildung verinnerlichen müssen. In ihrer Zufriedenheit mit verschiedenen Aspekten des dualen Studiums wie die inhaltliche und zeitliche Abstimmung zwischen praktischen und theoretischen Anteilen oder die Vorbereitung auf die Abschlussprüfung ihres Ausbildungsberufes spiegelt sich nicht zuletzt auch die Güte von dualen Studienformen wider. In diesem Kapitel soll die Zufriedenheit der im Projekt „Duale Studiengänge" befragten Studierenden im Hinblick auf die Verzahnung von Hochschul- und Berufsbildung im dualen Studium näher beleuchtet werden. In der Online-Befragung konnten zahlreiche Erkenntnisse diesbezüglich gesammelt werden (Tabelle 6.5).

Tabelle 6.5 Zufriedenheit mit der zeitlichen und inhaltlichen Abstimmung von Lerninhalten und -orten – Studierende insgesamt

Zufriedenheit mit …	sehr zufrieden	zufrieden	weniger zufrieden	nicht zufrieden	Gesamt
…den vermittelten Lerninhalten im Ausbildungsbetrieb	29,7 % (143)	47,5 % (229)	20,3 % (98)	2,5 % (12)	100 % (482)
…den vermittelten Lerninhalten in der HS	24,5 % (115)	60,6 % (285)	12,8 % (60)	2,1 % (10)	100 % (470)
…mit der zeitlichen Koordination zwischen betrieblicher Ausbildung und Hochschulausbildung	23,9 % (113)	51,6 % (244)	17,5 % (83)	7,0 % (33)	100 % (473)
… mit der zeitlichen Abstimmung zwischen praktischen und theoretischen Anteilen der Ausbildungen	19,9 % (95)	56,1 % (268)	17,8 % (85)	6,3 % (30)	100 % (478)
…mit der inhaltlichen Abstimmung zwischen praktischen und theoretischen Anteilen der Ausbildungen	11,8 % (56)	45,2 % (215)	36,3 % (173)	6,7 % (32)	100 % (476)
…mit der Vorbereitung auf die Abschlussprüfung ihres Ausbildungsberufs.	18,4 % (83)	46,6 % (210)	23,7 % (107)	11,3 % (51)	100 % (451)

Quelle: IAQ-Online-Befragung 2011/2012

Bei allen abgefragten Indikatoren zur Zufriedenheit mit der Verzahnung von Theorie und Praxis sind mehr als 50 % der Studierenden insgesamt zufrieden oder sehr
zufrieden mit der zeitlichen und inhaltlichen Abstimmung von Lerninhalten und
-orten. Allerdings sind mehr als 40 % mit der inhaltlichen Abstimmung zwischen
praktischen und theoretischen Anteilen der Ausbildungen eher unzufrieden.
Mehr als ein Drittel empfinden die Vorbereitung auf die Abschlussprüfung im
Ausbildungsberuf als nicht zufriedenstellend. Knapp 25 % sind mit der zeitlichen
Koordination zwischen betrieblicher Ausbildung und Hochschulausbildung weniger
oder gar nicht zufrieden. Das zeigt, dass Optimierungsmöglichkeiten bestehen. Bei
der Online-Befragung wurden von den Studierenden folgende Problemstellungen
bei der Verzahnung von Theorie und Praxis häufig benannt:

• Zeitdruck durch komprimierte Ausbildungszeiten
• Mangelnde inhaltliche und zeitliche Abstimmung zwischen Betrieb und Hochschule bzw. Berufsakademie
• mangelnde Unterstützung durch Hochschullehrer und Ausbilder
• mangelnde Vorbereitung auf die Abschlussprüfung

Außerdem konnten Verbesserungsvorschläge gemacht werden:

• Informationsfluss verbessern
• Betreuung ausbauen
• Aktualisierung der Lehrinhalte und stärkeren Praxisbezug
• Klausurentermine an Zwischen- und Abschlussprüfungen anpassen

Damit formulieren die Studierenden die eigenen Erwartungen an den Studienverlauf und machen relevante Aussagen über die Studierbarkeit dualer Studiengänge.

6.4.1   Zufriedenheit nach Studienmodell

Berücksichtigt werden muss, dass die Befragten in unterschiedliche Studienmodelle
eingebunden sind, was die inhaltliche und zeitliche Abstimmung von Lerninhalten
und -orten angeht. Um herausfinden zu können, ob sich die Studierenden in ihrer
Zufriedenheit je nach Studienmodell unterscheiden, wurde in den Online-Befra-
gungsdatensatz die zusätzliche *Variable „Studienmodell"* integriert und eine Zuordnung der Studierenden zu den Modellformen Blockmodell, integriertes Modell
und teilseparatiertes Modell vorgenommen. Im Folgenden werden einige prägnante

Unterschiede bei den Zufriedenheitswerten der im Projekt befragten Studierenden aufgezeigt, die sich anhand einer Häufigkeitsauswertung in gruppierter Form differenziert nach dualem Studienmodell ergeben haben.

Die Häufigkeitsverteilung zeigt, dass von insgesamt 485 Befragten mit 45,8 % (222) der größte Anteil der Studierenden in Form eines Blockmodells studiert. 167 Studierende (34,4 %) sind in ein teilsepariertes Modell eingebunden, bei dem Teile von Studium und Berufsausbildung getrennt voneinander verlaufen. Insgesamt 19,8 % (96 Studierende) und damit der geringste Anteil der Studierenden durchläuft einen permanenten innerwöchentlichen Wechsel von Theorie und Praxis. Eine Analyse anhand von Kreuztabellen zeigt, dass die Zufriedenheit mit den verschiedenen Aspekten der Abstimmung und Vermittlung von Lerninhalten nicht immer ähnlich ist. So wird bei der Betrachtung der Zufriedenheit mit den vermittelten Lerninhalten im Ausbildungsbetrieb erkennbar, dass deutliche Unterschiede je nach Studienmodell bestehen. Fast 40 % derjenigen, die das integrierte Modell studieren, sind unzufrieden mit den vermittelten Lerninhalten im Ausbildungsbetrieb. Beim Blockmodell und teilsepariertem Modell sind es hingegen nur ca. 20 %. Auch mit der Vermittlung der Lerninhalte in der Hochschule scheinen die Studierenden integrierter Modelle ebenfalls am unzufriedensten zu sein. Mit einem Anteil von fast 30 % gab die Studierendengruppe an weniger zufrieden oder nicht zufrieden zu sein. Bei den beiden anderen Studienmodellen sind es nur 10 bis 11 %.

Die Zufriedenheit mit der zeitlichen Abstimmung zwischen theoretischen und praktischen Anteilen der verzahnten Ausbildungen ist ein zentraler Indikator für die Güte der zeitlichen Gliederung der dualen Studiengänge und den Erfolg der entstandenen Akteurskonstellation duales Studium. Auch hier sind deutliche Unterschiede bei den Studierenden zu erkennen, wie Abbildung 6.1 zeigt.

Mit der zeitlichen Strukturierung des Blockmodells sind über 80 % der Studierenden zufrieden bis sehr zufrieden. Das teilseparierte Modell erfährt ebenfalls eine relativ hohe Akzeptanz von den Studierenden (ca. 75 % zufrieden oder sehr zufrieden). Das integrierte Modell schneidet bei der Zufriedenheit der Studierenden am schlechtesten ab. Mehr als ein Drittel der Befragten sind eher unzufrieden mit der zeitlichen Gestaltung des Studienverlaufs.

Die inhaltliche Abstimmung zwischen theoretischen und praktischen Anteilen der Ausbildungen ist bei dualen Studiengängen besonders wichtig und mit hohen Anpassungsanforderungen der beteiligten Akteure verbunden (s. Abbildung 6.2). Ihr Gelingen ist stark an die Zufriedenheit der Studierenden als Rezipienten gekoppelt. In der Auswertung zeigt sich, dass die Modelle in ihrer inhaltlichen Verzahnung gewisse Defizite aufweisen, weil die Zufriedenheitswerte der Studierenden im Vergleich zu den anderen Indikatoren deutlich geringer sind. Bei allen drei Modellformen ergeben sich hohe Anteile der Unzufriedenheit – im Blockmodell sind es fast 40 %, im teilseparierten

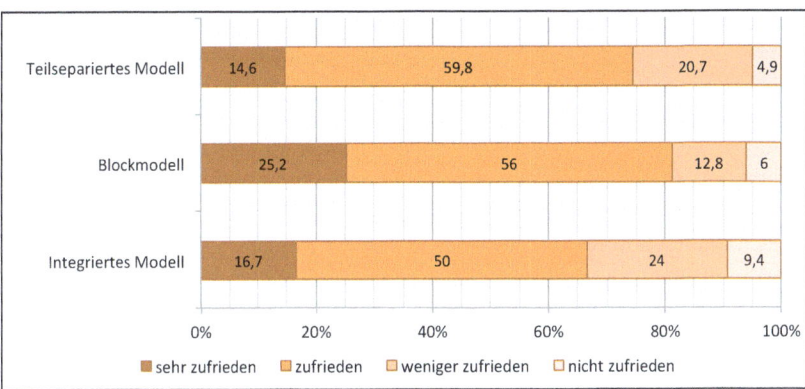

Abb. 6.1   Zufriedenheit mit der zeitlichen Abstimmung zwischen theoretischen und praktischen Anteilen der Ausbildungen

Quelle: IAQ-Online-Befragung 2011/2012, eigene Darstellung

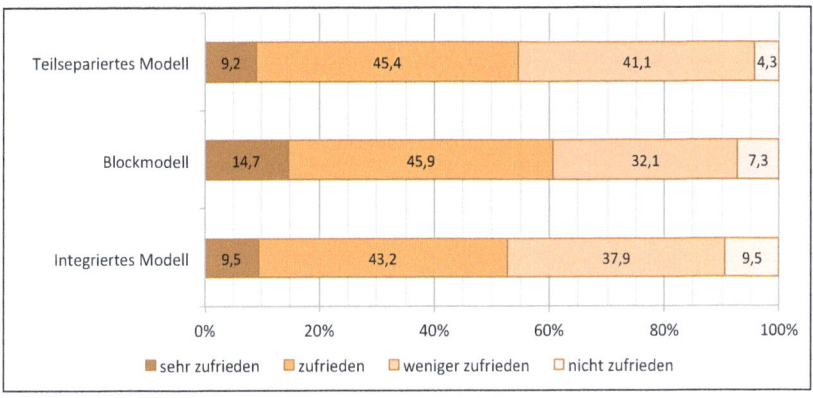

Abb. 6.2   Zufriedenheit mit der inhaltlichen Abstimmung zwischen theoretischen und praktischen Anteilen der Ausbildungen

Quelle: IAQ-Online-Befragung 2011/2012, eigene Darstellung

Modell ca. 45 % und im integrierten Modell knapp 48 % der Studierenden, die weniger oder gar nicht zufrieden mit der inhaltlichen Koordination im dualen Studium sind. Die Analyse der Zufriedenheit mit der Vorbereitung auf die Abschlussprüfung im Ausbildungsbetrieb ist bei dualen Studiengängen besonders interessant. In Kapitel 6.2.3 wurde bereits beschrieben, dass der zentrale Lernort Berufsschule nicht immer Berücksichtigung als Lernort des theoretischen Teils der Berufsausbildung findet. Die folgende Betrachtung der Zufriedenheit mit der Vorbereitung auf die Abschlussprüfung soll in einem ersten Schritt Aufschluss darüber geben, ob die Studierenden generell mit der Vorbereitung auf den Abschluss der dualen Berufsausbildung zufrieden sind und die Vermittlung des berufsschulischen Anteils trotz zum Teil veränderter Lernvoraussetzungen und die Beteiligung anderer Akteure – Hochschulen und Bildungszentren – als in der regulären Berufsausbildung an der Wissensübertragung berufsrelevanter theoretischer Lerninhalte gegeben sind.

Bei näherer Betrachtung zeigt sich, dass auch hier Unterschiede bei der Zufriedenheit der dual Studierenden zwischen den Studienmodellen festzumachen sind. Insgesamt sind die bei allen drei Modellen über 50 % der Befragten zufrieden oder sehr zufrieden mit der Vorbereitung. Das ist erst einmal ein Signal dafür, dass der berufsschulische Anteil auch beim dualen Studium in irgendeiner Form abgedeckt wird. Dass allerdings in allen drei Modellen knapp 30 % oder mehr eher unzufrieden oder unzufrieden sind, zeigt aber auch gleichzeitig, dass ein nicht zu verachtender Anteil die Vorbereitung als nicht ausreichend empfindet.

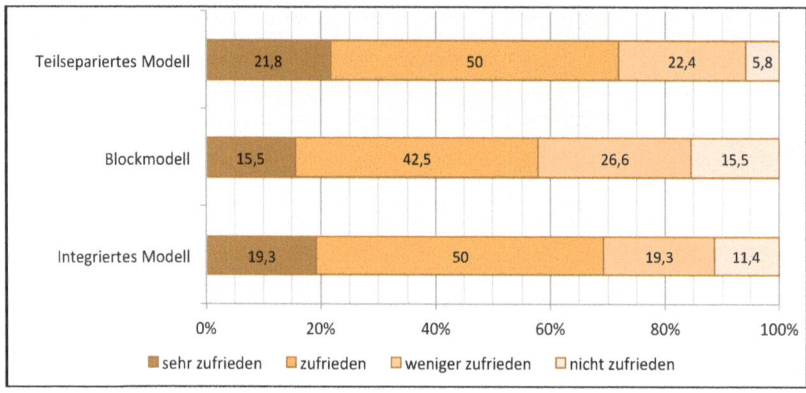

Abb. 6.3   Zufriedenheit mit der Vorbereitung auf die Abschlussprüfung im Ausbildungsbetrieb

Quelle: IAQ-Online-Befragung 2011/2012, eigene Darstellung

Anhand dieser Ergebnisse wird die Notwendigkeit einer Diskussion um eine stärkere Beteiligung der Berufsschulen an dualen Studiengängen noch einmal unterstrichen. Ebenso wie bei der Betrachtung der Ergebnisse insgesamt zeigt sich auch hier, dass ein klares Ungleichgewicht bei der Vermittlung der theoretischen und praktischen Lerninhalte beim dualen Studium besteht. Diese wird in den Zufriedenheitswerten der Studierenden deutlich. Die Güte der Abstimmungsprozesse empfindet ein nicht zu verachtender Anteil anscheinend als nicht ausreichend und es macht sich eine gewisse Unzufriedenheit breit. Für die Entwicklung dualer Studiengänge ist daher auch in Zukunft darauf zu achten, dass die Abstimmung von Theorie und Praxis weiter optimiert wird, damit für die dual Studierenden noch bessere Bedingungen des dualen Studiums geschaffen werden. Es zeigt auch, dass noch kein optimaler Zustand für die Studierbarkeit geschaffen werden konnte und die entstandenen Akteurskonstellationen zur Umsetzung dualer Studiengänge im Hinblick auf die Verzahnung und Vermittlung von theoretischem und praktischem Wissen weiter ausbaufähig sind. Welche Faktoren im Einzelnen für die Unterschiede in den Zufriedenheitswerten verantwortlich sind und ob die Gegebenheiten und Strukturen der Modellformen diese tatsächlich bedingen, kann anhand dieser Analyse nicht geklärt werden. Die zum Teil eklatanten Unterschiede in den Zufriedenheitswerten zeigen aber, dass weiterführende Untersuchungen im Feld vorgenommen werden müssen, um klären zu können, ob Faktoren wie täglich oder monatlich wechselnde Lernorte, lange Fahrtzeiten zwischen Hochschule und Betrieb oder die mangelnde Integration der Berufsschule als wesentliche Merkmale von dualen Studienmodellen für die Zufriedenheit von Studierenden dualer Studiengänge eine wichtige Rolle spielen oder Aspekte wie Sympathie der Hochschullehrer, Ausstattung der Lernorte und Art bzw. Größe des Unternehmens zentraler sind.

6.5   Fazit

Insgesamt ist zu konstatieren, dass die Interessen von Hochschulen und Unternehmen bei der Studienganggestaltung im Vordergrund stehen. Die Unternehmen *können* aufgrund ihrer direkten Beteiligung an dem berufsbildenden Teil wesentlich mehr Handlungs- und Einflussmöglichkeiten bei der Gestaltung ausbildungsintegrierender dualer Studiengänge haben als bei Regelstudiengängen, und genau das macht die Attraktivität dieser Studienform für die Unternehmen aus.

1. *Selektionsfunktion beim Zugang zum dualen Studium:* Durch ihre starke Beteiligung bei der Auswahl der Studierenden in Form von Bewerbungsverfahren können sie ganz gezielt diejenigen jungen Erwachsenen rekrutieren, die für das eigene Unternehmen die besten Voraussetzungen mitbringen. Im Vergleich zum Regelstudium haben sie – neben der Notwendigkeit einer Hochschulzugangsbe-

rechtigung – damit letzter Instanz die Entscheidungsbefugnis über die Wahl der Studierenden.

2. *Mitbestimmungsfunktion bei der Planung der Studienmodelle:* Durch die – auch strukturell verankerte – stärkere Verzahnung zweier Bildungssegmente sowie die erforderliche Abstimmung zwischen berufsbezogenem und theoretischem Wissen müssen Hochschulen und Berufsakademien die unternehmerischen Interessen bei der Studiengangplanung berücksichtigen, wenn ein Studienmodell erfolgreich und attraktiv für Unternehmen sein soll.

3. *Lernortfunktion bei der Berufsausbildung:* In ihrer zentralen und auch rechtlich verankerten Funktion als Lernort haben die Unternehmen einen Anspruch auf die Integration der dual Studierenden in die betrieblichen Abläufe. Gleichzeitig gehen sie bei diesem Recht auch gewisse Pflichten ein wie Gewährleistung der Qualität der Ausbildungsinhalte, Akzeptanz der Hochschule als *dominanter* Akteur und Lernort und Zuständigkeit für die Ausbildungsvergütung bei geringerem Anteil der Berufsausbildung.

Die Hochschulen und Berufsakademien treten als *dominante* Akteure innerhalb der Akteurskonstellation duales Studium auf. Sie übernehmen die gesamte Gestaltung der zeitlichen Abläufe, die sich in den Studienmodellen und den inhaltlichen Studienverlaufsplänen ausdrückt. Bedingt werden sie bei der Konzeption sowohl von ihren Verfügungsrechten innerhalb des Hochschulsystems als auch von eingebrachten Verfügungsrechten von Unternehmen, ggfs. Berufsschulen und Kammern. Sie übernehmen im Feld dualer Studiengänge die meisten Funktionen und haben gleichzeitig die größte Verantwortung für das Funktionieren dualer Studiengänge insgesamt:

1. *Angebotsgestaltungsfunktion:* Die Hochschulen und Berufsakademien übernehmen in allen Fällen die Gestaltung der Studienmodelle und bewerben diese auf ihrer Internetseite. Bei der Abstimmung von Lerninhalten und -orten müssen diese sowohl die Governancestrukturen und Regulierungsmechanismen vom Berufsbildungs- als auch vom Hochschulsystem berücksichtigen (vgl. Kapitel 4.5, Tabelle 4.1).

2. *Kompensations- und Integrationsfunktion bei der Entwicklung dualer Studienmodelle:* Das heißt, dass sie dafür zuständig sind, die Besonderheiten des dualen Studiums in die eigenen institutionellen Strukturen unter Berücksichtigung der Governancestrukturen sowohl des Hochschulsystems als auch des Berufsbildungssystems zu integrieren und mögliche Problematiken bei der Abstimmung der Lerninhalte zu kompensieren, indem sie verstärkt mit den anderen Akteuren in Kooperation treten und eine Plattform für die Verständigung schaffen müssen.

3. *Qualitätssicherungsfunktion bei der Umsetzung dualer Studienmodelle:* Die Hochschulen und Berufsakademien sind dafür verantwortlich, die Qualität des dualen Studiums und eine hochwertige Vergabe von Abschlüssen zu gewährleisten. Die übergeordnete Instanz „*Akkreditierungssystem*" ist im Hochschulsystem geschaffen worden, um die Qualität dualer Studiengänge zu überprüfen, und übernimmt in diesem Kontext eine *Kontrollfunktion.*

4. *Ggfs. berufsbildende Funktion:* Hochschulen und Berufsakademien tauchen durch das Angebot dualer Studiengänge in einigen Fällen häufig als Vermittler berufsrelevanter theoretischer Inhalte auf. Sie erschließen so ein neues Bildungsfeld für sich und ergänzen den eigenen Bildungsauftrag stärker hin zur Lehre praxisorientierten Wissens. Damit greifen sie als Akteur des Hochschulsystems in die gegebenen Governancestrukturen des Berufsbildungssystems ein und übernehmen die ansonsten wesentliche Funktion der Berufsschulen als Lernort bei der dualen Berufsbildung.[74]

5. *Lernortfunktion:* Als Lernort sind die Hochschulen ähnlich wie bei Regelstudiengängen im Wesentlichen für die Vermittlung theoretischen Wissens zuständig, welches an Rahmenlehr- und Studienpläne gekoppelt ist.

Innerhalb der Modelle kommt es zu Abweichungen bei der Koordination der Lerninhalte und -orte. Der hochschulische Anteil ist bei der Umsetzung dualer Studiengänge immer am stärksten ausgeprägt, was auch häufig von den Unternehmen bemerkt und kritisiert wird. Die Anteile der beruflichen Ausbildung werden meistens zeitlich und inhaltlich verkürzt. Für die Unternehmen ist besonders wichtig, dass die Studierenden in die betrieblichen Abläufe so häufig wie möglich einbezogen werden können. Kommt es zu Interessenkonflikten zwischen den Akteuren, beklagen die Unternehmen oftmals, dass die Hochschulen ihre Strukturen beibehalten und bei der Planung nur wenig Rücksicht auf berufsbildende Inhalte nehmen.

Bei der Betrachtung der Entwicklung und Umsetzung dualer Studiengänge bestätigt sich das Bild einer Zusammensetzung aus kollektiven und korporativen Akteuren, die *differenten Handlungslogiken* im Sinne Kussau und Brüsemeisters (2007) folgen. Innerhalb der Akteurskonstellation ist es bei der Entwicklung dualer Studienmodelle notwendig, diese so zu gestalten, dass dauerhafte Interdependenzen zwischen den beteiligten Akteuren möglich sind. Die formellen und informellen sowohl norm- als auch ressourcenbezogenen Verfügungsrechte der einzelnen Akteure, die aus den Governancestrukturen von Berufsbildungs- und Hochschulsystem

---

74 Bisher wird das systemisch hingenommen, und es wurden hier bisher noch keine Regulierungsmechanismen beispielsweise zur Sicherung des Lernorts Berufsschule oder der ausreichenden Vermittlung berufsschulischer Lerninhalte geschaffen.

resultieren, müssen dabei berücksichtigt werden, da diese die Beteiligungs- und Einflusschancen von Hochschulen, Berufsakademien, Berufsschulen, Kammern, Unternehmen und letztendlich auch Studierenden bestimmen (vgl. Kapitel 4.2).

Bei der Gestaltung dualer Studienmodelle zeigt sich bei der Analyse der möglichen Akteurskonstellationen, dass alle in Kapitel 4.2 theoretisch beschriebenen Mechanismen und Medien der Interdependenzbewältigung beobachtet werden konnten. *Beobachtungsmechanismen* werden sowohl bei den Akteuren Unternehmen und Einrichtungen der beruflichen Bildung als auch bei dem Akteur Kammer immer dann wirksam, wenn sie nicht in den Prozess der Studiengangumsetzung direkt einbezogen werden und häufig am Beginn einer Kooperation mit einer Hochschule stehen. Diese Akteure beobachten die Interaktion anderer Unternehmen beim dualen Studium und passen ihr eigenes Handeln an das Handeln der Anderen und den gegebenen Strukturen an. Sie haben dann lediglich eine Nachfragefunktion und sind an der Entwicklung dualer Studiengänge nicht beteiligt. *Beeinflussungs- und Verständigungsmechanismen* kommen immer dann zum Tragen, wenn die beteiligten Akteure Handlungs- und Mitbestimmungsmöglichkeiten bei der Entwicklung dualer Studienmodelle haben. Das heißt, wenn sie aktiv an der Gestaltung der zeitlichen sowie inhaltlichen Abläufe (vgl. Kussau / Brüsemeister 2007; Lange / Schimank 2004; Schimank 2010; vgl. auch Kapitel 5.2) und Entscheidungen beteiligt sind. Durch die Teilnahme an Gremien und im direkten Austausch besteht die Möglichkeit, die eigenen Interessen im Hinblick auf die Abstimmung von Lerninhalten und -orten zu vertreten und ggfs. auch durchzusetzen. Hohe Einflusschancen sind meistens dann gegeben, wenn die eingebrachten Verfügungsrechte in Form von *Normen und Ressourcen* besonders hoch sind. Die Akteure Hochschule und Berufsakademie haben bei allen Akteurskonstellationen die größten Einflusschancen, weil sie schon aufgrund der zu berücksichtigenden gesetzlichen Rahmenbedingungen und ihrer Funktion als zentraler Lernort das Recht zur Gestaltung besitzen. *Ausstiegsmechanismen* sind zu beobachten, wenn die beteiligten Akteure mit ihrer eigenen Position oder der Leistungserbringung innerhalb der Akteurskonstellation unzufrieden sind und Beeinflussungs- und Verständigungsmechanismen nicht greifen. Bei den untersuchten Fällen wurden sowohl bei Unternehmen als auch bei einer Hochschule Ausstiege analysiert. Bei den Unternehmen ergaben sich diese nicht selten aus der Frustration, sich eben nicht aktiv an der Gestaltung dualer Studienmodelle beteiligen zu können. Eine Hochschule stand kurz vor dem Ausstieg, da sie keine optimale Verständigung über den Sinn des angebotenen Modells mit den Unternehmen in der Region herstellen konnte und darunter litt die Attraktivität des implementierten Modells. In diesem Fall wurde ein duales Studienmodell entwickelt, bei dem durch die Hochschule keine dauerhaften Interdependenzen innerhalb der Akteurskonstellationen geschaffen werden konnten und Verständigungsprozesse erfolglos verlaufen sind. Gleichzeitig macht es deutlich, dass bei der Entwicklung darauf geachtet werden muss, dass ein duales Studienmodell so gestaltet wird, dass es für alle beteiligten Akteure interessant ist. Wenn Unternehmen bei der Entwicklung – wie in diesem Fall – keine oder nur geringe Einflussmöglichkeiten haben oder das Modell zu kompliziert ist, wirkt sich das eher negativ auf die Attraktivität aus. Und die Umsetzung ist nun einmal nur möglich, wenn die Unternehmen finanzielle Ressourcen zur Verfügung stellen.

Zu den Problemstellungen bei der Umsetzung dualer Studienmodelle ist zu sagen, dass …

1. … eine mangelnde Integration in die Lernorte eine der größten Herausforderungen bei der Studienganggestaltung darstellt. So kann es durch die Verdrängung der Berufsschule zu Problemen bei der Vermittlung der ausbildungsrelevanten Lerninhalte kommen. Eingeschränkte Einsatzmöglichkeiten im Unternehmen sind häufig die Folge. Das „Mitlaufen" der dual Studierenden in regulären Studiengängen unter fehlende Berücksichtigung der praktischen Anteil erschwert einen reibungslosen Studienablauf.
2. … die Studierbarkeit dualer Studiengänge aufgrund der komprimierten Ausbildungszeiten und der Doppelbelastung von Ausbildung und Studium nicht immer zufriedenstellend geregelt ist, wie auch die Zufriedenheitswerte bei den Studierenden zeigen (vgl. Kapitel 6.4). Nicht selten kommt es zu einer Verlängerung des Studiums aufgrund zu komplexer Lerninhalte. Ein Spannungsverhältnis zwischen Hochschullehre und Berufsbildung ist ganz klar gegeben. Abstimmungsprobleme bei Prüfungs- bzw. Klausurterminen wurden in den Interviews und auch den Gruppendiskussionen immer wieder genannt.

Diese Problematiken treten bei jedem untersuchten Studienmodell mehr oder weniger stark auf. Daher kann man kein „*Königsmodell*" anhand der Analyse festmachen, welches am besten funktioniert. Die Anpassungsanforderungen aller beteiligten Akteure sind bei jedem Fall relativ hoch, außer es findet eine Einbindung in Regelstudiengänge ohne besondere Berücksichtigung der dual Studierenden statt. Dann haben die Hochschulen einen eher geringeren Aufwand im Vergleich zu den anderen Akteuren (vgl. Kapitel 6.3.3). Bei der Vermittlung von Lerninhalten kommt es durch Kompetenzübertragungen auf verschiedenen Ebenen zu einer starken Verzahnung von hochschulischer und beruflicher Bildung. Die gestaltungsrelevanten Strukturen und Gesetze beider Systeme bleiben weiterhin bestehen und beinhalten bei den Vertragsstrukturen gewisse Grauzonen. Bei größeren Distanzen der Lernorte ist die Belastungssituation der Studierenden besonders hoch.

Literatur

Benz, A,/Dose, N. (Hrsg.) (2004): Governance: Regieren in komplexen Regelsystemen.

Fend, H. (2006): Geschichte des Bildungswesens. Der Sonderweg im europäischen Kulturraum. Wiesbaden.

Gensch, K. (2014): Dual Studierende in Bayern – Sozioökonomische Merkmale, Zufriedenheit, Perspektiven. Studien zur Hochschulforschung 84. Bayrisches Staatsinstitut für Hochschulforschung und Hochschulplanung. München.

Heinrichs, W. (2010): Hochschulmanagement. Oldenbourg Wissenschaftsverlag. München.

Hirschman, A. O. (1970): Exit, Voice and Loyalty. Responses to Decline in Firms, Organizations and States. Cambridge, Mass., and London.

Hoffacker, W. (2000): Die Universität des 21. Jahrhunderts. Dienstleistungsunternehmen oder öffentliche Einrichtung. Luchterhand. Neuwied/Kriftel/Berlin.

Hurrelmann, K. (2006): Einführung in die Sozialisationstheorie. Beltz Verlag. Weinheim und Basel.

Kaufmann, B. (2012): Akkreditierung als Mikropolitik. Zur Wirkung neuer Steuerungsinstrumente an deutschen Hochschulen. Springer VS. Wiesbaden.

Kussau, J./Brüsemeister, T. (2007): Governance, Schule und Politik. Zwischen Antagonismus und Kooperation. VS-Verlag. Wiesbaden.

Lange, S./Schimank, U. (Hrsg.) (2004): Governance und gesellschaftliche Integration. VS-Verlag. Wiesbaden.

Mayntz, R. (2009): Governancetheorie. Erkenntnisinteresse und offene Fragen. In: Grande, Edgar/May, Stefan (Hrsg.) (2009): Perspektiven der Governanceforschung. Nomos Verlagsgesellschaft. Baden-Baden. 9-21.

Oehler, C. (2000): Staatliche Hochschulplanung in Deutschland. Rationalität und Steuerung in der Hochschulpolitik. Luchterhand. Neuwied/Kriftel/Berlin.

Scharpf, F. W. (2006): Interaktionsformen. Akteurzentrierter Institutionalismus in der Politikforschung. VS-Verlag. Wiesbaden.

Schimank, U. (2010): Handeln und Strukturen. Einführung in die akteurtheoretische Soziologie. Juventa. Weinheim und München.

Internetquellen

http://www.bibb.de
http://www.akkreditierungsrat.de
http://www.gesetze-im-internet.de/bundesrecht/hwo
http://www.bmbf.de/pubRD/bbig.pdf
http://www.kmk.org

Kooperationen knüpfen – ohne sich zu verstricken: Akteure, Steuerung und Themen der Kooperationen im dualen Studium

Anika Schütz

In den untersuchten dualen Studiengängen konnte eine Vielzahl unterschiedlicher Akteure identifiziert werden, die sich mehr oder weniger stark an der Zusammenarbeit beteiligt. In diesem Zusammenhang spielen studiengangbegleitende Gremien ebenso eine Rolle wie etwa informelle Kontakte zwischen einzelnen Akteuren. Je nach Studiengangmodell oder -struktur können unterschiedliche Personengruppen beteiligt sein. Die Form und Intensität der Kooperationsbemühungen sind je nach Perspektive des betreffenden Akteurs dabei von vielen Faktoren abhängig. Der Wunsch nach Optimierung des Bildungsprozesses der Studierenden ist dabei nicht immer der unmittelbare Anlass und Gegenstand von Kooperation. Erwartungen an arbeitsteilige Leistungen der unterschiedlichen Partner können zahlreiche Facetten umfassen. Beispielsweise sind die Motive der Akteure in der Steigerung der eigenen Effektivität, der Optimierung des Ressourceneinsatzes oder der Verbesserung der Qualität der Leistungen begründet. Auch spielen möglicherweise die Aufrechterhaltung von Solidarität zu einer bestimmten Hochschule oder einem Unternehmen sowie Traditionen oder die Verfolgung des persönlichen Interesses Einzelner eine Rolle. Auch dem Wunsch nach dem Aufbau neuer Kontakte oder Erfahrungsaustausch mit anderen Unternehmen sollte bei der Suche nach Motivationsfaktoren Beachtung geschenkt werden. Für einige Akteure könnte die Beteiligung an der Kooperation mit der Erhöhung der Arbeitszufriedenheit von Mitarbeiterinnen und Mitarbeitern, besserer Personalakquise und -bindung oder dem Wunsch, einen Dienstleistungsauftrag erfüllen zu wollen, einhergehen. Nicht zuletzt muss das nachvollziehbare Bedürfnis nach Einflussnahme auf weitere Entwicklungen geprüft werden. Der Akteur, der an der Schnittstelle der Kooperationsgemeinschaft eine koordinierende Funktion übernimmt, und das ist im Falle der dualen Studiengänge in der Regel die Hochschule, muss in der Lage sein, diese verschiedenen Ansprüche zu berücksichtigen und ggf. miteinander in Einklang zu bringen. Die zu leistende Kooperationsarbeit sollte ein Verfahren abbilden, „bei dem im Hinblick auf geteilte oder sich überschneidende Zielsetzungen durch Abstimmung der Beteiligten eine

Optimierung von Handlungsabläufen oder eine Erhöhung der Handlungsfähigkeit bzw. Problemlösekompetenz angestrebt wird" (Santen / Seckinger 2003: 29). Die Kooperation wird in diesem Zusammenhang durch die Gemeinsamkeit der Aufgabenerfüllung, Freiwilligkeit der Zusammenarbeit, gemeinsame Kooperationsziele, Koordination/Verhandlung, entsprechende Motivation und Selbstständigkeit der „Außer(hoch)schulischen Partner" bestimmt (vgl. Rössl 1994: 42).

Zu den dualen Studiengängen gehören institutionalisierte Kooperationsstrukturen, die in rechtlichen und normativen Kategorien funktionieren. Die Hochschule ist auf Akteure der Wirtschaft sowie der beruflichen Bildung angewiesen und Fragen der Abstimmung und des Zusammenwirkens stellen große Herausforderungen an die Koordination und Steuerung. Häufig werden Kooperationsvereinbarungen zwischen den beteiligten Partnern (z. B. IHK, Unternehmen, Hochschule) geschlossen. Inhalte und Gegenstände sind dabei z. B. Entwicklung und Überprüfung von Qualitätskriterien, Vertragsregelungen oder allgemeiner Ablauf des dualen Studiums. In den meisten Fällen sind Gremien (z. B. Arbeitskreise, Beiräte) geschaffen worden, um Probleme und Veränderungen des Studiengangs zu diskutieren und abstimmen zu können.

In den folgenden Ausführungen wird zunächst auf Kooperationsstrukturen eingegangen, die im Rahmen der dualen Studiengänge zu beobachten sind. Dazu ist es notwendig, einige grundlegende (theoretische) Punkte zu Netzwerkstrukturen zu erläutern (Kapitel 7.1.1), da Netzwerke in allen untersuchten Studiengängen eine große Rolle spielen. Zudem wird dadurch der Stellenwert einer kooperationskoordinierenden Instanz (Kapitel 7.1.2) sowie eines studiengangbegleitenden Beirats (Kapitel 7.1.2) deutlich, die bzw. der bei dualen Studiengängen häufig anzutreffen ist. Die Beschreibung der Kooperationsqualität (Kapitel 7.1.4) geht in diesem Zusammenhang darauf ein, welche Bereiche berücksichtigt werden sollten, um eine gelungene Kooperation auf- und auszubauen.

Daran schließt sich die Beschreibung der Kooperationsbemühungen der Akteure an, die im Rahmen der dualen Studiengänge zusammenarbeiten (Kapitel 7.2). Die Darstellung der Motivations- und Beweggründe, warum sich die verschiedenen Partner an der Kooperationsgemeinschaft beteiligen, lässt deutlich werden, welchen Stellenwert die Zusammenarbeit für jeden einzelnen Akteur einnimmt sowie welche Einflussmöglichkeiten genutzt werden.

Eine Typisierung der vorgefundenen Kooperationsstrukturen zeigt weiter, wie heterogen sich die beschriebenen Formen der Zusammenarbeit darstellen (Kapitel 7.3). Abschließend werden die in den dualen Studiengängen meistgenannten Probleme bei der Kooperation gegliedert und zusammenfassend thematisiert (Kapitel 7.4).

7.1 Strukturen, Formen und Qualitäten der Zusammenarbeit

7.1.1 Netzwerkstrukturen in dualen Studiengängen

Im Rahmen der dualen Studiengänge bilden Netzwerke die meist gewählte und praktizierte Kooperationsform. Dabei ist festzuhalten, dass ein funktionierendes Netzwerk ein soziales System bildet, das eine eigene Identität, eigene Rationalitäten und eine eigene Handlungsfähigkeit besitzt. Im Rahmen der dualen Studiengänge können sich autonome Akteure zu einem „kollektiven Akteur" verbinden, der ein eigenes System mit eigenen Logiken darstellt sowie spezielle Kommunikations- bzw. Steuerungsmedien entwickelt. Netzwerke können deshalb als soziale Systeme mit eigenen Charakteristika und eigener „Handlungslogik" begriffen werden (Hild 1997: 97). Zentrales Merkmal ist die Entstehung eines mehr oder weniger stabilen Musters von Beziehungen zwischen autonomen Akteuren (Strassheim / Oppen 2006: 18).

Dadurch, dass bei den meisten dualen Studiengängen in letzter Instanz sämtliche Steuerungs- und Entscheidungskompetenzen beim zentralen Akteur – in der Regel ist dies die Hochschule – verbleiben, können in Teilen allerdings dominante Strukturen nicht ausgeschlossen werden.

(...) es wird wenig auf die Bedürfnisse der Unternehmen eingegangen, sondern das Unternehmen und die Studenten haben sich immer der Hochschule anzupassen und deren Terminen. (...) Oder das bestimmte Termine in die Praxisphasen, die ja sehr kurz sind, fallen oder Kurse oder Klausuren gelegt werden. Also es ist für uns häufig, wir müssen ganz ganz viel Rücksicht nehmen auf diesen Kooperationspartner FH, der eben wenig fragt, was habt ihr für Termine, auf was müssen wir Rücksicht nehmen und sich dann entsprechend anpasst. (Fall H, Betrieb B)

Es konnte jedoch in den meisten Studiengängen beobachtet werden, dass, auch wenn die Steuerung durch einen zentralen Akteur ausgeübt wurde, diese durch ein Beziehungsgeflecht aller weiteren Akteure untereinander ergänzt wurde. Dabei werden über gemeinsame Konferenzen, Gremienarbeit oder Arbeitsgruppen die beteiligten Akteure in die Problemdebatte und -lösung einbezogen und trotz der Dominanz eines Akteurs können sich eigenständige Dynamiken durch die Beziehungen der anderen Netzwerkpartner untereinander ergeben (vgl. Reis et al. 2011). Die eigene „Handlungslogik" innerhalb der Netzwerkarbeit folgt also in den meisten Fällen dem Prinzip der „Verhandlung" (Hild 1997: 97), die wiederum auf dem Grundsatz der Gegenseitigkeit beruht. Wenn sich bspw. Unternehmen in einigen inhaltlichen

Anika Schütz

Fragen einig sind, können sie einen gewissen Druck auf den zentralen Akteur ausüben und sich dafür einsetzen, dass ihre Belange stärker berücksichtigt werden.

(...) also da waren wir uns eigentlich ziemlich einig und da hieß es am Anfang schon, ja das müssen wir mal prüfen und eigentlich ist das nicht machbar (...) und da mussten wir als Unternehmen schon wie gesagt vehement dagegen gehen und sagen, ja wir können aber auch nicht davon abrücken (...), also das war schon eine längere Diskussion. Ich sehe es so, wir stehen in einer Kooperation, wir zahlen da ja auch ein bisschen Geld dafür als Unternehmen und von daher bin ich natürlich bestrebt oder interessiert daran, dass dann auch so eine, ja ist ja in dem Sinne schon eine Sonderleistung, aber das ist ja auch irgendwo das Besondere an dem Studiengang, dass man das ggf. ja auch installieren kann. (Fall C, Betrieb B)

Innerhalb der dualen Studiengänge ist die Zusammenarbeit in Netzwerken sehr zielgerichtet und verfolgt klar definierte Aufgaben und Zwecke. Zielorientierte Netzwerke können als „Projektnetzwerke" oder als „Produktionsnetzwerke" beschrieben werden. Bei Netzwerken dualer Studiengänge kommen beide Formen zum Tragen.

Projektnetzwerke sind in ihrer Aufgabenstellung zeitlich befristet, z.B. im Rahmen eines konkreten Vorhabens. Es handelt sich dabei um „eine Organisationsform (von) (...) Aktivitäten, die im Zusammenspiel projektbezogener und projektübergreifender Aktivitäten koordiniert wird" (Sydow / Wirth / Manning 2002: 3). Zum Beispiel wurden bei den dualen Studiengängen im Falle von Studienverlaufsplanungen oder Curriculumsentwicklungen häufig Arbeitsgruppen gebildet, die sich etwa aus Vertretern der Hochschule, Kammern, Berufsbildenden Schulen oder vereinzelten Unternehmen zusammengesetzt haben, um einem größeren Entscheidungsgremium zuzuarbeiten. Diese Aktivitäten sind auf ein bestimmtes Ziel ausgerichtet und zeitlich befristet.

(...) wir haben sechs berufsbildende Schulen an Bord und allein die zu synchronisieren, (...) das ist auch schon nicht ganz einfach. Das machen wir in diesem Arbeitskreis, wir haben auch Rückführungsschleifen mit den Studierenden, wir holen uns jedes Semester Feedback ab. Das Ganze geht auch wiederum in die Beiratsarbeit. (Fall H, HS)

Dabei können durchaus auch Beziehungszusammenhänge aktualisiert werden, die sich z.B. im Rahmen eines Produktionsnetzwerks bereits in anderen Zusammenhängen einmal konstituiert haben, die aber durchaus auch lockerer geknüpft sein können (vgl. ebd.: 4).

Wir haben auch andere Kontakte nach XY direkt. Da tausche ich mich auch
schon mal aus, weil wir den Professor kennen, wir treffen uns regelmäßig. Der
ist in Sachen Fehlertechnik Vorsitzender und tauscht man sich aus und man
trifft sich gelegentlich auf irgendwelchen Tagungen. (Fall F, Lehrwerkstatt)

Das Kennzeichen von „Produktionsnetzwerken" besteht demgegenüber darin,
dass autonome Akteure über einen z. T. längeren Zeitraum hinweg gemeinsam
Produkte herstellen und/oder Dienstleistungen erbringen. Allerdings ist es nicht
notwendig, dass alle Akteure bei jedem Produktionsvorgang beteiligt sind – um
von einem Produktionsnetzwerk zu sprechen, reicht es aus, dass alle Beteiligten
verbindlich ihre Bereitschaft erklären, zu einem gemeinsamen Produkt beizutragen,
bspw. durch eine verbindliche Zusage eine gewisse Anzahl an Studierenden an die
Hochschule zu entsenden – zentral ist das Problem, über einen längeren Zeitraum
hinweg Verbindlichkeit zu sichern (vgl. Reis et al. 2011).

Das heißt, als erstes Unternehmen ist also XY beigetreten mit einem rechtsver-
bindlichen Vertrag, der die Hochschule verpflichtet, so lange diesen Studiengang
beizubehalten, wie XY Bewerber in diesen Studiengang einbringt und dass die
Hochschule die Pflicht hat, die Bewerber, sofern sie denn das schaffen, (...)
durch die Studiengänge zu begleiten und zum Abschluss zu bringen. (Fall J, HS)

Die weiter oben betonte Autonomie der Akteure bedeutet in ihrer Konsequenz, dass
sie vor allem eigene Interessen verfolgen und nur unter bestimmten Bedingungen
bereit sind, sich auf gemeinsame Vorhaben einzulassen. „Kooperative Strategien
erfordern Investitionen im Sinne von Zeit, Personal und Informationen, die sich
aus Perspektive der beteiligten Akteure nur rechtfertigen, wenn die eigenen Ziele
durch Kooperation besser (effizienter und effektiver) erreicht werden können (...).
Ressourceninterdependenz ist der theoretische und praktische Kern von Netzwerken" (Strassheim / Oppen 2006: 18).
    Auch die Erfahrungen des Forschungsprojektes „duale Studiengänge" bestätigen
dieses Bild deutlich:

Man glaubt am Anfang, wenn man an diese Aufgabe geht, dass man mit der
Hochschule kooperieren kann. Also dass man einiges verändern könnte, bis
man feststellt, es funktioniert eher nicht. Also auf diesem Stand sind wir im
Moment so'n bisschen. Das man dann versucht oder feststellt, ok wir haben viel
geglaubt, was man machen könnte, aber erreicht eigentlich nichts. Und dann
ist dann der Gedanke mal nach Alternativen, also nach anderen Möglichkeiten
zu gucken, schon da. (Fall H, Betrieb B)

Eines der Kernprobleme institutioneller Netzwerke besteht darin, dass sie sich aus Personen zusammensetzen, die im Netzwerk Organisationen oder Unternehmen mit eigenständigen Interessen vertreten. Als Mitglieder dieser Organisationen bzw. Unternehmen müssen sie sich gegenüber ihrer „Herkunft" gewissenhaft verhalten, gleichzeitig sollten sie im Interesse des gesamten Netzwerks handeln. Sie handeln in einem „doppelten Bezugsrahmen"– in dem des Netzwerks und in dem der einzelnen Organisation/des einzelnen Unternehmens (vgl. hierzu auch Kapitel 6.4). Interessenskonflikte oder Zieldivergenzen der beteiligten Akteure können demnach die Folge sein und kommen häufig im Verlauf der Netzwerkarbeit in unterschiedlicher Intensität und Konsequenz zum Tragen. Zudem fließen äußere Bedingungen wie persönliche Kontakte, verschiedene Initiativen oder lokale Verbünde sowie politische/gesetzliche Rahmenbedingungen in die Netzwerkarbeit ein, die es in diesem Kontext zu berücksichtigen gilt.

Folgende Graphik beschreibt die Wechselwirkung der kooperierenden Akteure sowie sonstige Einflussgrößen, die im Rahmen eines dualen Studiengangs Relevanz einnehmen.

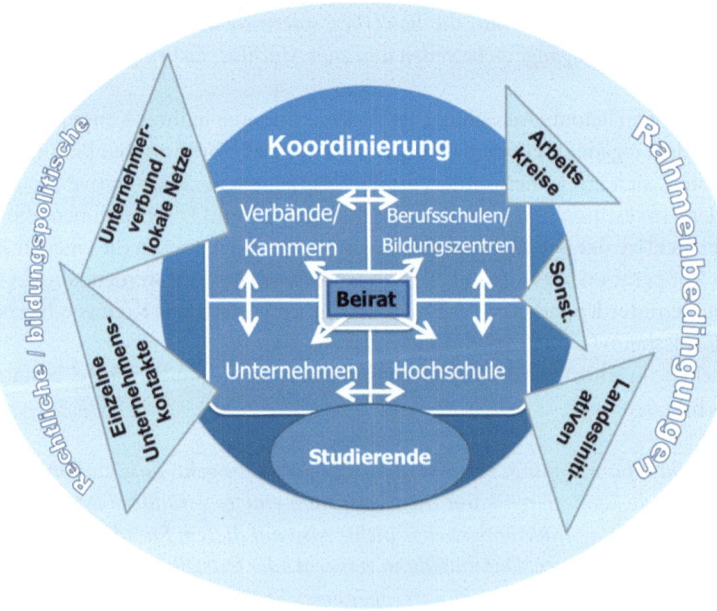

Abb. 7.1   Netzwerk eines dualen Studiengangs

Für die Arbeit im Netzwerk braucht es nicht allein die Kenntnis über diese „Institutionen- und Einflusslandschaft", sondern es bedarf darüber hinaus der Sensibilität für die unterschiedlichen Perspektiven, die die einzelnen Akteure einnehmen, sowie für die jeweiligen Fachsprachen und Zielvorstellungen. Die notwendige Vielfalt des Netzwerks bringt es mit sich, dass Akteure zusammenarbeiten, die in ganz unterschiedlichen Traditionen, Strukturen oder sogar gesetzlichen Aufträgen verhaftet sind. Durch die Vielzahl und Heterogenität der beteiligten Partner wird ein Koordinierungsaufwand notwendig, der kaum „nebenbei" zu bewältigen ist, Verbindlichkeiten und klare Zuständigkeiten fordert.

7.1.2   Koordinierung

Die Entwicklung, Nachhaltigkeit und Koordinierung eines Netzwerks sind die zentralen Aufgaben des „Netzwerkmanagements". „Mit diesem Begriff wird sowohl eine bestimmte institutionalisierte Koordinationsstelle wie auch die Steuerungsfunktion bezeichnet, die von einer oder mehreren Person(en) wahrgenommen wird. Ein stabiles Netzwerk erfordert eine klare institutionelle Anbindung und eine professionelle Koordination." (Reis et al. 2011: 26).

Im Rahmen der dualen Studiengänge übernimmt in der Regel die Hochschule diese Funktion. In einigen untersuchten Fällen wurden Koordinierungsstellen geschaffen, die an den jeweiligen Lehrstühlen angesiedelt sind und die Aufgaben des Netzwerkmanagements übernehmen, die Bedarfe der beteiligten Partner abfragen, organisatorische Rahmenbedingungen für Netzwerktreffen schaffen sowie Inhalte und Themen einbringen. Die Koordinatoren der Hochschulen halten den Kontakt zu den Unternehmen und stehen für Anfragen zur Verfügung, besuchen zu Informationszwecken Schulen, präsentieren die Hochschule auf Messen und begehen die Betriebe vor Ort (vgl. hierzu auch Kapitel 5.1).

Wir haben in jedem Studiengang einen sogenannten Kümmerer. Das ist ein wissenschaftlicher Mitarbeiter, der sich schwerpunktmäßig darum kümmert und der alle Fragen, was den Betrieb angeht, aus dem Betrieb hinaus oder in den Betrieb hinein, die werden von der Person entsprechend aufgenommen, koordiniert. Es werden regelmäßige Besuche gemacht und solche Dinge. (Fall A, HS)

Vereinzelt haben in den untersuchten Studiengängen auch Vertreter anderer Organisationen diese Aufgabe übernommen. In den Fällen beispielsweise, in denen die dualen Studiengänge in Regelstudiengänge integriert wurden und die dual

Studierenden als solche von der Hochschule (und den Lehrenden) gar nicht wahrgenommen werden, finden sich eher seltener Bestrebungen der Hochschule, ein
Netzwerk der beteiligten Akteure koordinieren zu wollen. In solchen Fällen kam
es vor, dass Kammern oder Verbände die Initiative ergriffen und Netzwerkmanage-
mentaufgaben übernommen haben. Häufig sind es jedoch die Organisationen, die
bereits an der Implementierung der dualen Studiengänge beteiligt waren und ein
großes Interesse an der Verstetigung des Netzwerks haben.

*Ich lade einmal im Jahr – ich, nicht die FH – lade ich zu so einem Erfah-
rungsaustausch ein, wo ich alle beteiligten Unternehmen, die FH-Professoren
einlade und sag, hier, was gibt es alles als Punkte? Informatorisches oder Ab-
stimmungsfragen, wie entwickeln wir das weiter, das mache ich von Anfang
an jedes Jahr im November mit unterschiedlicher Resonanz. Diese Funktion
nehme ich war oder als IHK in diesem Fall. (Fall D, IHK)*

Unabhängig von der Form der Institutionalisierung und des Ortes der Ansiedlung des
Netzwerkmanagements trägt die Berücksichtigung einiger grundlegender Aspekte
zur professionellen Koordination bei. So sind insbesondere branchenspezifische
Fachkenntnisse sowie Kenntnisse über die lokalen Kräfteverhältnisse und Koopera-
tionskulturen vonnöten, um die Rolle der Akteure einschätzen zu können. Zudem
ist es hilfreich, wenn Koordinatoren Grundlagen der Netzwerktheorie und -praxis
sowie Steuerungs- und Projektmanagementtechniken kennen und Verfahren des
Qualitätsmanagements sowie Methoden der Verhandlungsführung (Gesprächs-
führung, Umgang mit schwierigen Partnern, Konfliktmanagement) beachten. Die
Sensibilität im Umgang mit der Entscheidungsebene und der operativen Ebene führt
dabei zu einem akteurs- und perspektivenübergreifenden Handeln (vgl. ebd.: 26).

Ein Netzwerk braucht also Koordinatoren, die das Netzwerk aufbauen, zusam-
menhalten und begleiten sowie über hohe Sozialkompetenzen und die Fähigkeit zu
interdisziplinärer Kommunikation verfügen. Abgesehen von diesen persönlichen
Kompetenzen und Fähigkeiten benötigen die Netzwerkkoordinatoren auch eine
„doppelte Akzeptanz" (vgl. ebd.: 46): die als Person und die als Vertreter einer
bestimmten Organisation. Damit wird die Frage nach „Vertrauen" bzw. „Verlässlichkeit" als zentrales Thema angesprochen.

„Vertrauen" bezieht sich auf die Personen und Herkunftsorganisationen. Sie
müssen glaubhaft machen, dass sie die Absichten des Netzwerks vorantreiben
möchten, ohne ihre eigenen Interessen in den Hintergrund zu stellen oder diese zu
verschleiern bzw. diese nicht klar zu artikulieren. Zudem sollten sie darauf achten,
dass deutlich wird, dass weder die Person noch die Organisation ihre (formelle oder
informelle) Position im Netzwerk ausgenutzt, um außerhalb der Netzwerkarbeit

dadurch z. B. ihren Einfluss in weiteren lokalen oder politischen Handlungsfeldern auf- oder auszubauen. Das heißt nicht, dass die „Mehrfachnutzungen" sozialer Beziehungen in diesen Kontexten ausgeschlossen werden sollen – sie sollten jedoch klar kommuniziert und transparent gestaltet werden. Im Rahmen des Forschungsprojektes konnte beispielsweise beobachtet werden, dass Hochschulen in zahlreichen Kontexten auch außerhalb der Lehre mit Unternehmen und weiteren lokalen Akteuren zusammenarbeiten. Forschungsanträge werden gemeinsam gestellt, man tritt zusammen auf Messen auf oder tauscht Lehrpersonal aus. Dieses Vorgehen bildet die gängige Praxis ab und sollte transparent gemacht bzw. als Teil der Netzwerkarbeit allen Akteuren gleichermaßen mitgeteilt werden, um Partner, die nicht sonderlich intensiv an weiteren Kooperationen im Rahmen des Netzwerks des entsprechenden dualen Studiengangs beteiligt sind, nicht abzuschrecken. Es kann in diesem Beispiel sonst schnell der Eindruck entstehen, die Netzwerkarbeit unterstütze in starkem Maße die Bemühungen der Hochschule, die Kontaktsuche zur Wirtschaft mitzutragen, um sonstige Interessen auf unterschiedlichsten Ebenen (z. B. Spendenakquise, Planung von Patenten etc.) zu verfolgen.

Wir brauchen uns als Dozenten eigentlich gar nicht so richtig darum zu kümmern, Industriekontakte zu bekommen, die liegen vor der Tür, wir müssen sie nur ergreifen, ist auch schwierig genug, die dann auch zu motivieren, weil das sind mittelständige Unternehmen, die sind natürlich nicht so finanzstark, aber durch das KS-Studium, da müssen Praktika gemacht werden und das ist eigentlich ein genialer Schachzug, (…) dadurch sind wir in den Unternehmen drin, kriegen deren Problemstellung mit, (…) und kommen mit denen ganz schnell in eine fachliche Diskussion rein. (Fall F, HS)

Um dadurch evtl. entstehende Vorbehalte ausräumen zu können, muss gezielte Vertrauensarbeit betrieben werden, die im Rahmen der Netzwerkarbeit einen großen Stellenwert einnehmen sollte und vom Koordinator voranzubringen ist. Vertrauen wird nach und nach aufgebaut, sobald die beteiligten Akteure erfahren, dass sie sich aufeinander verlassen können. Es müssen also bestimmte Rahmenbedingungen gegeben sein: „Verlässlichkeit wird von den Partnern über das Einhalten gemeinsam aufgestellter Regeln, die Ausführung übertragener Aufgaben, aber vor allem über die Erfahrung der Durchführung gemeinsamer Projekte signalisiert. ‚Regulation' bedeutet in diesem Zusammenhang zunächst die Aufgabe, zentrale Regeln zu erarbeiten, die mehr oder minder formalisiert sein können. Die Erarbeitung sollte möglichst frühzeitig geschehen und die Regeln sollten verbindlich, aber flexibel sein. Entscheidend ist, dass sie von allen Akteuren akzeptiert werden können und sich niemand übervorteilt vorkommt." (ebd.: 32).

*Seitdem es meine Position gibt, gibt es nicht mehr dieses Wirrwarr, (...) und
da kann man sagen, es läuft alles relativ gebündelt rein, es ist auch so, dass
wir mit den Unternehmen Kooperationsvereinbarungen unterzeichnen und in
diesen Kooperationsvereinbarungen ist auch festgehalten, dass man sich eben
regelmäßig zum Austausch treffen sollte/muss, das ist eine Vereinbarung, das
ist jetzt keine Pflicht in dem Sinne, sondern es ist tatsächlich ein gegenseitiges
Übereinkommen, dass man hinterher weiß: die und die Prozesse gibt es und
daran sollte ich mich halten und dann funktioniert das Ganze. (Fall E, HS)*

Die Koordinierungsinstanz ist „Anwalt des Netzwerks" (Borkenhagen et al. 2004:
47), soll alle Beteiligten einbinden und den Eindruck bestätigen, ein freiwilliges
Bündnis eingegangen zu sein. Sie ist zuständig für die Steuerung der Auswahl der
Akteure, die das Netzwerk bilden bzw. die neu aufgenommen werden sollen, der
Verteilung der Aufgaben, die die Akteure wahrnehmen, der Festlegung von Strukturen und Regeln der Aufgabenwahrnehmung sowie der Evaluation, Auswertung
und Bewertung der Arbeit des Netzwerks.

*Aber wir benötigen schon ein bisschen Hintergrundwissen auch: Wer ist die
Ansprechperson? Wer setzt sich wie damit auseinander? Das ist ja auch von
den Qualitätsstandards (...) eine gewisse Vorgabe (...) und da schauen wir
vorher oder bzw. ich schau da schon immer: Wer ist da die Person? (Fall E, HS)*

Nicht nur die direkt am Netzwerk eines dualen Studiengangs beteiligten Akteure
nehmen Einfluss auf die Steuerung der Kooperationsbeziehungen sowie auf die
inhaltliche Ausgestaltung des Studiengangs, die Koordinierungsstelle muss auch
weitere externe Entwicklungen im Blick haben und ggf. einbeziehen.

*Und dadurch gab es in den letzten Jahren (...) eine Kampagne Duales Studium
XY, sozusagen als Dachmarke für (...) Duale Studium-Angebote (im Bundesland) und da ist zum Beispiel im Herbst letzten Jahres der Kriterienkatalog
verabschiedet worden, wo festgelegt wird, wie lang die Praxisphase sein soll,
wie die Kooperation der Lernorte erfolgen soll und das ist von allen Anbietern
und der Landesregierung und auch unter mitwirkenden Industrie- und Handelskammern so unterzeichnet worden, um halt mal so Benchmarkingqualität
erreicht zu haben. (Fall C, IHK)*

Die Entstehung dualer Studiengänge wird von der deutschen Bildungspolitik
beachtet und spezielle Initiativen auf kommunaler und auf Landesebene nehmen
zu (vgl. hierzu Kapitel 5.2.2 und weiter unter 7.4). Diese haben zum Teil großen

Einfluss, dem sich der einzelne Studiengang kaum entziehen und die Arbeit der Koordinierungsstelle erschweren kann. Insofern es zu regelmäßigen Netzwerktreffen kommt, sich die Akteure bereits in einem „Vertrauensverhältnis" zueinander befinden und die verfolgten Interessen bekannt sind, ist die Bearbeitung dieser und anderer „Irritationen" gut zu bewältigen. Insbesondere studiengangbegleitende Beiräte oder Gremien können hierzu einen großen Beitrag leisten.

7.1.3 Studiengangbegleitende Beiräte/Gremien

Ein Kernelement des Netzwerks, das den dualen Studiengang umgibt, bildet in vielen der untersuchten Fallstudien ein begleitendes Gremium oder auch ein sogenannter Beirat. Üblich sind halbjährliche bis jährliche Treffen, Einzelfälle berichten auch von quartalsmäßigen Treffen. Die Gruppengröße variiert dabei zum Teil stark von Studiengang zu Studiengang. Die Beiratssitzungen finden entweder in der Hochschule/Berufsakademie, in Räumlichkeiten der Kammern oder rotierend im Wechsel in verschiedenen Unternehmen statt.

Der Beirat setzt sich in unterschiedlicher Art und Weise aus Vertretern der am dualen Studiengang beteiligten Akteure zusammen.

(…)also alle, die bei dieser Hochschule die kooperative Ingenieurausbildung machen, treffen sich da zweimal im Jahr und es wird praktisch alles miteinander besprochen, wofür wurde das Geld ausgegeben, was genau sind die Inhalte, die nächstes Jahr vermittelt werden, welche Besonderheiten die Unternehmen haben wollen, da geht es aber auch darum, was für besondere neue Studiengänge bietet die Hochschule an (…). Die Unternehmen selber zahlen auch dafür, die zahlen einen Obolus für diesen dualen Studiengang, mit diesem Geld werden dann für diesen Studiengang spezielle Investitionen getätigt und die Koordination des Beirats ermöglicht. (Fall B, Betrieb B)

An diesen studiengangbegleitenden Beiräten nehmen in der Regel die Hochschule sowie zahlreiche beteiligte Unternehmen teil. Auch Studierendenvertretungen werden häufig eingeladen. In den Studiengängen, in denen die Berufsbildenden Schulen eine Rolle spielen, werden sie ebenfalls eingeladen. Diese nehmen jedoch häufig nur sporadisch teil, da sie meist von Problemen mit zeitlichen Ressourcen berichten.

(…) wir kooperieren mit denen natürlich nicht so eng, wie in der normalen dualen Ausbildung. Also die Unternehmen verlassen sich da schon auf die Selbstständigkeit ihrer Studenten. Also ihrer Auszubildenden, die parallel noch

studieren. Denen wird da n bisschen mehr Selbstständigkeit zugestanden. Da
ist die Zeit auch nicht so da. (Fall H, Berufsschule)

In einigen wenigen Fällen jedoch beteiligen sich Berufsschulen bzw. Bildungszentren sogar an Programmen und Ausschreibungen und übernehmen auch gestalterische Aufgaben im Rahmen der dualen Studiengänge.

Die XY ist ja so eine Berufsschule in privater Trägerschaft, die bisher auch schon
meine Auszubildenden in der dualen Berufsausbildung ausgebildet hat. Die
haben so ein Zusatzprogramm mit europäischer Qualifikation. (...) Und die
haben mich darauf aufmerksam gemacht, dass es diese Möglichkeit gibt. (...)
Die sind selber sehr daran interessiert, ihre Klassen vollzukriegen und Sachen
aufzustellen. (Fall M, Betrieb A)

In den meisten Fällen wurden die Industrie- und Handelskammern bzw. Handwerkskammern als Bindeglied und Vermittlungsinstanz zu den Unternehmen bei der Entwicklung dieser Gremien ins Boot geholt und sind häufig beständiges Beiratsmitglied. Teilweise konnten sie im Rahmen einiger dualer Studiengänge auch als Initiatoren und/oder Koordinationsstelle identifiziert werden (vgl. Kapitel 6.1.2). Es gibt jedoch auch Studiengänge, in denen die IHK/HWK als Kooperationspartner keine Rolle spielt.

Ich überlege gerade, ob auf der Beiratssitzung jemand von der IHK mit dabei
ist, ich glaube nicht. Also letztendlich ist es der IHK egal, solange der Ausbil-
dungsrahmenplan (...) abgearbeitet wurde, der Rahmenlehrplan ist ja unsere
Sache, ist der IHK das Wurst. (Fall H, BBS)

Bei der Konstituierung eines studiengangbegleitenden Gremiums ist es förderlich zu berücksichtigen, dass möglichst alle Interessensgruppen vertreten sind, um die Unterschiedlichkeiten in den Perspektiven, die in einem Beirat vertreten sein sollten, abbilden zu können. Zudem wird durch eine gewisse Vielfalt der beteiligten Akteure ein Maximum an Sachverstand und Praxisrelevanz zusammengetragen. „Um ein breites Kompetenzspektrum sicherzustellen, benötigen Netzwerke einen möglichst hohen Grad an Heterogenität. Verschiedene Arbeitsfelder und Tätigkeitsschwerpunkte sind (...) präsent und können zu neuen Tätigkeitsbereichen verknüpft werden" (Borkenhagen et al. 2004: 34). Inwiefern ein Netzwerkpartner zu einem „breiten Kompetenzspektrum" beitragen wird, hängt dabei stark von der Persönlichkeit, den individuellen Kompetenzen und der Bereitschaft ab, sich in die gemeinsame Arbeit einzubringen. Des Weiteren geht es darum, im Unternehmen und in den sonstigen am Beirat teilnehmenden Organisationen die geeigneten Personen anzusprechen, die sich nicht nur für die Idee interessieren, sondern die Inhalte auch intern (in ihrer Herkunftsorganisation) weiterverbreiten und für Akzeptanz sorgen können. Hierfür gibt es den Begriff der „boundary spanner" (Borkenhagen et al. 2004: 23), d. h. der „Grenzgänger", die in der Lage und bereit sind, über den Tellerrand der eigenen Organisations- oder Unternehmensinteressen hinauszublicken und sich mit Ideen und Engagement am Beirat zu beteiligen (vgl. Kapitel 4.4 und 5.3).

Tätigkeiten, die Herr X und ich und die Kollegen hier im Hause mit einbringen können, sind das interdisziplinäre Denken. Das Schauen über den Tellerrand, das Eröffnen von Blickwinkeln und die eine oder andere Anregung zu geben, um eben auch neue Denkprozesse anzustoßen. (Fall A, IHK)

Die Position, die die Vertreter der beteiligten Betriebe oder Organisationen bekleiden, kann dabei großen Einfluss auf die Arbeit im Netzwerk sowie die Übertragung der Netzwerkarbeit in die Herkunftsorganisation bzw. den Betrieb nehmen.

(...) ein kleines Unternehmen (kann) sich da nicht so intensiv mit auseinandersetzen und auch vielleicht gar nicht so viele Freiräume für das Studium setzen, weil derjenige (der personalverantwortlich ist) mitarbeiten muss (...). Ein großes Unternehmen kann sich dann selbstverständlich den Luxus leisten und sagen: Ich habe einen Personaler speziell für die Studierenden, die sich intensiv darum kümmern. Für den Praxisbereich wie auch die theoretischen Bereiche, dass die viel öfter hier nachfragen und sich absprechen können. (Fall N, HS)

Ein Geschäftsführer eines kleinen oder mittelständischen Unternehmens bspw., der sich die Zeit nimmt und an Beiratstreffen teilnimmt, kann andere bzw. unmittelbar Entscheidungen treffen und vielleicht auch schneller umsetzen, als dies ein Mitarbeiter der Personalabteilung eines Großkonzerns in der Lage ist zu tun. Auf der anderen Seite kann die Stimme eines Mitarbeiters eines Großkonzerns ein größeres Gewicht einnehmen als die des Geschäftsführers eines KMU, der lediglich vereinzelt Studierende an die Hochschule entsendet.

(...) XY hat einfach ein viel größeres Gehör. Das ist einfach so, wenn wir sagen, wir hätten das aber gerne ein Semester kürzer oder länger, dann passiert das natürlich schon eher. Das würden wir natürlich nie nehmen diese Karte. Das macht keinen Sinn, weil wir wollen ja auch mit den anderen vernünftig am

Standort zusammenleben, aber das stimmt schon, also wenn wir wollten,
dann glaube ich, könnte man da mehr Druck aufbauen. (Fall H, Betrieb C)

Häufig haben einige am dualen Studiengang beteiligten Partner in anderen Kontexten bereits Kontakt miteinander (gehabt), z. B. pflegen Kammern und Verbände
etwa Beziehungen zu lokal ansässigen Unternehmen oder Berufsschulen und
Kammern stimmen sich zwecks Prüfungsvorbereitung im Rahmen der dualen
Berufsausbildung ab. Wenn diese Akteure nun zu Gremienmitgliedern werden
und ein bislang „ideelles Milieu" (vgl. Reis et al. 2011: 22), das sich innerhalb von
informellen Kontakten entwickelt hat, und auch die idealen Voraussetzungen für
die Konstitution eines studiengangbegleitenden Beirats bilden kann, besteht die
Gefahr, dass Macht- oder Konkurrenzverhältnisse zum Vorschein kommen, die
den Konsens in Beiräten und Gremien untergraben können. Damit offenbart sich
die Bedeutung der internen Prozesse und Beziehungen in Netzwerken, auf die im
Kapitel 7.4 näher eingegangen wird.

7.1.4   Ebenen der Kooperationsqualität: Struktur-, Prozess-, Ergebnisqualität

Im Rahmen eines Netzwerks kommen die verschiedensten Akteure mit sehr
heterogenen Intentionen und Motivationen zusammen. Dies hat Einfluss auf die
Qualität der Zusammenarbeit, was nicht immer leicht zu überblicken ist. Einheitlich praktizierte Kriterien zur Qualitätssicherung konnten im Rahmen der
untersuchten dualen Studiengänge kaum ausgemacht werden. Die vorgefundenen
Netzwerkstrukturen ließen jedoch erkennen, dass Qualität einer Leistung nicht nur
vom organisatorischen Rahmen und von der Kompetenz der beteiligten Akteure
abhängt, sondern auch von der Bereitschaft, an der Entwicklung und Umsetzung
eines gemeinsamen Ziels mitzuwirken (vgl. Braun 1999: 111).

Also, die Wirtschaft ist bereit zu zahlen, wenn es klar und deutlich wird, wofür
und dass dadurch die Qualität dann hochgefahren wird. Also nicht in den
Pott der FH, sondern wir zahlen dafür und dann wissen wir genau da und
dafür – wir möchten wissen, was damit genau passiert. (...) Also die haben
im Unternehmen dann auch wieder einen zentralen Ansprechpartner, da sind
Personen Ausbildern ganz konkret zugeordnet, da wird nachgehalten. Das ist
eine Intensität, da habe ich gar nicht von zu träumen gewagt. (Fall A, IHK)

Bei der Qualitätsdiskussion kommt es also darauf an, den Fokus nicht einseitig auf den Punkt der Ergebnisqualität auszurichten, sondern gleichermaßen Aspekte der Struktur- und Prozessqualität als legitime Qualitätskriterien einzubringen (vgl. Floerecke / Holtappels 2004). Zudem ist in diesem Kontext auch der Studierende als Ko-Produzent zu bezeichnen, von dessen Mitwirkung ein wesentlicher Teil des Erfolges des gesamten Modells abhängt.

Strukturqualität

Die Strukturqualität bezieht sich auf die organisationsbezogenen Rahmenbedingungen und auf die Ausstattung, über die ein Akteur zur Erbringung der Kooperationsleistungen verfügt. Die vorhandene Infrastruktur sowie die zur Verfügung stehenden personellen und fachlichen Ressourcen, Kompetenzen und Grade der Motivation sind hier ausschlaggebend.

(Wir prüfen,) was ist zu tun, um das duale Studium in der Fakultät zu etablieren, geben Leitfäden heraus, stellen Konzepte bereit, haben Qualitätsstandards definiert, die für das duale Studium gelten, stellen Vertragsmuster bereit. (Fall E, HS)

Die Strukturqualität der Kooperationsbeziehungen wird im Rahmen der dualen Studiengänge stark durch die koordinierende Stelle beeinflusst. Gibt es jemanden, der bspw. zu regelmäßigen Treffen einlädt und diese mit benötigtem Feingefühl moderiert sowie die grundsätzliche Zeitplanung im Blick behält, bestehen entsprechende Räume und können diese zur Verfügung gestellt werden, werden im Vorfeld Bedarfe abgefragt und Tagesordnungspunkte abgestimmt, diese vorbereitet und die gemeinsam erarbeiteten Ergebnisse festgehalten sowie an alle Beteiligten rückgespiegelt, sind dies Grundlagen für die Struktur einer guten Zusammenarbeit. Gleiches gilt für die Beteiligung der weiteren Partner. Im Idealfall nehmen in gewisser Personalkontinuität regelmäßig Stellvertreter der beteiligten Unternehmen und Einrichtungen an der Zusammenarbeit teil, die in der Lage sind, Entscheidungen zu treffen und über gewisse finanzielle Ressourcen zu bestimmen, sowie über Wissen und Fertigkeiten verfügen, die in diesem Prozess notwendig werden können.

Zudem können (vertragliche) Vereinbarungen, die von den Beteiligten getroffen wurden, die Strukturqualität beeinflussen.

(...) Kooperationsvertrag (...) der dann das Verhältnis zwischen der FH und den Institutionen regeln sollte, gar nicht mal unbedingt den Betrieb und da stand unter anderem drin, (...) dass da ein Koordinierungsausschuss gegründet werden soll, wo man sich jährlich trifft und auch Regionalkonferenzen sollen

durchgeführt werden von der FH und Ähnliches, um da eine bessere inhaltliche Abstimmung zu machen. (Fall D, IHK)

Diese Regelungen können den Grad der Transparenz über Organisation, Zuständigkeit und Arbeitsabläufe innerhalb der Zusammenarbeit stärken und zu mehr Verbindlichkeit beitragen.

Prozessqualität

Mit Prozessqualität ist das Vorhandensein und die Art von Aktivitäten gemeint, die geeignet und notwendig sind, um ein bestimmtes Ziel, in unserem Fall die gelungene Umsetzung eines dualen Studiengangs, zu erreichen (vgl. Braun 1999: 111). Hier sind eher technische Aspekte aufzulisten, da sich Standards für die sozialen Aspekte wie Empathie, Freundlichkeit oder Verhandlungsgeschick nur schwer formulieren lassen. Nun sind es aber oftmals gerade diese Kriterien, die in starkem Maße die Qualitätsbeurteilung beeinflussen. Diese Aspekte können den Akteuren nicht vorgegeben werden und hängen wiederum auch vom gegenseitigen Verhalten ab. Eine strategisch geplante Zusammenarbeit mit Organisationen und Akteuren hingegen kann zu einem funktionierenden Kooperationssystem führen.

(...) das muss irgendwie alles zusammenpassen und dafür haben wir dieses Gremium auch gebildet, dass man sich da austauscht. Und in Zukunft auch als Qualitätssicherungsinstanz, die sich immer wieder anschaut, sind wir auf dem richtigen Wege, klappt das zusammen, sind die Studierenden zufrieden, sind die Betriebe zufrieden und reden die miteinander, reden die mit uns, reden wir mit denen, fühlen die sich von uns genug angesprochen und solche Dinge. Das wird in diesen Gremien dann behandelt und da ist auch obligatorisch, dass wir uns alle Vierteljahre zusammensetzen. (Fall A, HS)

Die Berücksichtigung von sozialen, kulturellen und materiellen Kontextbedingungen, die die jeweiligen Akteure einbringen, ist hierbei wieder zentrale Aufgabe einer kooperationskoordinierenden Instanz. Standards können dabei helfen, die Handhabung von Vorschriften und Regeln zu steuern und für alle Beteiligten transparent und verbindlich zu gestalten. Die Planung der Durchführung und das Prozessmonitoring bzw. die Prozessevaluation sollten eine zentrale Rolle einnehmen, um die Kooperationsbemühungen aller Akteure wertzuschätzen und einen angemessenen Stellenwert zu geben.

Das wird dann aufgenommen, geprüft, ob man eventuell (...) etwas ändern kann, ob man da Sachen verschieben kann. Und das wird geprüft und wenn möglich, wird das auch umgesetzt. Es ist nicht immer alles möglich, man muss da auch Kompromisse eingehen, von allen auch. (Fall Q, HS)

Ergebnisqualität

Was die Ergebnisqualität angeht, so ist zwischen dem Resultat des Prozesses (output) und der Folgequalität (outcome) zu unterscheiden (vgl. Braun 1999). Für das prozessuale Ergebnis können teilweise Standards angegeben werden, z. B. Handhabung von Vorschriften und Regeln, Planung der Durchführung, Prozessmonitoring bzw. Prozessevaluation, Kontrolle der Kosten und des Zeitaufwandes. Dagegen hängt die Folgequalität stark von den Lebensumständen, der Persönlichkeit oder Belastbarkeit des Studierenden sowie der Unternehmenskultur ab und kann kaum in Standards formuliert werden. Wie gut ein Student das Studium bewältigt, abschließt und im Unternehmen eingesetzt werden kann, ist von vielen Faktoren abhängig.

Also unterm Strich ist die Einführung gut gelungen. Wir müssen allerdings sagen, es gibt ne sehr hohe Belastung und es gibt auch gelegentlich Studierende, die über diese Belastung klagen. Also wir sind wirklich an der Grenze des Machbaren. Nur durch diese ganz enge organisatorische Verzahnung zwischen den einzelnen Partnern des Ausbildungsverbunds: also Berufsschulen, FH und natürlich auch Unternehmen, ist es überhaupt möglich, an dieser Stelle das System umzusetzen. (Fall H, HS)

(...) es gab eben auch Fälle nicht nur aus unsern, sondern auch aus anderen Unternehmen, wo dann Leute einfach umkippen aufgrund der Arbeitsbelastung, weil die dann eben 20 Stunden arbeiten und 4 Stunden schlafen und dann geht's weiter, um alldem gerecht zu werden, was da an Anforderungen auf sie zukommt. (Fall I, Betrieb A)

Mit der Auseinandersetzung und Sammlung von Wirkungsindikatoren können die Akteure, die an der Kooperation beteiligt sind, versuchen, einen Überblick zu gewinnen. Zufriedenheitsbefragungen der beteiligten Akteure und Studierenden können hierbei helfen.

Man geht mit der Entscheidung, wohin entwickelt sich die Einrichtung und der Fachbereich, hier sehr bewusst um. (...) Es geht einfach darum, dass die Qualität stimmt. Bei allem, was hier passiert, wird sehr darauf geachtet auch wieder von den Gremien, dass wir unserem Qualitätsanspruch und den Bedürfnissen unserer Kooperationspartner gerecht werden. (Fall N, HS)

Kriterien der Ergebnisqualität im Allgemeinen stehen meist im Mittelpunkt des
öffentlichen Interesses, weil sich hier vermutlich am besten zeigen lässt, ob sich der
Ressourceneinsatz in die Entwicklung und Umsetzung der dualen Studiengänge
gelohnt hat. Ein gutes Outcome, also bspw. besonders gute Absolventen, die sich in
den Unternehmen bewähren, wären hierfür ein starkes Indiz (vgl. hierzu Kapitel
3). Das Erzielen eines guten Ergebnisses steht zwar als das „eigentlich Wichtige"
im Mittelpunkt des Interesses, jedoch lässt es sich als Wirkung der Kooperationsbemühungen im Rahmen des dualen Studiums nur schwer messen.

7.2   Akteure der dualen Studiengänge und deren Motive zur Kooperation

Im Kern waren in den meisten der untersuchten dualen Studiengänge Vertreter/
innen der Hochschulen oder Berufsakademien, der Berufsschulen oder von Bildungszentren, von Unternehmen, den Kammern (Industrie- und Handelskammern
oder Handwerkskammern), von Verbänden und der Studierendenschaft an der
Netzwerkarbeit beteiligt. Die Aufgaben, die sie übernehmen und die Beweggründe,
sich an verschiedenen Formen der Zusammenarbeit zu beteiligen, waren dabei
sehr unterschiedlich.

Hochschulen bzw. Berufsakademien sind im Rahmen der dualen Studiengänge
überwiegend die Hauptakteure und übernehmen in der Regel die Organisation
und Koordinierung der Zusammenarbeit. Neben ganz praktischen Dingen wie
der organisatorischen und inhaltlichen Planung der Beiratstreffen nimmt die
Bedarfsabfrage der weiteren Partner einen zentralen Stellenwert ein.

*(...) da war der Bedarf von Anfang an sehr groß und wurde mit der Zeit immer
größer. Die Fachhochschule suchte das Gespräch mit den Partnern des Beirats
und man hat gemeinsam überlegt, welcher Bedarf besteht und ob nicht ein
weiteres Angebot sinnvoll wäre. (Fall C, HS)*

Die Hochschule ist häufig bemüht, weitere Kontakte auf- und auszubauen, um in
verschiedenen Gebieten auf die Unterstützung weiterer Partner zurückgreifen zu
können.

*Wir haben zwei Alumni Vereine, wir sind da in der glücklichen Lage, großes
Potenzial zu haben und wir arbeiten natürlich im Career Center eng zusammen, weil im Grunde genommen ist der Student schon der Alumni, der*

hierher kommt und das sind unsere Kontakte in die Industrie, wo wir dann auch andocken können, wenn wir Unterstützung brauchen oder mal einen Redner oder einen Kontakt zum Unternehmen und die kommen dann auch auf uns zu. (Fall I, HS)

Zudem muss die Hochschule in der Lage sein, die ungefähre Frequentierung des dualen Studiengangs für jedes Semester neu einschätzen zu können, um die Anzahl der Studienplätze, die voraussichtlich benötigt werden, vorhalten und planen zu können. Nicht besetzte Studienplätze sind für die Hochschulen mit negativen Konsequenzen verbunden und die Akquise neuer Studierender bzw. damit einhergehend neuer Partnerunternehmen, die Studierende an die Hochschule entsenden, stellt eine wichtige Aufgabe der Studiengangorganisation dar.

Die Rolle der Berufsschulen oder Bildungszentren ist in diesem Kontext stark abhängig vom jeweiligen dualen Studiengang. Teilweise spielen sie in den untersuchten Studiengängen gar keine Rolle oder sie sind anderorts gleichwertiges Beiratsmitglied. Wie stark eine Berufsschule oder ein Bildungszentrum in die Netzwerkarbeit integriert ist, wird insbesondere vom praktizierten Studiengangmodell beeinflusst (vgl. Kapitel 6).

Sieht man sich jedoch die Rolle, die die Berufsschulen oder Bildungszentren im Rahmen der dualen Studiengänge bekleiden, etwas genauer an, wird deutlich, dass sie im Vergleich zu ihrem Stellenwert als zentraler Akteur und Lernort des dualen Berufsbildungssystems an Bedeutung einbüßen. Perspektivisch ist davon auszugehen, dass sich diese Entwicklung zuspitzt und eine Integration des berufsschulischen Teils in andere Bildungseinrichtungen (z. B. durch das Fach „Berufsspezifik" an Hochschulen) zunimmt.

(...) also ich würde sagen die Kooperation mit der Berufsschule, die würde sehr gut laufen, bisher haben wir die Notwendigkeit einfach noch nicht so groß gesehen, das wird es aber sicherlich, wenn das mit Berufsspezifik noch Probleme geben sollte in Zukunft, wobei die da mit Hochdruck jetzt daran arbeiten, dass es entsprechend angepasst wird, dann würd ich schon auf die auch zurückgreifen und die wären halt gern dabei, weil die sehen natürlich auch die Schülerzahlen gefährdet. (Fall B, Betrieb B)

Mit Verschiebung der klassischen Zuständigkeiten in der berufsschulischen Wissensvermittlung kommt es zu einer Kompetenzübertragung an die genannten Akteure. Dies bleibt auch für die Zusammenarbeit der beteiligten Akteure nicht ohne Folgen. Fragen zu Qualitäts- und Organisationsproblemen bei der Gestaltung des Berufsschulunterrichts entstehen und Konflikte bei Abstimmungen zwischen den Kooperationspartnern müssen ausgetragen werden.

Wir brauchen schon gewisse Flexibilität, weil wir gemerkt haben bei den dualen Studiengängen, man muss viel nachschulen und da brauchen wir ganz klar die Unterstützung von der Hochschule, weil wir sind keine Bildungsträger, wir sind ein Unternehmen und da wehre ich mich auch total, ich mein, ich sitz ja auch teilweise mit den dualen Studenten und mach Sozialkunde noch mal Nachhilfe, ich bin eigentlich keine Sozialkundelehrerin. (Fall B, Betrieb B)

Für Unternehmen bedeutet die Beteiligung und Zusammenarbeit mit Akteuren des dualen Studiums je nach Größe des eigenen Unternehmens und je nach Stellenwert, den das duale Studium bekleidet, einen mehr oder weniger großen Aufwand. Betriebe mit eigenen Personalabteilungen entsenden häufig zuständige Mitarbeiter, die die Entwicklungen und Gestaltungsmöglichkeiten der Studiengänge verfolgen. Sie vertreten ein eigenes Interesse, Lerninhalte im Rahmen ihrer Möglichkeiten zu steuern und ggf. eigene Referenten an die Hochschule zu entleihen. Damit wollen sie gewährleisten, dass Lerninhalte, die teilweise besondere inhaltliche Ansprüche an die Ausbildung der Studierenden stellen, gemeinsam mit der Hochschule verwirklicht werden können und im Lehrplan Beachtung finden:

Wobei der Studiengang steht fest, aber was jetzt die ganzen Wahlpflichtfächer angeht, da können wir sagen, da sind wir flexibel. Also die Unternehmen könnten auch Lehrbeauftragte schicken, wenn die sagen, wir wollen jetzt eine ganz spezielle Vorlesung haben, um unsere Studenten darauf vorzubereiten später im Unternehmen für ihren Job, können die Unternehmen auch sagen, wir schicken Lehrbeauftragte, also die Möglichkeit besteht. (Fall F, HS)

Kleine und ggf. auch mittelständige Unternehmen können einen solchen Aufwand kaum betreiben, profitieren in einigen Fällen jedoch trotzdem von der Kooperation mit anderen (Groß-)Betrieben, die sich im Rahmen des dualen Studiums ergeben.

Es ist so, dass die Großunternehmen tendenziell natürlich sehr viel mehr Bewerber kriegen, als die Mittelständler (...) und die haben häufig sehr gute Leute, die sie dann trotzdem nicht einstellen können. Und die Zusammenarbeit ist eigentlich immer so, dass die Mittelständler dann auch fragen, habt ihr noch welche für uns und können die sich mal vorstellen. Das läuft eigentlich sehr sehr gut. Mittlerweile völlig reibungslos. (Fall H, HS)

Dieser Aspekt spiegelt grundsätzlich eines der Hauptmotive wider, warum sich Unternehmen in die Kooperation eines dualen Studiengangs einbringen. Die angespannte Lage am Arbeits- und Ausbildungsmarkt wird für einige Unternehmen insbesondere durch eine schlechte Randlage oder starke Mitkonkurrenten verschärft. Viele Unternehmen erhoffen sich, dass sie sich für qualifizierte Bewerber interessanter bzw. möglichst früh im Jahr auf sich aufmerksam machen und mit ihnen in Verbindung kommen. Dafür nutzen sie häufig Auftritte bei Bewerber-Messen oder Kontaktmöglichkeiten der Hochschule. In einigen Fällen wurden studieninteressierten jungen Menschen an Informationstagen der Hochschule oder bei Beratungsgesprächen Kontaktdaten der Unternehmen mitgeteilt, die noch freie Ausbildungsplätze vorhielten bzw. geeignete Bewerber suchten.

(…) wir haben zwei Infotage im Jahr, wo unsere Partnerunternehmen, die dieses Modell unterstützen, vor Ort sind und wo wir eben die akademische Seite bedienen, alle Services vertreten sind und über alle Fragen informiert werden, inklusive Stipendienfrage usw. Und da sind die Unternehmen, die unsere Partnerunternehmen sind (…) vor Ort und freuen sich natürlich, wenn sie gleich mit Interessenten in Kontakt kommen und die fangen schon gut ein Jahr vorher an. Da merkt man auch, dass die möglichst früh sich präsentieren wollen und möglichst früh an die Gruppen oder an die Passenden rangehen. Die besten Bewerber bekommen am schnellsten Verträge und um die gibt es einen regelrechten Wettbewerb. (Fall I, HS)

Auch persönliche Motive einzelner Mitarbeiter spielen in einigen Fällen eine Rolle, wenn es darum geht, dass sich ein Unternehmen an der Kooperation des Studiengangnetzwerks beteiligen möchte.

Unser Geschäftsführer ist da auch stark dran interessiert. Auch dieses Regionen gebundene hier, weil er ist selber auch aus XY und da hat er das auch sehr stark befürwortet, dass hier (…) (dieser Verein) gegründet wird und damit gleichzeitig auch diese Ausbildungsmöglichkeit hier entstand (Fall F, Betrieb A)

Regionale Verbundenheit, eigene Erfahrungen mit dem Studium, der Wunsch nach Aufrechterhaltung „liebgewonnener" Kontakte oder sonstige persönlichen Beweggründe sind Motive, die insbesondere bei der Beteiligung der Unternehmen identifiziert werden können.

Die IHK/HWK präsentiert sich im Rahmen der dualen Studiengänge als Stellvertreterin der beruflichen Bildung, hat die Unternehmensinteressen sowie Qualitätsanforderungen der beruflichen Ausbildung im Blick und vertritt diese auch bei der

Gremienarbeit. Sie ist dafür verantwortlich, Regelungen zur ausbildungsinternen und den bei dualen Studiengängen stark zunehmenden externen Prüfungen zu treffen. Als „Einrichtungen der Wirtschaft für die Wirtschaft" kommt es im Kontext dualer Studiengänge zu einer verstärkten Zusammenarbeit mit Hochschulen. Zudem bietet sie für Hochschulen bzw. Berufsakademien indirekte partielle Dienstleistungen an, indem sie z. B. Werbung für duale Studiengänge macht und eine vermittelnde Instanz zwischen Unternehmen und Hochschulen darstellt.

Aber gerade (...) Unternehmen wissen nicht genau, wie sie vorgehen sollen und sie sehen es als unsere Aufgabe an auch denen das Thema noch mal etwas näher zu bringen, aber auch deren Interessen zu bündeln. Also wirklich über gezielte Branchenabfragen rauszufinden was benötigen die Unternehmen für duale Studiengänge, was kommt für die überhaupt in Frage. (Fall C, IHK)

Auch bei diesem Akteur ist die Intensität, mit der er sich an der Kooperation und Gremienarbeit beteiligt, je nach untersuchtem Studiengang bzw. -modell verschieden. Ähnlich wie bei den Berufsschulen oder Bildungszentren gibt es Kammern, die bereits an der Studiengangentwicklung beteiligt waren, eine koordinierende Instanz bilden und die Interessen der Unternehmen mit starker Stimme vertreten. Es gibt aber auch Studiengänge, die sich komplett ohne die Beteiligung der Kammern organisieren und lediglich zu Prüfungszeiten miteinander in Verbindung setzen (vgl. Kapitel 7.1.3). Auswirkungen auf die Qualität der Kooperation bzw. Gremienarbeit kann in diesem Kontext nicht festgestellt werden. In den Fällen, in denen die IHK/HWK eine (große) Rolle spielt, wird diese geschätzt. Im umgekehrten Fall bemerken die weiteren Akteure eine Nichtteilnahme der Kammern jedoch kaum.

Die Beteiligung von Studierendenvertretern an Gremien oder Beiräten ist in den meisten der untersuchten Studiengänge üblich und erleichtert die Identifizierung von Problemen bei der Studiengangorganisation.

Die Studierenden selbst werden miteinbezogen bei diesen Treffen, von daher habe ich schon den Eindruck, also erstens, wenn wirklich etwas schief laufen würde, das könnte ich sofort kommunizieren und das würde ernst genommen, das ist mein Eindruck. (Fall A, Betrieb C)

Manche duale Studienmodelle sind in Regelstudiengänge integriert und die Studierenden werden in diesen Fällen nicht gesondert „geführt" bzw. unterliegen den gleichen Studienordnungen wie nicht dual Studierende. In solchen Fällen kommt es vor, dass Studierende weniger an der Kooperation im Rahmen von Beiräten oder Teilnahme an Arbeitsgemeinschaften beteiligt sind.

Teilweise wurde von Rückkopplungsgesprächen mit den Studierenden berichtet, um zu überprüfen, ob die Studierbarkeit gewährleistet ist, die Anforderungen angemessen sind und ggf. Reibungspunkten vorgebeugt werden kann. Diese Gespräche finden jedoch in der Regel in den Betrieben statt und diese leiten dann Optimierungsvorschläge oder Problemberichte an die Hochschulen weiter bzw. suchen gemeinsam nach Lösungen.

Und das muss meiner Meinung nach gegeben sein, damit es eine ordentliche Kooperation ist, die haben wir da und die verfolgen wir auch ganz eng, da gibt es auch Verträge drüber, da gibt es Absprachen, da gibt es auch sofort ein Anruf von mir, wenn ich die Rückmeldung von den Azubis kriege, dass da irgendwas nicht läuft, wir haben so Quartalsgespräche, wo das dann besprochen wird, wie läuft es, was gibt es anzumerken von euch, was läuft nicht so gut, was wünscht ihr euch und die Rückmeldung wird von mir sofort dahin gespiegelt. (Fall B, Betrieb B)

7.3   Kooperationstypen

Wie gezeigt werden konnte, ist das Netzwerk eines dualen Studiengangs auf eine Vielzahl verschiedener Akteure aus dem Bildungs- und Wirtschaftsbereich angewiesen und die Frage der Abstimmung und des Zusammenwirkens stellt große Herausforderungen an die Koordination und Steuerung der Kooperation. Alle im Folgenden beschriebenen Kooperationstypen finden sich in dem Netzwerk wieder, dass sich um einen dualen Studiengang herum entwickelt und dieses kann als „(…) System überwiegend informeller, aber auch formeller, horizontaler und hierarchischer Beziehungen zwischen (halb)autonomen institutionellen Akteuren definiert (werden), die mit unterschiedlichen, aber wechselseitigen Interessen ein als ‚gemeinsam' definiertes Problem bearbeiten." (Hild 1997) „Bearbeitung" kann dabei Interessenaustausch, gemeinsame Interessenformulierung, aber auch „Produktion eines Kollektivguts" bedeuten (Benz 1995). Wirklich autonom sind die Akteure dabei nur in den seltensten Fällen, da sie im Rahmen einer Gemeinschaft oder einer bestimmten Konstellation agieren, die sie in ihrem Handeln beeinflusst, Erwartungen erzeugt oder auch Abhängigkeiten schafft (vgl. Kussau / Brüsemeister 2007: 26).

Die Grade und Intensitäten der Kooperation zeigen ein sehr heterogenes Bild und lassen sich auf Grundlage der Projektergebnisse in drei Kategorien unterteilen. Die im Folgenden beschriebenen Kooperationstypen bilden jedoch Idealtypen ab

und stehen vielmehr nebeneinander, als dass sie eine Rangfolge o. ä. darstellen. Im
Sinne Max Webers (vgl. 1968: 190 ff.) verfolgt die idealtypische Begriffsbildung nicht
eine abbildende Beschreibung sozialen Geschehens, vielmehr ist der Idealtypus eine
„Messlatte", an der reale Ereignisse gemessen werden sollen. Der Idealtypus selber
ist ein „Mittel", um die Wirklichkeit analytisch trennscharf erfassen zu können.
In allen untersuchten Studiengängen kommen alle hier beschriebenen Formen
der Zusammenarbeit in unterschiedlichem Ausmaß vor (mit wenigen Ausnahmen
des Typs III) – diese reichen von flüchtigen über punktuell-intensive bis hin zu
beständigen Kooperationstypen.

Tabelle 7.1   Kriterien zur Typisierung von Kooperationen (angelehnt an Altgeld 2007)

	Dauer	Form	Verhältnis	Beispiel
Typ I: flüchtige Kooperation	Zeitpunkt	Vermittlung	Information, informelle Kontakte	spontaner Austausch auf Tagungen oder Veranstaltungen
Typ II: punktuell-intensive Kooperation	Zeitraum – Beginn und Ende sind klar definiert	unterstützend-ausführend, beteiligte Akteure gleichermaßen eingebunden	Partner	Themen-spezifische AGs, gemeinsame Auftritte auf Messen
Typ III: beständige Kooperation	Dauerhaft, größere Abstände möglich	ergänzen und bedingen sich gegenseitig	Information, Partner, (Kooperations-) Verträge	Beiratsmitgliedschaft, Austausch von Dozenten

7.3.1   Typ I: Flüchtige Kooperation

Zu diesem Typ zählen alle Kooperationen, die als allgemeiner Informationsaustausch beschrieben werden können. Hierbei geht es um Informationsvermittlung
in einem bestimmten, eher begrenzten Zeitrahmen. Voraussetzung für diese Form
der Kooperation ist das Wissen um die Angebote und Intentionen der beteiligten
Partner. Der hohe Stellenwert des allgemeinen Austauschs wird immer wieder
betont, um das Netzwerk auch außerhalb der Gremienarbeit lebendig zu halten.
Zufällige Kontakte auf Workshops oder Kongressen werden dabei oft zum Anlass

genommen, um sich über zahlreiche Themen des dualen Studiengangs gegenseitig zu informieren und Probleme anzusprechen.

Und da kennt man sich halt von gemeinsamen Veranstaltungen, wenn wir was zum Thema Bachelorabschluss oder so machen, dann kommen die zu uns, umgekehrt gehen wir genauso zu Veranstaltungen oder informieren uns einfach (...). (Fall C, IHK)

Auch der sogenannte „kurze Dienstweg" zählt zu dieser Form der Kooperation. Bestehende Beziehungen können zu einem anderen Anlass sehr intensiv genutzt werden – hierbei geht es jedoch um einen zeitlich begrenzten einzelnen Kontakt, um Informationen auszutauschen. Konkrete Themen, die einzelne wenige Akteure des Netzwerks betreffen, werden bilateral besprochen und bearbeitet.

(...) der Kontakt (ist) eigentlich immer da und dann gibt es die kurzen Rücksprachen und man kennt sich ja auch über die Jahre und dann weiß man auch, wie man miteinander umgeht. (Fall B, IHK)

Die Themen, die bei flüchtigen Kooperationen zur Sprache kommen, können von den einzelnen Akteuren bei Bedarf in die Gremienarbeit eingebracht werden. Dies ist in der Regel dann der Fall, wenn Entscheidungen getroffen werden sollen, die weitere Netzwerkpartner betreffen, wie etwa die Ausgestaltung der Lerninhalte oder Prüfungszeiträume. Das Problem wird von einzelnen Akteuren wahrgenommen, diese suchen den Kontakt zu anderen Partnern, tauschen sich dazu aus und koppeln diese Themen dann ggf. an einen größeren Akteurskreis oder den Beirat bzw. die Koordinierungsstelle zurück. Auf diese Weise werden beispielsweise die Tagesordnungen der Gremientreffen von verschiedensten Akteuren mitbestimmt, die sich im Rahmen einer flüchtigen Kooperation dazu ausgetauscht haben.

7.3.2   Typ II: Punktuell-intensive Kooperation

Die punktuell-intensive Kooperation zeichnet aus, dass die beteiligten Partner annähernd gleich in die Prozessentwicklung einbezogen sind und sie auf gleicher Augenhöhe interagieren. Über einen bestimmten Zeitraum wird sich kontinuierlich ausgetauscht, um gemeinsam zu dem gewünschten Ergebnis zu gelangen und so den Leistungsprozess zu komplettieren. Themengeleitete Arbeitskreise z. B., die im kleineren Rahmen stattfinden, können zur Vorbereitung bzw. Aufarbeitung bestimmter Angelegenheiten oder Probleme für den Beirat dienen und werden in vielen untersuchten Studiengängen praktiziert:

> (...) bevor man das jetzt in der großen AG behandelt, werden natürlich die Partner, die es unmittelbar betrifft, z. B. IHK, da redet man vorher schon drüber. (...) Man trifft sich mal in nem kleineren Kreise, um ganz einfach unsere Kenntnisse, Erfahrungen einzubringen, deren Problematik – dass man das Thema schon mal behandelt, bevor man es in die große AG mit reinbringt. (...) Dass man sagen kann, das und das Problem ist aufgetreten, aber so kann man es lösen (...). (Fall B, IHK)

Dabei ist die Zusammensetzung der vorbereitenden Arbeitsgruppe je nach Thema variabel und es können einzelne sowie mehrere Treffen notwendig werden. Eine kontinuierliche Zusammenkunft über einen längeren Zeitraum ist in diesem Kontext nicht relevant; geht es hierbei vielmehr um die konkrete Bearbeitung einzelner Themen, die in die Beiratsarbeit einfließen.

Weitere Kooperationen – wie gemeinsame Auftritte auf Messen etwa – sind ebenfalls auf einen sehr begrenzten Zeitraum intensiven Zusammenarbeitens beschränkt und beschreiben ein weiteres Beispiel des Typus punktuell-intensive Kooperation. Die Vorbereitungen, die notwendig sind, um einen gemeinsamen Messestand vorzubereiten und inhaltlich auszugestalten, können von allen beteiligten Partnern starke zeitliche Ressourcen binden. Insbesondere bei Berufsorientierungs- und Bewerbermessen kommt es häufig zur Zusammenarbeit der am Netzwerk rund um den dualen Studiengang beteiligten Partner.

> Also das ist, glaub ich, ein ganz gutes Event, gerade für die Partnerunternehmen, um hier rein zu kommen und zu sehen und auch mit den einzelnen Ansprechpartnern Kontakt aufzunehmen. Dann gibt es eben diese Informationsveranstaltung, (...) wo die Kooperationspartner kommen und man sich austauscht und nochmal ins Gespräch kommt. Z. B. Maschinenbau eben, da war jetzt erst eine große Messe, die Messe X, wo man speziell mit Unternehmen wiederrum in Kontakt kommen kann, wo auch Kooperationspartner eingeladen waren. (Fall E, HS)

Die Akteure unterstützen sich gegenseitig und profitieren in der Regel gleichermaßen von diesen Auftritten, indem sie neue Bewerber auf sich aufmerksam machen und den dualen Studiengang nach außen präsentieren.

7.3.3 Typ III: Beständige Kooperation

Diese Form beschreibt eine auf Dauer angelegte Zusammenarbeit auf der Basis gezielter Kooperationsvereinbarungen, bei der die Beiträge der beteiligten Akteure an die Prozesse des Studiengangs angepasst sind.

Für uns war es wichtig mit der Hochschule bestimmte Vereinbarungen zu treffen, um eben auch da sicherzustellen, dass Studierzeiten eingehalten werden können, dass die Hochschule auch sicher sein konnte, leistungsbereite motivierte Programmteilnehmer und damit Studierende bekommt. (Fall E, Betrieb C)

Es geht hierbei um das Erreichen eines gemeinsamen Ziels. Dazu trägt jeder Akteur seinen Teil zum Ganzen bei, was zur Folge hat, dass sich die Partner gegenseitig ergänzen und in gewisser Weise abhängig voneinander sind. Scheidet ein Akteur aus, hat dies u. U. Konsequenzen für den weiteren Kooperationsprozess. Insbesondere die Beiratsarbeit ist hierfür ein gutes Beispiel. Die Beiratsmitglieder stehen in einem (mehr oder weniger) verbindlichen Verhältnis zum dualen Studiengang, treffen sich in regelmäßigen Abständen und ergänzen sich gegenseitig durch Austausch und treten in Verhandlung miteinander. Es geht um Austarierung verschiedener Bedarfe und Vorstellungen in Bezug auf Studienstrukturen und -inhalte, die einer kontinuierlichen und intensiven Auseinandersetzung bedürfen.

Es geht wirklich darum, dass wenn ich einfach sag, pass auf, unsere Studenten haben Probleme in Fertigungstechnik, weil das hat nicht gereicht, die können die IHK-Bögen nicht ausfüllen, weil sie noch nicht dahinter gekommen sind, dann erwarte ich von der Hochschule, dass sie sagt, kein Problem, wir bieten noch einmal ein Tutorium an, wo man das noch mal vertiefen kann, damit es reicht. Dann ist es für mich eine Partnerschaft und genauso, wenn die zu uns kommen und sagen, pass auf, wir haben jetzt hier ein Thema, da haben wir jetzt keinen ordentlichen Dozenten, könnt ihr jemanden stellen, der uns da irgendwie helfen würde, dann stellen wir gerne jemanden. Also so stelle ich mir dann die Partnerschaft vor. Wenn ich merke, wir laufen irgendwie nur nebenbei und nur damit man die Studentenzahlen da hoch kriegt, weil man jetzt halt duales Studium anbietet, dann sind wir die Falschen, weil es läuft nur, wenn dann auch die entsprechende Unterstützung da ist, ganz klar. (Fall B, Betrieb B)

Ein weiteres Beispiel ist also das Entsenden von Referenten der Betriebe an die Hochschule, um einzelne Studieninhalte abdecken zu können. In diesem Fall kommt es zu einer beständig-intensiven Kooperation zwischen Hochschule und Unternehmen.

Bei dieser Darstellung, der im Rahmen der dualen Studiengänge vorgefundenen Kooperationstypen, wird deutlich, welche Kooperationsformen existieren und wie unterschiedlich sich diese Formen der Zusammenarbeit gestalten. Ähnliches wird in klassischen Regelstudiengängen sicherlich seinesgleichen suchen und ist einzigartig in der deutschen Hochschullandschaft. Die untersuchten Studiengänge sind dabei weniger einem bestimmten Typus insgesamt zuzuordnen, sondern weisen vielmehr die Gemeinsamkeit auf, dass eine enge und intensive Kooperation auf verschiedenen Ebenen charakteristisch für sie ist. In allen untersuchten Studiengängen konnten Kooperationsbeziehungen des Typus I sowie II beobachtet werden, die in unterschiedlichsten Konstellationen stattfinden und anhand vieler verschiedener Beispiele beschreibbar sind. Der Kooperationstyp III konnte ferner in 19 von 22 untersuchten Studiengängen erfasst werden und bildet eine gleichermaßen gängige Kooperationsform dualer Studiengänge ab.

Es bleibt jedoch festzuhalten, dass diese Typen innerhalb der Netzwerkarbeit selten in ihrer Reinform vorkommen, sondern verschiedene Mischformen bestehen, die sich sehr viel heterogener darstellen. So können etwa flüchtige Kooperationen einzelner Akteure Einfluss auf eine beständige Kooperation nehmen, indem beispielsweise aus einem spontanen Treffen zweier Akteure auf einer Tagung Ideen entstehen, die in die Beiratsarbeit getragen werden, darüber Mitstreiter auf den Plan treten und schließlich den dualen Studiengang maßgeblich beeinflussen können. Auch kann bspw. ein Netzwerkmitglied einen großen Stellenwert einnehmen und zahlreiche flüchtige Kooperationen zu anderen Akteuren pflegen, ohne jedoch selbst an einer punktuell-intensiven oder beständigen Kooperation teilzunehmen.

7.4   Probleme bei der Kooperation

Kooperationsprobleme können in den verschiedensten Kontexten vorkommen und es ist oftmals nicht erkennbar, was dessen bestimmende Handlungs- und Strukturmerkmale sind. Infolge dieser Unbestimmtheit sind auch die Lösungswege für die Probleme einer kooperativen Abstimmung nicht klar erkennbar. Versucht man die im Rahmen der dualen Studiengänge beschriebenen Probleme zu strukturieren, bietet sich die Unterteilung in drei verschiedene Ebenen an:

1. Die häufigsten Schwierigkeiten entstehen innerhalb der Konstitution eines Netzwerks, „bei der interne Fragen der Artikulation, Aggregierung und Selektion

von systemischen Mitgliederinteressen, der Definition von Systemzwängen, der Bildung einer Binnenmoral, der Abstimmung intern ausdifferenzierter Rollen und die Frage der inneren Verteilung von Ressourcen im Blickpunkt stehen" (Schubert 2008: 30). Bei diesen „Innenproblemen" geht es um die internen Verhältnisse der Zusammenarbeit, also um den Aufbau des Netzwerks als eigenständiger kollektiver Akteur.

2. Das „Außenproblem" des Netzwerks, besteht darin, dass es sich in seiner Umwelt positionieren muss, die von anderen Systemen (z. B. auch anderen Netzwerken, netzwerkexternen Organisationen etc.) gebildet wird.

3. Das „Grenzproblem", weist darauf hin, dass die Vertreter der beteiligten Organisationen und Betriebe nicht ausschließlich die Belange des Netzwerks unterstützen können, sondern auch eigene Interessen verfolgen, die in die Netzwerkarbeit einfließen. „Im Kreis der vernetzten organisationalen Systeme bilden sich Erwartungen (in Form von Interessen, Zielen, Rationalitätskriterien) heraus, die untereinander abgestimmt werden müssen" (ebd.: 31).

7.4.1 Das Innenproblem

Wie gezeigt werden konnte, haben die beteiligten Partner eine unterschiedlich starke Position; aber „den" dominanten Hauptakteur, der im Sinne einer hierarchischen Anordnung an der Spitzenposition zu verorten ist, gibt es nicht – allerdings mehrere „starke" Partner, deren Einfluss auf die Beziehungen im Netzwerk genau beobachtet werden sollte. Gerade wenn eine Kooperation zwischen einigen „starken Partnern" aus verschiedenen Gründen erschwert ist, können über das Hinzutreten „neutraler" Akteure neue Wege der Zusammenarbeit gebahnt werden. Allerdings ist umgekehrt auch eine nachhaltige Blockierung von Entwicklungen möglich, wenn „starke Partner" eine „Koalition der Verhinderung" (vgl. Reis et al. 2011: 23) bilden. Wenn mehrere Akteure eines Netzwerks gemeinsam eine Position einnehmen, die nicht für alle Netzwerkpartner tragbar ist, kommt es zu dem Aufbau von Entscheidungsblockaden.

Also generell, das was wir jetzt so mitbekommen haben, als einzelnes Unternehmen kann man an den bestehenden Strukturen eigentlich gar nichts ändern, wenn dann im Kollektiv. Wenn das für gut befunden wird, dann ja (…). (Fall H, Betrieb B)

Auch wenn verschiedene Lösungsvarianten miteinander verhandelt werden müssen, besteht die Gefahr der vollständigen oder vorübergehenden Blockierung. Dieses

Problem kann insbesondere dann auftreten, wenn besonders viele Parteien am Netzwerk beteiligt sind sowie die Machtstrukturen in Netzwerkbeziehungen nicht transparent bzw. klar geregelt sind oder Verteilungskriterien nicht klar bestimmt wurden.

Trotz aller Transparenz und Regelungen können weitere Gründe für den Austritt aus der Zusammenarbeit eine Rolle spielen. Dann nämlich, wenn Verhandlungen nicht mehr zielführend sind oder Erwartungen nicht erfüllt werden können, ziehen die Beteiligten den Ausstieg in Betracht.

> *(...) wenn man merkt, ok die Leistungen sind an der Stelle nicht in Ordnung, obwohl es alles super Abiturienten waren und die Hochschule ist dann nicht in der Lage uns zu helfen, dann funktioniert es nicht mehr, weil ich ganz klar die Hochschule als den Bildungspartner sehe und wir sind die Praxis, und in dem Moment, wo das beides nicht miteinander funktioniert, in dem Moment überlegen wir sofort, ob wir aussteigen. (Fall B, Betrieb B)*

Ein weiteres Innenproblem, dem sich die Netzwerkarbeit gegenübersieht, ist die sogenannte „strukturkonservative Handlungsorientierung" (Messner 1995: 245). Verhandlungen zwischen verschiedenen Positionen starker Partner können dazu führen, dass es zu einem Trend zur Einigung auf den „kleinsten gemeinsamen Nenner" kommt.

> *(...) (Es wurden) neue Veränderungen eingeleitet, die auch nicht wirklich das widerspiegelten, was wir uns vorgestellt haben. (...) Man ist da immer sehr offen mit Fragen auch umgegangen, das muss man ganz positiv formulieren. Aber auch da gibt es immer einen kleinsten gemeinsamen Nenner und eine Schnittmenge (...) Man muss da einfach das nehmen, was man da jetzt vorfindet und sich dann Gedanken machen, was kann man dann so nehmen und was kann man besser machen. (Fall L, Betrieb B)*

Die Berücksichtigung aller Positionen sowie das Treffen von Entscheidungen nimmt zum Teil große zeitliche Ressourcen in Anspruch und die Zeitdimension von Entscheidungen ist hierbei ein nicht zu unterschätzender Faktor, da die „Zeit" als ein einzubringendes Gut von allen Beteiligten doch recht begrenzt ist. Die konservative Handlungsorientierung kann zu einer Lösung führen, wenn ein Spannungsverhältnis von Konflikt und Kooperation entsteht, um das Netzwerk in seinem Zusammenhang zu erhalten. Das Innovationspotenzial ist in diesen Situationen jedoch wahrscheinlich recht überschaubar. Dies ist ebenso der Fall, wenn innerhalb des Netzwerks das Verhältnis von Desintegration und zu dichten Beziehungen aus dem Gleichgewicht gerät. Das „Innenproblem" wird auch maßgeblich davon beeinflusst, in welchem Verhältnis die Akteure auf persönlicher Ebene zueinander stehen. Die „Meinung", die die Netzwerkpartner voneinander haben, spielt eine große Rolle.

Lehrer und Ausbilder zusammenzubringen (...). Wenn sie Glück haben, kriegen sie die Lehrer dazu, dass die den Ausbildern nicht unterstellen, dass sie dumm sind und umgekehrt, dass die Ausbilder sagen, dass sie von der Praxis keine Ahnung haben. Können die dann überhaupt miteinander reden und so? Wenn sie dann irgendwo was kreieren wollen, das ist richtig schwer. (Fall B, Bildungszentrum)

Dieses Beispiel bildet sicherlich nicht die gängige Praxis ab und in den meisten der untersuchten Studiengängen ist der Umgang der Netzwerkpartner miteinander konstruktiv wertschätzend und am gemeinsamen Ziel ausgerichtet. Größere Bedeutung kann in diesem Zusammenhang der Persönlichkeit der Akteure beigemessen werden, denn bestimmte Charaktereigenschaften, wie etwa das Vermögen, sich gegenüber anderen Personen durchzusetzen, oder Verhandlungsgeschick, zeigen entscheidende Einflussgrößen auf.

Seitdem es die Koordinierungsstellen an den HS gibt, hat sich die Kommunikation verbessert. Ansonsten hängt es an den Personen, die beteiligt sind und es ist sehr sehr individuell. (Fall E, HS)

Die Reaktion der einzelnen Akteure ist dabei abhängig von der Reaktion weiterer Netzwerkpartner, denn „die Konstellation, nicht der Akteur handelt" (Kussau / Brüsemeister 2007: 26). Die in diesen Netzwerkkonstellationen handelnden Akteure beeinflussen sich gegenseitig, bringen Erwartungen mit ein, zeigen Handlungsmöglichkeiten auf oder wählen die Interdependenz als Alternative zum Ausstieg (vgl. ebd.). Dennoch spielen das professionelle Selbstverständnis und die gegenseitigen Abgrenzungen in diesem Zusammenhang eine wichtige Rolle und können durch eine spezielle Förderung der Kooperationskultur und Kooperationsstruktur abgebaut werden (Maykus 2004). Die Kooperationskultur beschreibt hier das Bewusstsein, die Fähigkeit und die Bereitschaft eines Netzwerks und seiner Mitglieder, in partnerschaftlicher Zusammenarbeit mit anderen Organisationen oder Betrieben – basierend auf gemeinsamen Normen, Werten und Verhaltensweisen – Problemlösungen zu erarbeiten und umzusetzen.

7.4.2   Das Außenproblem

In zahlreichen untersuchten Studiengängen spielen Unternehmerverbünde oder Netzwerke auf lokaler Ebene eine große Rolle. Sie agieren autark von den hier beschriebenen Kooperationszusammenhängen der dualen Studiengänge, nehmen zum Teil jedoch erheblichen Einfluss darauf. Es konnte festgestellt werden, dass verschiedene Akteure Beiratsmitglied im dualen Studiengang sowie Netzwerkmitglied eines lokalen Unternehmerverbundes sind. Unweigerlich kommt es hierbei zu einer indirekten, aber beständigen Kooperation zwischen beiden Netzwerken. Interessenskonflikte können entstehen, die von der jeweiligen Netzwerkkoordination berücksichtigt werden müssen. Teilweise kommt es auch zu einer direkten Kooperation, indem die koordinierenden Akteure in den Austausch kommen und sich gegenseitig auf dem Laufenden halten, Kontakte vermitteln oder gemeinsame Projekte planen. Die Abgrenzung zu weiteren Netzwerken und Verbünden ist in diesem Kontext nicht einfach und erfordert von den Beteiligten ein hohes Maß an (Selbst-)Reflexion.

Die lokalen Aktivitäten können unmittelbaren Einfluss auf das Netzwerk eines dualen Studiengangs nehmen, Förderprogramme der Ministerien forcieren die Entwicklung und Implementierung dualer Studiengänge aber auch zum Teil stark. Kampagnen und entsprechende finanzielle Förderung tragen dazu bei, dass weitere externe Koordinierungsinstanzen auf den Plan treten und beteiligt werden wollen – regionale Beratungsstellen für Unternehmen bspw. drängen in die dualen Studiengänge und spielen hierbei eine nicht zu vernachlässigende Rolle.

Es gibt seit 2 Jahren vom Freistaat ein Fördermittelprogramm, wo die dualen Studiengänge unter besonderen Bedingungen gefördert werden. Das heißt aber nicht, dass der Student gefördert wird und auch nicht die Firma, sondern, dass man versucht durch externe Partner, die sich jetzt noch dazwischen schalten, als Schnittstelle zwischen Hochschule und Betrieben und auch zukünftigen Studenten, das voranzutreiben. Und bei Fördermitteln ist es natürlich klar, gibt es viele, die sich in die Projekte mit einbringen wollen, aber dort gibt es keine Erfahrungen oder Referenzwerte, dass man sagt, den Weg, den die jetzt gegangen sind, der ist besser oder schlechter. (Fall B, IHK)

Die Koordinierung der Zusammenarbeit und Beteiligung der Akteure wird durch diese Entwicklungen nicht zwangsläufig einfacher. Sie können dazu führen, dass das Akteursspektrum unübersichtlich wird sowie die Absichten der Beteiligten zunehmend intransparent erscheinen. Auch können bisherige Entwicklungen stagnieren, da die dualen Studiengänge angehalten werden, externe Entwicklungen zu unterstützen, mit denen nicht alle bisher am Netzwerk beteiligten Akteure einverstanden sind (vgl. Kapitel 7.1.2). So kann es zu Spannungen und Verunsicherungen kommen, die gemeinsam artikuliert und ausgeglichen werden müssen.

7.4.3   Das Grenzproblem

Die Personen, die als Vertreterinnen und Vertreter von Organisationen und Betrieben im Netzwerk tätig sind, handeln in einem „doppelten Bezugsrahmen" (vgl. Reis et al. 2011): dem Bezugsrahmen des Netzwerks und dem Bezugsrahmen der einzelnen Organisation und damit gleichzeitig als (zumeist angestellte) Angehörige einer „Mutterorganisation" (Hochschule, Unternehmen, Berufsschule, Kammer usw.) *und* als Mitglieder des Netzwerks. „Neben der Grenze, die Netzwerksystem und Netzwerkumwelt im Sinne von ‚Netzwerk-Außenwelt' trennt, (gibt es) auch eine Grenze des Systems gegenüber seinen Mitgliedern als ‚Netzwerk-Innenwelt' (Schubert 2008: 31).

Hirsch-Kreinsen formuliert das damit verbundene Grundproblem: „So müssen die Manager der einzelnen Netzwerkunternehmen die Interessen des jeweils eigenen Unternehmens mit den Zielen und Erfordernissen des Unternehmensnetzwerks insgesamt abstimmen, wobei nicht immer eindeutig zu bestimmen ist, welchen Interessen dabei Priorität zukommen sollte" (Hirsch-Kreinsen 2002: 115).

(…) aber so ein Beirat ist auch (…) ein Kontrollorgan und das muss auch so sein, denn wir geben junge Leute in die Hand einer Hochschule und in die Hand eines Unternehmens, beide haben auch ihre eigenen Interessen, das muss man ganz klar und deutlich sagen. (Fall A, IHK)

Die „eigenen Interessen", die hier beschrieben sind, könnten bspw. die Kontaktsuche zwischen Wirtschaft und Hochschule sein, denn duale Studiengänge bieten hierfür eine optimale Plattform.

Natürlich ist mit einer Hochschulkooperation nicht nur Fachkräftesicherung verbunden, sondern auch im Bereich von Forschung und Entwicklung sind wichtige Projekte, wo einfach auch wir im Bereich von Technologietransfer mit den Hochschulen eng zusammenarbeiten, wo die einfach wichtige Partner für uns sind. (Fall C, IHK)

Die Belange einzelner Akteure finden in den untersuchten Studiengängen Berücksichtigung in der Netzwerkarbeit, sollten jedoch nicht zu häufig im Mittelpunkt der Kooperation stehen. Diese Grenzprobleme setzen sich oftmals bei der Ausgestaltung der Studieninhalte fort, indem Unternehmen spezielle Wünsche an die Ausbildung ihrer Studierenden formulieren, die z. T. nicht mit den Lehrplänen der Hochschulen übereinzubringen sind.

> *Und da gab es schon immer ein bisschen Reibungspunkte, dass wir Unternehmen speziellere Inhalte vermittelt haben wollten, aber dem wurde dann Rechnung getragen im Laufe der Zeit (...). (Fall C, Betrieb A)*

Die Einführung von Wahlmodulen hat in vielen Fällen geholfen, die inhaltlichen Interessen der Betriebe zu berücksichtigen. So konnten die Belange der einzelnen Betriebe mit den Zielen und Erfordernissen des Netzwerks abgestimmt werden. Oftmals sind über diese Vorgehensweise auch weitere beständige Kooperationen zustande gekommen, indem Betriebe ihre Mitarbeiter für Dozententätigkeiten an die Hochschule entsenden (vgl. Kapitel 7.3.3).

7.5   Zusammenfassung/Fazit

Alle beteiligten Akteure haben ihre spezifischen Gründe, weshalb sie an einer Kooperation im Rahmen des dualen Studiums Interesse zeigen. Sie nehmen Einfluss auf die Entscheidungen, die im Netzwerk getroffen werden und stellen im Gegenzug Ressourcen zur Zielerreichung und Strategieverwirklichung zur Verfügung. Wie die Netzwerktheorie zeigt, sind dort, wo die Erreichung von Zielen davon abhängt, dass Personen oder andere Organisationen autonom, aber dennoch „gesteuert" handeln, neben klaren Rahmenbedingungen auch gerade „weiche" Steuerungsimpulse gefragt. Dies gilt erst recht für die Netzwerksteuerung, denn hier haben wir es mit autonomen Akteuren zu tun, die gemeinsam einen kollektiven Akteur bilden und dadurch mit klassischen Mitteln nur begrenzt steuerbar sind.

Typische Steuerungswerkzeuge (vgl. Floerecke/Holtappels 2004: 917-919), die zur Konfliktbewältigung und Stabilisierung in Netzwerken der dualen Studiengänge eingesetzt werden, betreffen:

- die „Rahmung", indem eine Koordination und Steuerung eingesetzt wird, die die Verständigung über Ziele, Inhalte und Handlungsfelder unterstützt, Voraussetzungen und Rahmenbedingungen sowie strukturelle Vorgaben und Vernetzungsinitiativen geklärt werden und eine gezielte Auswahl der Kooperationspartner erfolgt.

- die „Konkretisierung", da eine Verbindlichkeit der Absprachen zu klaren Zuständigkeiten in der Kooperation führt und die Selbstverpflichtung der Akteure allen Beteiligten eine gewisse Sicherheit bietet.
- die „Überprüfung", denn die Entwicklung von Qualitätskriterien und regelmäßige Überprüfung der Zielerreichung lässt eine Analyse von Barrieren und begünstigenden Faktoren zu.
- die „Beziehungsebene", indem Transparenz und Informationsaustausch über die Planungen und Probleme den beteiligten Akteuren dabei helfen, sich diesem Kooperationsprozess gegenüber zu öffnen und eine Kooperationsstruktur und -kultur zu entwickeln, in der Vertrauen und Verlässlichkeit ermöglicht wird.

Bei der Planung und Durchführung des Netzwerks sollten die Akteure und ihre Interessen Berücksichtigung finden. Für die koordinierende Instanz eines solchen Netzwerks bietet sich dabei eine Analyse dieser Anspruchsgruppe an, um nicht nur frühzeitig Probleme zu identifizieren (indem z. B. deutlich wird, welcher beteiligte Akteur welche eigenen Vorteile im Blick hat, die die Netzwerkarbeit behindern könnten), sondern auch nutzbare Potenziale im Umfeld der Kooperationsstruktur aufzuzeigen. Die Aufgabe einer solchen Analyse ist es, die relevanten Akteure frühzeitig zu identifizieren und sie in den Entwicklungsprozess einzubeziehen.

Dieses Vorgehen stellt große Herausforderungen an die Netzwerkkoordination bzw. -steuerung, die nur dann für alle Beteiligten zufriedenstellend erfolgen kann, wenn konkrete Ansprechpartner bestehen, die für diese Tätigkeit verbindlich zuständig sind. Große Unterstützung erfahren Sie dabei von weiteren Akteuren des Netzwerks in unterschiedlicher Intensität bzw. auf verschiedenen Ebenen. Einen großen Beitrag übernehmen Gremien (z. B. Arbeitskreise, Beiräte), die dem Studiengang zur Seite gestellt werden, um Probleme und Veränderungen des Studiengangs zu diskutieren und den Beteiligten eine Plattform des Austauschs und der Kooperation zu bieten.

Die Kooperationsstrukturen, die im Rahmen eines dualen Studiengangs beobachtet werden können, zeigen ein sehr heterogenes Bild, da sie abhängig sind von praktizierten Studiengangmodellen, Motiven, die sich aus den Interessen der jeweiligen Organisation speisen, Erwartungen der Beteiligten, Form und Art der Zusammenarbeit, Ressourcen und Rahmenbedingungen, die den Mitgliedern zur Verfügung stehen sowie Einflüsse von außen, die auf ein Netzwerk einwirken. Diese und weitere Faktoren sorgen dafür, dass sich Kooperationsstrukturen von dualen Studiengängen kaum in ein Schema übertragen lassen, das in der Lage wäre, alle Facetten der Zusammenarbeit zu umfassen. Die in diesem Kapitel vorgenommenen Strukturierungsbemühungen zeigen jedoch auf, welche Ebenen zu berücksichtigen sind und wo besondere Problemlagen auftreten können.

Literatur

Altgeld, K. (2007): Erfolgreiche Kooperationen schmieden – Eine Praxisanleitung für Kindertageseinrichtungen. In: Institut für Soziale Arbeit (Hrsg.): Soziale Frühwarnsysteme in Nordrhein Westfalen. Die Herner Materialien zum Umgang mit Verhaltensauffälligkeiten. Münster.

Benz, A. (1995): Politiknetzwerke in der horizontalen Politikverflechtung. In: Jansen, D., Schubert, K. (Hrsg.): Netzwerke und Politikproduktion. Marburg: 185-204.

Borkenhagen, P. / Jäkel, L. / Kummer, A. / Megerle, A. / Vollmer, L.-M. (2004): Netzwerkmanagement. Berlin.

Braun, H. (1999): Möglichkeiten und Grenzen in sozialen Diensten. In: Landesverband evangelischer Tageseinrichtungen für Kinder: Qualität für Kinder – zwischen Markt und Menschlichkeit: Analyse, Bedingungen, Konzepte. Velber: 105-120.

Floerecke, P. / Holtappels, H. G. (2004): Qualitätsentwicklung in der Kooperation von Jugendhilfe und Schule. In: Hartnuß, B. / Maybus, S. (Hrsg.): Handbuch Kooperation von Jugendhilfe und Schule. Ein Leitfaden für Praxisreflexionen, theoretische Verortungen und Forschungsfragen. Berlin.

Hild, P. (1997): Netzwerke der lokalen Arbeitsmarktpolitik. Steuerungsprobleme in theoretischer und empirischer Sicht. Berlin.

Hirsch-Kreinsen, H. (2002): Unternehmensnetzwerke – revisited. In: Zeitschrift für Soziologie, H. 2. 106-124.

Kussau, J. / Brüsemeister, T. (2007): Governance, Schule & Politik. Zwischen Antagonismus und Kooperation, Bd. 2. Wiesbaden.

Maykus, S. (2004): Kooperation von Lehrern und Sozialarbeitern – regulierte Machtverhältnisse als Voraussetzung und Ergebnis einer funktionalen Kooperationsstruktur und -kultur. In: Hartnuß, B. / Maykus, S. (Hrsg.): Handbuch Kooperation von Jugendhilfe und Schule Ein Leitfaden für Praxisreflexionen, theoretische Verortungen und Forschungsfragen. Berlin.

Messner, D. (1995): Die Netzwerkgesellschaft. Wirtschaftliche Entwicklung und internationale Wettbewerbsfähigkeit als Problem gesellschaftlicher Steuerung. Köln.

Reis, C. / Geideck, S. / Hobusch, T. / Kolbe, C. / Wende, L. (2011): Produktionsnetzwerke und Dienstleistungsketten. Neue Ansätze nachhaltiger Unterstützungsstrukturen für Alleinerziehende.

Rössl, D. (1994): Gestaltung komplexer Austauschbeziehungen. Analyse zwischenbetrieblicher Kooperationen. Wiesbaden.

Santen, E. / Seckinger, M. (2003): Kooperation: Mythos und Realität in der Praxis. München.

Schubert, H. (2008): Netzwerkkooperation – Organisation und Koordination von professionellen Vernetzungen. In: Ders. (Hrsg.): Netzwerkmanagement. Wiesbaden.

Strassheim, H. / Oppen, M. (2006): Lernen in Städtenetzwerken. Kooperation – Konflikte – Kompetenzentwicklung. Berlin.

Sydow, J. / Wirth, C. / Manning, S. (2002): Autonomie und Bindung in Projektnetzwerken aus betriebswirtschaftlicher Perspektive. Literaturüberblick und erste konzeptionelle Überlegungen, Arbeitspapier. Berlin.

Weber, M. (1968): Gesammelte Aufsätze zur Wissenschaftslehre. Tübingen.

Zusammenfassung und Ausblick

Sirikit Krone

Das duale Studium repräsentiert eine Entwicklung neuer Ausbildungsformen, die sich an der Schnittstelle zwischen dem Berufsbildungssystem und dem Hochschulsystem bewegen. Diese Studiengänge bieten die Möglichkeit zur Verknüpfung zweier traditionell in Deutschland starr getrennter Bildungssegmente und damit zur gegenseitigen Öffnung und Anerkennung. Wie bei allen Innovationen innerhalb gesellschaftlich gewachsener Strukturen, gestaltet sich der Weg nicht gradlinig und ist verbunden mit Auseinandersetzungen über traditionelle Bildungsmuster und vermeintliche oder reale Gegensätze. Dies betrifft die Unterschiede bezüglich der Kulturen, des Habitus ihrer Akteure sowie die differenten rechtlichen Rahmenbedingungen dieser beiden Bildungssegmente. Die Beiträge in diesem Sammelband beleuchten verschiedene relevante Aspekte des dualen Studiums, zeigen die Interessen, Machtverhältnisse und Kooperationsstrukturen der beteiligten Akteure sowie die Bedingungen auf, unter denen duale Studiengänge entstehen und sich entwickeln.

In diesem abschließenden Kapitel werden zunächst die Ergebnisse bezüglich zentraler Fragen, die in diesem Buch aufgegriffen wurden, zusammenfassend dargestellt. Im Anschluss folgt ein Ausblick auf Schlussfolgerungen, die daraus gezogen werden können sowie auf offene Fragen, die sich sowohl für die Wissenschaft als auch die Bildungspolitik in naher Zukunft stellen.

Welche Akteurskonstellationen zeigen sich in der Entstehungsphase dualer Studiengänge?

Zur Entstehung dualer Studiengänge bedarf es dreier Akteure: Hochschulen, Unternehmen und Kammern (IHK oder HWK). Je nach Konzept beteiligen sich weitere Akteure, allen voran die Berufsschulen, deren Mitwirkung allerdings nicht unbedingt notwendig ist. Die benannten Akteure treten in unterschiedlichen Akteurskonstellationen auf, orientiert an ihrer Rolle, die sie im Entstehungsprozess der Studiengänge einnehmen. Zu benennen ist zunächst die Rolle des *Initiators*, der den gesamten Prozess anstößt und auch im weiteren Verlauf verantwortet. Dieser sucht sich *Mitspieler,* welche sich ebenfalls aktiv einbringen, allerdings ohne eine entsprechende Eigeninitiative. Zur Akteurskonstellation gehören zudem *nachrangige Akteure,* die selbst nicht aktiv an der Gestaltung des Studiengangs mitarbeiten, sondern sich lediglich auf Nachfrage der anderen beteiligen. Die Rollen sind in der vorgefundenen Empirie unterschiedlich verteilt, prinzipiell kann jede der drei oben benannten Akteursgruppen als Initiator, Mitspieler oder nachrangig Beteiligter auftreten. Aber im Vergleich aller Studiengänge unserer Untersuchung unterscheidet sich die Verteilung der Rollen von Hochschulen, Unternehmen und Kammern signifikant. Die Hochschulen bleiben im Vergleich unserer Untersuchungsfälle dominant, sie stellen in der Hälfte der Fälle die Initiatoren. Trotzdem ist die Rolle der Unternehmen auch bei der Entstehung ausbildungsintegrierender dualer Studiengänge bedeutend. Nicht nur Unternehmen, sondern auch Unternehmensverbände gehören zu den Initiatoren von Studiengängen.

Wie entstehen diese Akteurskonstellationen im Geneseprozess dualer Studiengänge?

Bei der Entstehung der Akteurskonstellationen können drei Phasen unterschieden werden. Zunächst steht in der ersten Phase die Beobachtung im Fokus als Voraussetzung, dass eine Interdependenz zwischen den Akteuren entsteht. Hierbei kann es sich um Selbstbeobachtung durch Vertreter z. B. des Akteurs Hochschule handeln oder auch um Fremdbeobachtung von Ereignissen oder Handlungen anderer außerhalb der eigenen Organisation. Durch diese Beobachtungen müssen sowohl Handlungsbedarf wie auch Handlungschancen erkennbar werden, damit sie bei den Akteuren zu einer Entscheidung darüber führen, in die nächste Phase einzutreten. Als Motive dazu, aktiv zu werden, lassen sich sowohl Reproduktionsmotive (Motive der Erhaltung oder Erweiterung der Organisation) als auch das Leistungsmotiv (Dienstleistungen für Andere) benennen. Die zweite Phase umfasst den Prozess der Akquisition, in dem der Initiator als Schlussfolgerung seiner Beobachtungen zur Einrichtung eines dualen Studiengangs anstrebt, entscheidende Mitspieler zu akquirieren. Dafür können in der Regel weder Geld noch Macht eingesetzt werden. Macht hat im Verhältnis zwischen den Organisationen als Akteuren in dieser Phase eher eine negative Funktion: die der Blockade der Akquisition. Dominiert wird die Akquisitionsphase von „weichen" Einflusspotenzialen wie Wissen und Überzeugungskraft, und auch verständigungsorientiertes Handeln aufgrund vorgängiger persönlicher Kontakte kommt zum Einsatz. Die Akquisition richtet sich auf den Aufbau eines Netzwerkes mit weiteren Akteuren unter Berücksichtigung ihrer Interessen, wobei beachtet werden muss, dass bei zusammengesetzten Akteuren wie z. B. dem Akteur Hochschule unterschiedliche, teilweise sogar widersprüchliche Interessen vertreten werden. Abschließend erfolgt in Phase drei die Konstituierung des dualen Studiengangs. In dieser Phase werden Inhalte und zeitliche Verläufe des Studiums sowie der betrieblichen Ausbildung, d.h. die gesamte Studiengangorganisation, verhandelt und festgelegt. Abgeschlossen ist dieser Prozess zu dem Zeitpunkt, an dem die ersten Studierenden ihr Studium beginnen.

Welchen Einfluss haben Akkreditierungsverfahren auf Genese und Umsetzung dualer Studiengänge?

Neben den Anforderungen, die an die Gestaltung von Studiengängen zur Programmakkreditierung gestellt werden, kommen für duale Studiengänge weitere Kriterien sowie Verfahrens- und Entscheidungsregeln hinzu. Diese wurden wegen der Besonderheiten dieser Studienform vom Akkreditierungsrat im Jahr 2010 für *Studiengänge mit besonderem Profilanspruch* beschlossen. Hierbei geht es um die Transparenz der Entstehungshistorie sowie die Dokumentation der Umsetzungspraxis, insbesondere die spezifischen Faktoren der dualen Form des Studiums wie die Auswahl der Studierenden durch die Unternehmen sowie die Organisation der hochschulischen und betrieblichen Lerneinheiten. Vorgegebene Qualitätsstandards, die in mehrjährigen Abständen ggf. wieder überprüft werden, müssen von den Gestaltern bei der Konzeption dualer Studienmodelle erfüllt werden. Damit bedingt der Akkreditierungsprozess die zeitlichen und inhaltlichen Strukturen dualer Studienmodelle.

Auffällig ist, dass die berufsbildenden Anteile des dualen Studiums kaum berücksichtigt werden, Ähnliches gilt für den berufsschulischen Anteil. So stellt das Akkreditierungssystem höhere Anforderungen an die dualen Studiengänge, aber beachtet dabei nur eingeschränkt die Leistung einer komplexen Verzahnung von Berufs- und Hochschulbildung.

*Welches sind die Motive der zentral beteiligten Akteure, sich an der Entstehungs-
phase dualer Studiengänge zu beteiligen?*

Die Motivlage unterscheidet sich insbesondere insofern, als die Motive der am
Aufbau dualer Studiengänge beteiligten Unternehmen vorrangig auf sich selbst
bezogen sind und die der Kammern und Hochschulen sowohl auf die eigene
Reproduktion als auch auf eine Leistung für andere. Orientiert an der Dienstleis-
tungsfunktion gegenüber ihren Mitgliedern fokussieren IHK und HWK auf die
Leistung für Unternehmen, dazu gehören Motive wie Fachkräftebindung, Fachkräftesicherung und integrierte Dualität. Diesen Kategorien sind auch die Motive
der Unternehmen zuzurechnen, daneben steht für sie der Erwerb spezifischer
Kompetenzen im Vordergrund bei der Entscheidung zur Beteiligung am Aufbau
dualer Studienangebote. Die Motive der Hochschulen beziehen sich zum einen auf
Aspekte der eigenen Reproduktion – von der Selbsterhaltung bedrohter Ressourcen
bis zur strategischen Ausweitung des eigenen Angebots – und zum anderen steht
das Leistungsmotiv im Vordergrund, z. B. ein Bildungsdienstleistungsangebot für
„die Wirtschaft", die Region, eine Profession zu erbringen.

*Inwiefern wirken politische Entscheidungen als Rahmensteuerung im Genesepro-
zess dualer Studiengänge?*

Politische Entscheidungen wirken im Geneseprozess über die Steuerungsmedien
Geld und *Recht.* Zu unterscheiden sind im Wesentlichen zwei Steuerungsstrategien:
der Drittmittelmarkt und die landesrechtliche Institutionalisierung. Den Anlass
zur Entstehung eines dualen Studiengangs setzen immer wieder Ausschreibungen
verschiedener Landesministerien. Vier unserer 20 Untersuchungsfälle sind aus Anlass
von zwei Ausschreibungen durch zwei Landesregierungen entstanden. Die Aussicht
auf Fördermittel wirkt als Initialzündung auf Hochschulen, Konzepte zu entwickeln
und bei erfolgreicher Bewerbung ist damit der Grundstein für einen neuen dualen
Studiengang gelegt. Die Ausschreibungen treffen dabei teilweise auf bereits seit
längerem entwickelte Konzepte, für die mit der Förderung durch Drittmittel nun
die Chance einer Umsetzung besteht, gelegentlich wirkt die Ausschreibung auch
bei ausbleibendem Wettbewerbserfolg als Initialzündung einer Neugründung. Ist
das Konzept einmal ausformuliert und sind ggf. auch bereits Kooperationspartner
akquiriert, können Hochschulgremien überzeugt werden, interne Geldmittel zur
Realisierung bereitzustellen. In zwei Bundesländern konnte in unseren Fallstudien
eine landesrechtliche Institutionalisierung dualer Studienangebote beobachtet wer-

den. In Baden-Württemberg wurden alle ehemaligen Berufsakademien, an denen die dualen Studienangebote bereits lange Tradition haben, zur ‚Dualen Hochschule Baden-Württemberg' zusammengefasst, in Bayern erfolgte eine Zusammenführung aller dualen Studiengänge unter dem Label der ‚Hochschule DUAL'. Mit diesen landesrechtlichen Steuerungsmechanismen sind keine zusätzlichen Fördermittel für die einzelnen Hochschulen verbunden, ein ökonomischer Anreiz für die Entwicklung dualer Studienangebote fehlt also. Während ein Förderprogramm mit Wettbewerbsinstrumenten durch die Entscheidung zwischen verschiedenen Angeboten und durch die Verknüpfung der Förderung mit zahlreichen Auflagen durchaus in die Autonomie der Hochschule und der Fakultät eingreift, an welcher der Studiengang durchgeführt werden soll, versucht die landesrechtliche Institutionalisierung eher, Lernprozesse der Hochschulorganisationen durch wechselseitige Beobachtung in einem beschränkten Themenfeld zu provozieren. Dieses Konzept ist also darauf ausgerichtet, das Thema bekannter zu machen und ein Klima zur Selbstverpflichtung der Hochschulen zu schaffen.

Welche Rolle kommt dem Einfluss und den Aktivitäten Einzelner bei der Initiative zur Entwicklung neuer dualer Studiengänge zu?

Neben Organisationen und Institutionen als Akteure im Entstehungsprozess dualer Studiengänge kommt auch immer wieder einzelnen Personen, die sich ihren Ressourcen und ihrem Engagement entsprechend einbringen, eine zentrale Rolle als *Boundary-Spanner* zu. Dies bezieht sich zunächst auf den Anfangsprozess der Beobachtung. Durch die Kenntnisse einer Person über die Situation, z. B. an einer anderen Hochschule oder aus dem Kontext einer früheren beruflichen Tätigkeit, entsteht die Idee zu einem dualen Angebot im aktuellen Umfeld. Diese Kenntnisse werden in die neue Organisation, bei der diese Person beschäftigt ist, eingebracht und damit werden Prozesse angestoßen bzw. vorangebracht. Hilfreich sind hierbei auch Netzwerke, die einzelne Personen als kulturelles Kapital aus früheren Beschäftigungen mitbringen. Im Kontext der Expansion dualer Studienangebote ist an immer mehr Hochschulen die Einrichtung von Positionen innerhalb der Organisation zu beobachten, deren primäre oder alleinige Aufgabe in der Bearbeitung dieses Feldes zur Verknüpfung verschiedener Bildungssegmente besteht. Dies erfolgt entweder per Zuweisung über die Stellenbeschreibung oder über die Selbstinitiative des Stelleninhabers im Rahmen seiner Position.

Soziales Kapital, inkorporiertes kulturelles Kapital, Grenzpositionen in Organisationen, formale Macht qua Position und informelle Macht als mikropolitische Nutzung des sozialen Kapitals sind Voraussetzungen für Beobachtung und

Beeinflussung durch diese Boundary-Spanner. In kleinen Gruppen treiben sie die Entstehung dualer Studiengänge voran.

Welche Erwartungen haben dual Studierende an ihre betriebliche Karriere?

Die Zunahme dual Studierender steht im Zusammenhang mit einem in Deutschland zunehmend zu beobachtenden Akademisierungstrend. Besondere Karrierevorteile erwarten sich dual Studierende von ihrem doppelqualifizierenden Abschluss, der ihnen sowohl akademische als auch berufspraktische Qualifikationen zertifiziert. Sie rechnen sich damit mehr Chancen auf einen höheren Einstieg im Betrieb als auch auf einen schnelleren Aufstieg aus und sehen sich damit im Vorteil gegenüber Konkurrenten aus klassischen Ausbildungsgängen. Insofern verwundert es nicht, dass die Betriebe und die dort angebotenen Karriereoptionen für die Schulabgänger einen wichtiger Entscheidungsgeber bei der Studienwahl darstellen. Mehr als 80 % der von uns online befragten dual Studierenden gaben an, dass ihr Ausbildungsbetrieb „wichtig" oder sogar „sehr wichtig" für die Entscheidung, ein duales Studium aufzunehmen, war. Teilweise waren es erst die Betriebe, die den Weg zu einem dualen Studium und den damit verbundenen Karrieremöglichkeiten aufzeigten. Ein relativ sicherer Berufseinstieg, welcher von den Ausbildungsbetrieben in Aussicht gestellt wird, beeinflusst entscheidend die Studienwahl. Dabei sprechen diese Angebote überwiegend Schulabsolventen an, deren familiärer Bildungshintergrund nicht akademisch geprägt ist. Nur knapp jede fünfte Mutter und gut jeder vierte Vater haben ebenfalls ein Studium abgeschlossen. Es ist zu vermuten, dass gerade die relativ sicheren Berufsaussichten, neben der finanziellen Absicherung bereits im Studium, gerade Kinder aus Nicht-Akademikerhaushalten ansprechen.

Welches sind die zentralen Motive für Betriebe zur Beteiligung an dualen Studiengängen?

Der Bedarf an qualifizierten Arbeitskräften nimmt zu, Arbeitsplätze für An- und Ungelernte verschwinden gleichzeitig. Damit wird es für die betriebliche Personalplanung immer wichtiger, sich um gut qualifiziertes Personal zu bemühen, dies gilt bereits bei der Rekrutierung gut qualifizierter Schulabgänger für die Ausbildung im Unternehmen. Die Beteiligung an dualen Studiengängen ermöglicht es den Ausbildungsbetrieben, genau diesen Nachwuchs zu gewinnen. Dabei steht die Doppelqualifikation als Nutzfaktor im Vordergrund. Neben dieser breiten, theoretisch wie praktisch fundierten Ausbildung sind es zudem die sozialen und kommunikativen Kompetenzen, die das Interesse der Unternehmen wecken. Absolventen dualer Studiengänge können sich sowohl auf einer fachlich hohen Ebene mit anderen Akademikern austauschen, als auch mit den Kollegen in der Produktion adäquat kommunizieren. Die frühzeitige Einbindung der Studierenden in die betrieblichen Abläufe ermöglicht es den Ausbildern sowie den Verantwortlichen in den Fachabteilungen, den akademisch gebildeten Nachwuchs bereits in der Ausbildungsphase auf die Bedarfe des Unternehmens zu orientieren und gezielt auf Ausbildungsinhalte an allen Lernorten Einfluss zu nehmen. Diese Nachwuchskräfte benötigen nach Studienende nahezu keine Einarbeitungszeiten und sind mit den Gegebenheiten und Zielen des Unternehmens bestens vertraut bzw. haben diese bereits internalisiert. Das vermeidet hohe Kosten für Anwerbung, Trainees und Reibungsverluste bei Fehlentscheidungen in der Personalakquise. Ausbildungsangebote wie das duale Studium, die den Bedarfen der motivierten und qualifizierten Schulabgänger entgegenkommen, erleichtern es Unternehmen, diese Nachwuchskräfte mit Übernahmeversprechen bzw. entsprechenden Bindungsklauseln in den Ausbildungsverträgen an sich zu binden und damit ihren Bedarf an akademisch vorgebildeten Führungs- und Fachkräften mit hoher Praxisorientierung abzudecken.

Über welche Kompetenzen und Zuständigkeiten verfügen die beteiligten Akteure bei der Organisation dualer Studiengänge?

Eingebunden in die Wissensvermittlung in dualen Studiengängen sind bis zu drei Organisationen: Hochschulen bzw. Berufsakademien, Unternehmen und ggf. Berufsschulen bzw. Bildungszentren sowie Lehrwerkstätten. Hochschulen und, seit ihrer Gleichstellung bezüglich der Vergabe akademischer Titel, auch Berufsakademien sind als zentrale Akteure zuständig für die gesamte Studiengangkonzeption. Das beinhaltet die Entwicklung dualer Studienmodelle und die Gestaltung ihrer inhaltlichen und zeitlichen Abläufe in Form eines Studienverlaufsplans sowie die inhaltliche Qualitätssicherung. Einige Hochschulen haben Stabsstellen zur Studiengangorganisation zentral eingerichtet, die fachbereichsübergreifend bei der Umsetzung dualer Studienangebote tätig werden. Allerdings bestehen deren Tätigkeitsschwerpunkte in der Regel in strategischen, koordinierenden und beratenden Aufgaben. Darüber hinaus betreuen sie das Marketing, übernehmen die Kontaktpflege nach außen zu Kooperationspartnern sowie die Vertretung in hochschulweiten Gremien. Für die Entwicklung des inhaltlichen Studienangebots und deren zeitliche und organisatorische Umsetzung sind die Lehrenden der Fakultäten zuständig, z. B. der Studiendekan.

Die Betriebe regeln den betrieblichen Teil der Ausbildung nach dem BBiG und der HwO, wobei häufig eine Verkürzung der Ausbildungszeit angestrebt wird. Ihr Einfluss auf die gesamte Studiengestaltung ist sehr unterschiedlich und von folgenden Faktoren abhängig: Größe des Unternehmens, Anteile an Studierenden im dualen Studiengang, Modellform, Bedeutung des dualen Studiengangs für Hochschule und Betrieb sowie vom Bildungsauftrag der Hochschulen und Berufsakademien. Zu unterscheiden sind drei Arten von Unternehmensakteuren bei der Entwicklung der Studiengangorganisation: die Mitgestalter, die Skeptiker und die Mitmacher. Massiven Einfluss nehmen die Betriebe über die Auswahl der zum dualen Studium zugelassenen Studierenden, da ein Ausbildungs- oder Praktikantenvertrag neben der Hochschulzugangsberechtigung eine Zugangsvoraussetzung zum Studium darstellt.

Die Berufsschulen treten nicht in allen Studienangeboten als Akteur auf, da die Berufsschulpflicht nach Landesrecht unterschiedlich geregelt ist. Außerdem kann die Berufsschulpflicht durch Praktikantenverträge und die damit verbundenen externen Prüfungen umgangen werden. Sind die Schulen beteiligt, wird der berufsschulische Teil der Ausbildung durch sie unterschiedlich geregelt: Dual Studierende nehmen am Unterricht in bestehenden Regelklassen teil, es werden eigene Klassen mit angepassten Curricula eingerichtet oder die Hochschulen sind für die Vermittlung der berufsschulischen Anteile zuständig und setzen Lehrkräfte der Berufsschule für den berufsschulischen Unterricht ein.

Wie sehen die Netzwerkstrukturen der beteiligten Akteure in dualen Studiengängen aus?

Die autonomen Akteure in dualen Studiengängen wählen für ihre Kooperationen überwiegend Netzwerke, denen auch dann eine entscheidende Rolle zukommt, wenn es einen dominanten Akteur gibt. Sie funktionieren in der Praxis sowohl als Projektnetzwerke als auch als Produktionsnetzwerke. Die Aufgabe der Koordinierung wird in der Regel durch die Hochschulen wahrgenommen, die dazu teilweise interne Koordinierungsstellen auf der Ebene der Lehrstühle, Fakultäten oder hochschulweit installieren. Voraussetzung für den Erfolg ihrer Arbeit ist die Akzeptanz aller am Netzwerk Beteiligten, und zwar bezüglich ihrer Person sowie als Vertreter ihrer Organisation, was Vertrauen und Verlässlichkeit voraussetzt. Ihre Aufgaben umfassen die gesamte Steuerung des Netzwerkes, die Verteilung der Aufgaben sowie die Festlegung der dazugehörigen Regeln der Umsetzung, die Steuerung der Aufnahme neuer Mitglieder und eine regelmäßige Auswertung der gemeinsamen Arbeit. In vielen Netzwerken dualer Studiengänge wurden begleitende Gremien, wie z. B. Beiräte installiert, in denen die beteiligten Akteure in regelmäßigen Abständen die gemeinsame Arbeit planen, bewerten und diskutieren. Die Beteiligung möglichst aller relevanten Akteure eines Studiengangs ist eine zentrale Voraussetzung für die erfolgreiche Arbeit der Beiräte, insofern ist bei ihrer Konstituierung auf die Ansprache aller Beteiligten großer Wert zu legen. Dabei geht es nicht nur um die Einbeziehung des gesamten, unterschiedlich verteilten Sachverstandes der Akteure, sondern auch um eine Prävention von Konflikten, die durch gegenseitiges Unverständnis, Unkenntnis der Positionen und Ausgrenzungsängste hervorgerufen werden.

Welches sind die Qualitätsebenen der Kooperationsstrukturen in dualen Studiengängen?

Die Kriterien zur Qualitätssicherung der Kooperation in dualen Studiengängen sind sehr different. Eine hohe Qualität in diesem Kontext ist abhängig von der Kompetenz der Akteure, dem organisatorischen Rahmen sowie insbesondere von der Bereitschaft der Beteiligten zur Mitwirkung an den gemeinsamen Zielen. Neben der *Ergebnisqualität*, die insbesondere in der Außenperspektive die entscheidende ist, weil sich hier gut erkennen lässt, ob der Ressourceneinsatz sich gelohnt hat, sind als Ebenen der Kooperationsqualität die *Strukturqualität* sowie die *Prozessqualität* zu benennen. Eine hohe Strukturqualität in dualen Studiengängen wird i. d. R. hergestellt durch die koordinierende Stelle, die den Rahmen der Kooperation, wie z. B. Vor- und Nachbereitung sowie Durchführung der Gremiensitzungen, verantwortlich gestaltet. Zudem ist die Bereitschaft zu kontinuierlicher Mitarbeit aller Beteiligten notwendig. Hilfreich sind vertraglich fixierte Vereinbarungen, die eine hohe Transparenz über Grundsätze, Inhalte und Organisation der Kooperation und Verbindlichkeiten schaffen. Die Benennung von Standards und eine strategische Planung der Zusammenarbeit tragen zur Prozessqualität und damit zur erfolgreichen Entwicklung und Gestaltung dualer Studiengänge bei. Hierbei sind die unterschiedlichen Kontextbedingungen der Akteure zu berücksichtigen und ihre jeweiligen Kooperationsbemühungen adäquat anzuerkennen. Bezüglich der Ergebnisqualität ist zu unterscheiden zwischen Outcome und Output der Kooperationsarbeit. Die Formulierung von Standards kann lediglich für den Output, also das Resultat des Prozesses, erfolgen. Kosten und Zeitaufwand können kontrolliert werden, sowie die Handhabung von Vorschriften und Regeln überprüft und eine Prozessevaluation durchgeführt werden. Die Benennung von Standards für den Outcome, also die Folgequalität einer Kooperationsstruktur innerhalb dualer Studiengänge, ist kaum möglich. Der Grad des Outcomes eines Studiengangs ist von einer Vielzahl weiterer Bedingungen abhängig, sodass der Einfluss der Kooperation hierauf nicht isoliert werden kann.

Worin liegen die Motivationsgründe der beteiligten Akteure zur Beteiligung an Kooperationsgemeinschaften?

Die Hochschulen bzw. Berufsakademien nehmen eine zentrale Rolle bei der Gestaltung der Kooperationsstrukturen ein, häufig sind sie sogar die Initiatoren, Organisatoren und Sprecher in Gremien der Zusammenarbeit. Sie halten einen intensiven Kontakt mit den weiteren Akteuren zur Planung des Studienangebotes sowie zur Orientierung desselben an deren Bedarfen. Die Informationen über die Interessen der Partner können zum einen in bestehenden Studiengängen genutzt werden, zur Planung der angebotenen Plätze, der inhaltlichen Ausrichtung sowie zur frühzeitigen Vermeidung von Interessenskonflikten bzw. Bereinigung von Unstimmigkeiten und damit Vermeidung von Reibungsverlusten und den damit verbundenen Kosten. Zum anderen kann ein gut funktionierendes Kooperations-gremium genutzt werden, um neue Studienangebote zu entwickeln und hierzu das Know-how der unterschiedlichen Akteure zu nutzen. Die Beteiligung der Be-rufsschulen und Bildungszentren innerhalb der Kooperationsgremien wird häufig ihrer zentralen Funktion als dritter Lernort nicht gerecht. Hier spiegelt sich eine Entwicklung wider, in deren Zuge Bildungsaufgaben der Berufsschulen auf die Hochschulen verlagert werden. Berufsschulen mahnen immer wieder ein höheres Maß an Beteiligung auch in Kooperationsgremien an, um die Interessen des dritten Lernortes adäquat vertreten zu können. Betriebe sind i. d. R. in den kooperierenden Gremien dualer Studiengänge vertreten und bringen auch teilweise mit Nachdruck ihre Interessen ein. Große Unternehmen mit einer eigenen Personalabteilung haben eher die Möglichkeit, sich an zeitintensiven Sitzungen, Diskussionen und Verhandlungen in Gremien zu beteiligen als dies KMUs möglich ist. So ist die Wahrnehmung dieser Aufgabe abhängig von der Größe des Unternehmens und der Anzahl der dual Studierenden, wobei letzteres auch direkten Einfluss auf ihre Durchsetzungsfähigkeit hat. Neben der Wahrnehmung ihrer betriebsspezifischen Interessen an der Gestaltung des dualen Studiengangs ist für die Unternehmen der Aspekt einer gemeinsamen Vermarktung des Studiums zur Rekrutierung ihres Ausbildungsnachwuchses von zentraler Relevanz. Unterstützung erfahren die Un-ternehmen von den beteiligten Kammern, welche für ihre Mitglieder in den Beiräten aktiv werden. Allerdings sind diese nicht in allen Kooperationsgremien vertreten und ihre Beteiligung wird durch die anderen Akteure auch nicht eingefordert.

Welches sind die zentralen Probleme bezüglich der Kooperation in dualen Studiengängen aus der Perspektive der beteiligten Akteure?

Die in den Kooperationsstrukturen dualer Studiengänge auftretenden Probleme lassen sich auf drei Ebenen verorten. Der häufigste Krisenherd ist innerhalb des Netzwerkes zu finden, den internen Verhältnissen der Zusammenarbeit. Beim Aufbau und der Arbeit eines Netzwerkes in dualen Studiengängen zeigen sich keine einzelnen dominanten Hauptakteure, vielmehr trifft man häufig auf eine Konstellation von mindestens zwei starken Partnern, die ihre Interessen und Ressourcen einbringen. Sind sich diese Partner einig, können sie sowohl sehr erfolgreich Ideen auf den Weg bringen, als auch eine wirksame Blockade gegenüber Dritten formulieren und durchsetzen. In Verhandlungsprozessen zwischen verschiedenen Ansätzen und Zielen ist es hilfreich, die Zusammenarbeit nach klaren Regeln und transparent zu gestalten, um gerade die Blockadehaltungen zu verhindern. Neben diesen *Innenproblemen* lassen sich auch *Außenprobleme*, also Differenzen zwischen dem Studiengangnetzwerk und weiteren Kooperationsverbünden, identifizieren. Die Mitgliedschaft Einzelner in zwei Gremien, z. B. im Studiengangbeirat und im lokalen Unternehmensverbund, führt zu einer Verschränkung der Netzwerkarbeit und impliziert dabei die Chance von Synergieeffekten, aber auch Konfliktpotenzial. Die dritte Kategorie der beobachteten Problemfelder in der Kooperation sind die *Grenzprobleme*. Die Mitglieder des Netzwerkes vertreten immer die gemeinsamen sowie die Interessen ihrer jeweils eigenen Organisation. Diese Doppelrolle kann zu Widersprüchen und Interessenkonflikten führen, insbesondere dann, wenn eine Organisation ein höheres Durchsetzungspotenzial als eine andere hat. So kommt es immer wieder zu Verhandlungen zwischen den Netzwerkakteuren mit ungewissem Ausgang und ist teilweise für die Weiterentwicklung des Studiengangs auch kontraproduktiv.

Welches sind die Merkmale der drei zentralen Studienmodelle?

Allen Modellen gemein ist die Beteiligung der beiden Lernorte Hochschule/Berufsakademie und Betrieb sowie die Tatsache, dass die berufliche Ausbildung verkürzt wird. Im fortgeschrittenen Studienverlauf erhält der Anteil des hochschulischen Lernens einen deutlich größeren inhaltlichen wie zeitlichen Stellenwert. Die Verteilung der Studienmodelle gestaltet sich sehr heterogen und es gibt kein so genanntes „*Idealmodell*". Die Entscheidung für ein bestimmtes Modell kann mit strukturellen Faktoren wie Möglichkeiten zur Einbindung der Studierenden in die Arbeitsabläufe im Betrieb oder regionalen Faktoren wie Standort von Hochschule und Betrieb zusammenhängen. In der weiteren Differenzierung sind im Wesentlichen drei Modelle zu unterscheiden: das *Blockmodell*, das *teilseparierte* sowie das *integrierte Modell*. Im Blockmodell werden die Lernorte in größeren Zeitabständen gewechselt, die vorlesungsfreie Zeit verbringen die Studierenden im Betrieb. Im integrierten Modell findet ein permanenter Wechsel zwischen den Lernorten innerhalb einer Woche statt, auch hier wird die vorlesungsfreie Zeit für längere Betriebseinsatzzeiten genutzt. Das *teil*separierte Modell ist dadurch gekennzeichnet, dass der Studien- und Ausbildungsverlauf in größeren zeitlichen Blöcken organisiert ist. Das erste Studien- und Ausbildungsjahr findet hier zunächst komplett im Betrieb statt. Je nach Modell sind die Studierenden/Auszubildenden in die normalen Studienveranstaltungen eingebunden und nehmen am normalen Berufsschulunterricht teil oder sie erhalten eigene Unterrichtseinheiten. Das teilseparierte Modell und das Blockmodell bieten den Vorteil der Vertiefung des jeweiligen Stoffes und der Lerneinheiten durch den längeren Aufenthalt am jeweiligen Lernort. Komplexere Aufgaben können so konzentrierter und umfassender bearbeitet werden. Nachteilig zeigt sich in diesen Modellen der zum Teil mangelnde inhaltliche Bezug des Lernstoffes, der in jeweils längeren Abschnitten an den verschiedenen Lernorten behandelt wird. Demgegenüber findet im integrierten Modell durch den schnellen und häufigen Wechsel zwischen den Lernorten ein kontinuierlicher Austausch auch der praktischen und theoretischen Lerninhalte statt. Gerade gelerntes theoretisches Wissen findet schnell Anwendung im Betrieb und umgekehrt können auf Fragen und Problemstellungen aus der Praxis Lösungen in der Hochschule erarbeitet werden. Vorteilhaft ist, dass sie wöchentlich in die betrieblichen Abläufe eingebunden sind und als Ansprechpartner zur Verfügung stehen. Ein wesentlicher Nachteil dieses Modells liegt in der teilweise mangelnden Möglichkeit zur Vertiefung der jeweiligen Lerninhalte, da der Aufenthalt in Hochschule und Betrieb durch den permanenten Wechsel i. d. R. jeweils zu kurz dazu ist.

Wie zufrieden sind die dual Studierenden mit der Realisierung der Verknüpfung von Lernorten und -inhalten?

Die gelungene Abstimmung zwischen den zu vermittelnden Inhalten sowie den verschiedenen Lernorten stellt für die Studierenden ein zentrales Qualitätsmerkmal eines dualen Studiengangs dar. Ihre Zufriedenheitswerte aus der von uns durchgeführten Onlinebefragung dual Studierender mit diesen Abstimmungs- und Verzahnungsprozessen gibt einen wichtigen Hinweis zur Güte ihrer Umsetzung. Insgesamt ist die Zufriedenheit bezüglich aller abgefragten Indikatoren zur Zufriedenheit mit der Verzahnung von Theorie und Praxis hoch, mindestens 50 % antworten mit „zufrieden" oder „sehr zufrieden", bei 4 von 6 Fragen liegen diese Werte sogar bei mehr als 75 %. Eine Differenzierung zeigt, wo es Optimierungsbedarf aus Sicht der Studierenden gibt, das heißt, mit welchen Aspekten der Verknüpfung von Lernorten und -inhalten sie „weniger zufrieden" bzw. „nicht zufrieden" sind. Für mehr als 40 % gilt dies bezüglich der inhaltlichen Abstimmung zwischen praktischen und theoretischen Anteilen, gut ein Drittel bewertet die Vorbereitung auf die Abschlussprüfung ihres Ausbildungsberufs als wenig oder nicht zufriedenstellend. Knapp ein Viertel der befragten Studierenden sind mit der zeitlichen Koordination eher unzufrieden, dies bezieht sich sowohl auf den Abstimmungsprozess zwischen den Institutionen als auch auf den inhaltlichen zwischen praktischen und theoretischen Anteilen der Ausbildung. Gefragt nach ihren Vorschlägen zur Verbesserung der Situation machten die Studierenden häufig folgende Vorschläge: Informationsfluss verbessern, Betreuung ausbauen, Aktualisierung der Lehrinhalte und stärkeren Praxisbezug herstellen, Klausurtermine an Zwischen- und Abschlussprüfungen anpassen.

Welche Bedingungen finden dual Studierende in den Betrieben vor?

Dual Studierende werden innerhalb der Betriebe als eine besondere Ausbildungsgruppe explizit wahrgenommen, was sich in widersprüchlichen Reaktionen äußert. In kleinen Betrieben führt die spezifische Ausbildungssituation des ständigen Lernortwechsels und der damit einhergehenden mangelnden Integration in betriebliche Ausbildungsgruppen dazu, dass sie häufig sehr viel Eigenverantwortung für Organisation und Abstimmung ihrer Ausbildung übernehmen müssen. Größere Betriebe, die ggf. auch mehrere dual Studierende ausbilden, regen deshalb die Bildung von Netzwerken zwischen diesen an und unterstützen diesen Prozess. Die Unternehmen haben ein großes Interesse an der späteren Übernahme der Absolventen dualer Studiengänge. Daher fördern sie diese bereits frühzeitig, coachen und unterstützen sie auch bei Problemen im Studium. Diese hohe Wertschätzung ist allerdings verbunden mit einer ebenso hohen Erwartung an die Leistungen in Ausbildung und Studium. Klare Zielvorgaben, Erfolgskontrollen und leistungsorientierte Bezahlung üben dementsprechend einen massiven Leistungsdruck auf diese Auszubildendengruppe aus. Dabei stehen die betrieblichen Interessen immer im Vordergrund, dem häufig geäußerten Wunsch der Studierenden, im Anschluss an den Bachelorabschluss direkt ein duales Masterstudium anzuhängen, wird i. d. R. nicht entsprochen. Die betrieblichen Einsatzfelder der dual Studierenden orientieren sich häufig an den späteren Aufgaben, die für diesen qualifizierten

Nachwuchs vorgesehen sind. Bereits während ihrer Ausbildung werden sie mit
anspruchsvollen Aufgaben betraut. Dabei stehen neben der Vermittlung von
Fachkenntnissen auch die Förderung von Selbstständigkeit und das Erlernen
von Kommunikationsfähigkeit über verschiedene Hierarchieebenen hinweg im
Vordergrund. Insgesamt sind die Studierenden mit ihren betrieblichen Ausbil-
dungsbedingungen zufrieden. Die Werte der von uns durchgeführten Befragung
ergab eine hohe Zufriedenheit (etwa ¾ „sehr/zufrieden"-Antworten). Allerdings
sehen sie auch deutlichen Optimierungsbedarf, insbesondere in der Abstimmung
der Vermittlung von praktischem Wissen im Betrieb und theoretischem Wissen in
der Hochschule, eine bessere Vorbereitung der Abschlussprüfung vor der Kammer
sowie eine optimierte Kooperation zwischen Ausbildungs- und Fachabteilungen.

*Welche spezifischen Kompetenzen vermittelt das duale Studium und werden
dadurch andere Ausbildungsgänge verdrängt?*

Unternehmen sehen den Einsatzbereich dual Studierender nach erfolgreichem
Studienabschluss häufig an den Schnittstellen im Betrieb. Der Einsatz auf allen
Ebenen während der Ausbildung befähigt diese, auf Augenhöhe mit Vertretern des
Managements sowie der Produktion zu kommunizieren und als Bindeglied zu wir-
ken. Gehen wir von einer zweigeteilten Kompetenzstruktur bei Studienabsolventen
aus, so steht im klassischen Studium die Vermittlung der Fachkompetenz im Fokus,
personale Kompetenzen werden häufig erst während der Berufstätigkeit erworben.
Dual Studierende erwerben während ihrer Ausbildungsphase bereits beides, die
zwei Lernorte Betrieb und Hochschule ermöglichen ein breites Spektrum zur
Kompetenzvermittlung, sowohl der fachlichen als auch der personalen Kompetenz.

Die Frage nach möglichen Verdrängungsprozessen durch dual Studierende
zulasten klassischer Ausbildungswege wurde in den von uns untersuchten Unternehmen unterschiedlich beantwortet. Die Mehrzahl von ihnen sieht jedoch den
Weg des dualen Studiums als einen zusätzlichen, der insbesondere für leistungsstarke Schulabsolventen eine neue, attraktive Option darstellt. Perspektivisch
entwickelt sich hier, neben den zwei klassischen Bildungstypen eine dritter: der
beruflich-akademische Bildungstyp. Dieser unterscheidet sich im Wesentlichen
von dem betrieblich-beruflichen und dem akademischen Bildungstyp darin,
dass er über zwei Abschlüsse, den akademischen und den betrieblichen, verfügt,
die im dualen Studium synchron, und nicht wie bisher im Zuge einer Aus- und
Weiterbildung sequenziell, erworben werden. Personalverantwortliche sehen für
die verschiedenen Bildungstypen entsprechend unterschiedliche Einsatzfelder
sowie betriebliche Positionen und Laufbahnen. Ein wichtiger Konkurrenzvorteil

der dualen Studienabsolventen gegenüber anderen Auszubildenden liegt in dem großen Interesse der Betriebe an deren Übernahme, da sich die relativ hohen Ausbildungs- und Studienkosten amortisieren sollen.

Ausblick

Die Zahlen der letzten Jahre lassen vermuten, dass die Möglichkeiten des Ausbaus dualer Studienangebote noch nicht erschöpft sind. Sowohl auf Seiten der Schulabgänger mit Hochschulzugangsberechtigung als auch auf Seiten der Betriebe und Hochschulen bzw. Berufsakademien besteht, aus unterschiedlichen Motiven, ein großes Interesse an dieser Ausbildungsform. Welchen Stellenwert sie mittelfristig im deutschen Ausbildungssystem einnehmen wird, ist allerdings abhängig von der weiteren Optimierung dieser hybriden Bildungsangebote. Dabei ist relevant, ob mit der nötigen Ernsthaftigkeit nach Lösungswegen zur Behebung der auch in diesem Buch benannten Problemlagen gesucht und diese konsequent beschritten werden. Gelingt dies, dann können duale Studienangebote die berufliche Bildungslandschaft in Deutschland deutlich bereichern und ggf. auch Vorbilder für das europäische Ausland liefern.

Die Beiträge dieses Sammelbandes haben gezeigt, dass die Schwerpunkte in folgenden zentralen Handlungsfeldern liegen:

► Herstellung von Transparenz dualer Studienangebote
► Entwicklung zentraler Standards für alle Lernorte
► Optimierung der Verknüpfung der Lerninhalte und -orte
► Unterstützung und Absicherung dual Studierender
► Weiterentwicklung der Kooperationsbeziehungen

Die Verantwortung in der Bearbeitung der benannten Handlungsfelder liegt bei unterschiedlichen Gruppen. Hier sind zum einen die an der Konzeptionierung und Umsetzung direkt beteiligten Akteure zu nennen, Anregungen für deren Handlungsoptionen zur Optimierung wurden in den vorangegangenen Kapiteln vielfach gegeben. Zweitens ist die Bildungspolitik auf Bundes- und Länderebene angesprochen. Sie kann zum einen weitere ideelle und materielle Anreize für den Ausbau des dualen Studienangebotes setzen und zum anderen den rechtlichen Rahmen verbindlicher gestalten sowie an transparente Standards anpassen und damit Garanten für eine höhere Qualität schaffen. Einige Länderinitiativen in

Bayern (*hochschule dual*), Hessen (*Duales Studium Hessen*) sowie die Einrichtung der *Dualen Hochschule* in Baden-Württemberg zeigen hier bereits wichtige Ansätze auf. Gleiches gilt für den Vorstoß des Wissenschaftsrates in seiner vieldiskutierten Stellungnahme[75] oder die Initiative des Stifterverbandes für die deutsche Wissenschaft zur Entwicklung eines *Qualitätsnetzwerkes Duales Studium*[76].

Aus den bildungspolitischen Aufgaben ergeben sich die Themen für die Wissenschaft, die in der Pflicht steht, diesen Prozess mit empirisch fundierten Daten zu unterstützen und zu forcieren. Sie muss den politischen Handlungsträgern und Entscheidern Daten und empirisch fundierte Erkenntnisse zur Verfügung stellen. Die dringlichsten Aufgaben erscheinen uns in der Herstellung von Transparenz dualer Studiengänge in ihrer zurzeit teilweise eher verwirrenden Vielfalt sowie in der Erarbeitung von Kriterien für notwendige Standards und Qualitätskontrollen zu liegen. Grundlegend ist eine systematische Erfassung statistischer Daten zu dualen Studiengängen, den Studierenden sowie den beteiligten Hochschulen bzw. Berufsakademien und Unternehmen. Differenzierte Statistiken liefern für die Weiterentwicklung dualer Studienangebote wertvolle Hinweise, z. B. zur Erschließung neuer Branchen oder zur Ansprache neuer Zielgruppen. Weitestgehend offen ist zudem, welchen Stellenwert die Absolventen dualer Studiengänge für die Personalplanung in Unternehmen haben. In welchen Unternehmensbereichen werden die dualen Studienabsolventen eingesetzt, welche Karriereoptionen stehen ihnen offen und welche Laufbahnen schlagen sie ein? Kommt es dabei zu einem Verdrängungswettbewerb zwischen Absolventen klassischer Ausbildungswege und denen dualer Studienangebote? Diese Fragen sind wissenschaftlich wie politisch gleichermaßen interessant und wichtig, die beteiligten Handlungsträger in Wissenschaft sowie Politik und Praxis sollten sich ihnen in naher Zukunft verstärkt widmen.

---

75   Vgl.: Wissenschaftsrat 2013: Empfehlungen zur Entwicklung des dualen Studiums, Positionspapier, Drs. 3479-13, Köln.

76   Vgl.: http://stifterverband.info/bildungsinitiative/beruflich-akademische_bildung/duales_studium/index.html

Verzeichnis der Autorinnen und Autoren

Dr. Sirikit Krone, Studium der Sozialwissenschaften und Promotion 1994 zur Dr. rer. soc. an der Bergischen Universität GH Wuppertal. Mitarbeiterin in der Forschungsabteilung „Bildung und Erziehung im Strukturwandel" (BEST), Institut Arbeit und Qualifikation, Universität Duisburg-Essen. Aktuelle Forschungsthemen: Entwicklung des Berufsbildungssystem, Entwicklung des tertiären Sektors, Durchlässigkeit und Öffnung der Bildungssysteme, duales Studium.
Kontakt:
Institut Arbeit und Qualifikation
http://www.iaq.uni-due.de/
Forschungsabteilung Bildung und Erziehung im Strukturwandel (BEST)
sirikit.krone@uni-due.de

Dr. Ulrich Mill, Studium der Soziologie an der Universität Bielefeld; Promotion 1997 zum Dr.rer.pol. an der Universität Dortmund. Selbständiger Sozialforscher, Berlin. Aktuelle Forschungsthemen: Anerkennung ausländischer Abschlüsse, Bildungssegmentation, duales Studium, Zukunft der Arbeit.
Kontakt:
Büro Berlin
Tel.: +49-30/34665483
E-Mail: u.mill@socio-mill.eu

Anika Schütz, B.A./M.A., Studium der Erziehungswissenschaft und Sozialpsychologie, -anthropologie an der Ruhruniversität Bochum. Mitarbeiterin in der Forschungsabteilung „Bildung und Erziehung im Strukturwandel" (BEST), Institut Arbeit und Qualifikation, Universität Duisburg-Essen. Aktuelle Forschungsthemen: Akademisierung frühpädagogischer Fachkräfte, Kontinuität in der Erwerbsarbeit

in Tageseinrichtungen für Kinder, Durchlässigkeit und Öffnung der Bildungssysteme, duales Studium.
Kontakt:
Institut Arbeit und Qualifikation
http://www.iaq.uni-due.de/
Forschungsabteilung Bildung und Erziehung im Strukturwandel (BEST)
anika.schuetz@uni-due.de

Monique Ratermann, Dipl.-Soz., Studium der Soziologie an der Universität Bielefeld. Wissenschaftliche Mitarbeiterin in der Forschungsabteilung „Bildung und Erziehung im Strukturwandel" (BEST), Institut Arbeit und Qualifikation, Universität Duisburg-Essen. Aktuelle Forschungsthemen: Kein Abschluss ohne Anschluss - Übergang Schule-Beruf in NRW, Schlüsselkompetenzen von Jugendlichen, Durchlässigkeit und Öffnung der Bildungssysteme, duales Studium.
Kontakt:
Institut Arbeit und Qualifikation
http://www.iaq.uni-due.de/
Forschungsabteilung Bildung und Erziehung im Strukturwandel (BEST)
monique.ratermann@uni-due.de

Katharina Hähn, Dipl.-Päd., Studium der Erziehungswissenschaft an der Universität Duisburg-Essen. Mitarbeiterin in der Forschungsabteilung „Bildung und Erziehung im Strukturwandel" (BEST), Institut Arbeit und Qualifikation, Universität Duisburg-Essen. Aktuelle Forschungsthemen: Berufsbildende Schulen in der kommunalen Schulentwicklungsplanung; duales Studium.
Kontakt:
Institut Arbeit und Qualifikation
http://www.iaq.uni-due.de/
Forschungsabteilung Bildung und Erziehung im Strukturwandel (BEST)
katharina.haehn@uni-due.de

The manufacturer's authorised representative in the EU is Springer
Nature Customer Service Centre GmbH, Europaplatz 3, 69115 Heidelberg,
Germany. If you have any concerns regarding our products, please
contact ProductSafety@springernature.com

Printed and bound by CPI Group (UK) Ltd, Croydon, CR0 4YY
27/04/2026
02097564-0005